A bela menina do cachorrinho

A bela menina do cachorrinho

A história real da jovem que enfrentou um seqüestro e o inferno das drogas

Ana Karina de Montreuil
em depoimento a
Carla Mühlhaus

Ediouro

Copyright © 2008 by Ana Karina de Montreuil e Carla Mühlhaus

Capa
Marcelo Martinez – Laboratório Secreto

Imagens de capa e de miolo
Acervo pessoal de Ana Karina Montreuil

Revisão
Taís Monteiro

Produção editorial
Felipe Schuery

CIP-BRASIL. CATALOGAÇÃO-NA-FONTE
SINDICATO NACIONAL DOS EDITORES DE LIVROS, RJ.

M796b
Montreuil, Ana Karina, 1972-
    A bela menina do cachorrinho : a história real da jovem que enfrentou um seqüestro e o inferno das drogas / Ana Karina de Montreuil ; em depoimento a Carla Mühlhaus. - Rio de Janeiro : Ediouro, 2008.
    il. ;
    ISBN 978-85-00-0228-8-3

    1. Montreuil, Ana Karina, 1972-. 2. Adolescentes - Uso de drogas. 3. Famílias com problemas. 4. Adolescentes - Relações com a família. 5. Toxicômanos - Relações com a família. I. Mühlhaus, Carla, 1975-. II. Título.

08-0441.   CDD: 920.9362293
                                                               CDU: 929:364.272

Todos os direitos reservados à Ediouro Publicações Ltda.

Rua Nova Jerusalém, 345 – Bonsucesso
Rio de Janeiro – RJ – CEP 21042-235
Tel.: (21) 3882-8200 Fax: (21) 3882-8212 / 3882-8313
www.ediouro.com.br

*Para Gustavo (Xu), Mariah e Maria Julia,
meus eternos amores.*

Sumário

11   APRESENTAÇÃO: A família Montreuil

13   ABERTURA: Entre as barbies e o rock'n'roll

27   CAPÍTULO 1: Os elefantes atravessam a ponte

55   CAPÍTULO 2: A dona do baseado

85   CAPÍTULO 3: Ovelha negra

125   CAPÍTULO 4: Pêra, uva, maçã e álcool Pring

147   CAPÍTULO 5: Doidos do Charcot

175   CAPÍTULO 6: Com os dentes na ferida

209   CAPÍTULO 7: Da macumba ao Pinel

223   CAPÍTULO 8: Morangos de primeira

243   CAPÍTULO 9: Cinzas no Jardim Botânico

257   CAPÍTULO 10: No olho do furacão

271   CAPÍTULO 11: Vidas normais também têm seus problemas

299   EPÍLOGO: Deus existe e é bipolar

311   AGRADECIMENTOS

Esta não é apenas a história de uma menina que se envolveu com drogas. É uma história de abandono, desamparo, dor, solidão e falta de escolha. Todos a minha volta sofreram, mas esta é a história do meu sofrimento, de como vivi o que acontecia ao meu redor desde muito pequena. Espero sinceramente que este relato sirva de alerta aos pais e ajude, de alguma forma, crianças e adolescentes. Ser bem educada, ter um sobrenome imponente e brasões na família de políticos não foi o bastante. Faltou o fundamental na vida de qualquer criança: atenção, limites e modelos saudáveis de conduta.

Minha família sempre conviveu com elefantes rosa andando pela sala. Acontecia de tudo, mas ninguém via nada e não se falava sobre coisa alguma. O casamento dos meus pais não durou muito, e logo vários "pais" passaram pela minha vida. Aprendi a conviver com estranhos – e a esquecê-los logo também. Com a família do meu pai convivi muito pouco, e até hoje sinto mágoa e uma certa estranheza por ter sido tão julgada por pessoas que mal me conheciam.

Mas não tenho a intenção, com este livro, de me justificar. Nem de encontrar um culpado. Depois de quase vinte anos, quero apenas me defender contando o meu registro dos fatos. Acreditei por muito tempo em várias coisas que foram faladas sobre mim na época. Não acredito mais.

A família Montreuil: os avós de Ana Karina, Diofrildo e Elvira, com os filhos Elizabeth, Kiko, Carla e Ana Maria (da esquerda para a direita).

APRESENTAÇÃO

A família Montreuil

Antes que alguém se perca pelo caminho, é melhor explicar logo quem é quem na minha família. Ao menos em parte dela: vou ficar só com o lado da minha mãe, que foi sempre o mais presente pra mim, de uma maneira geral.

Começando pelos bisavós: Frederico Trotta, o bivô, casou-se com Laudimia, a bivó, uma pessoa que, como todo mundo dizia, era muito rígida. Seu filho, Diofrildo, meu avô, uniu-se a Elvira Maria Hermes de Montreuil, cuja família tinha brasão e o marechal Deodoro na árvore genealógica. Os dois se separaram cedo e meu avô casou-se pela segunda vez com Marilza, com quem vive até hoje e tem três filhos: Diofrildo, Ana Gabriela e Ana Carolina.

Minha mãe, Elizabeth de Montreuil Trotta, tinha três irmãos. Eram os meus tios Kiko, Carla e Ana. Tia Carla vive na França. No primeiro casamento, com Paulo, teve uma filha, a minha prima Joana, que morou na minha casa por um tempo quando sua mãe se apaixonou perdidamente por um francês. Tia Ana morreu jovem e deixou dois filhos, meus primos Leo e Beto. O pai deles, tio Juca, também já faleceu. Tio Kiko, cuja morte até hoje não foi explicada, tinha três filhos: Carlos Frederico, Mariana e Emanuele. E minha mãe me deixou filha única, infelizmente. Adoraria ter um irmão ou uma irmã por perto.

Do lado do meu pai, Rui Cahet, não há muito o que dizer. Sua irmã, a tia Auny (Tataia), cuidou muito de mim quando eu era criança e também me acolheu bastante depois de adulta. Seus outros dois irmãos, tia Aury e tio Ary, não eram tão presentes na minha vida. Do primeiro casamento do meu pai, antes de ele e minha mãe se conhecerem, nasceram Eduardo e Ricardo. Eduardo mora perto e participa do meu dia-a-dia, enquanto Ricardo, pai de três filhos, vive nos EUA e nas minhas lembranças, preocupações e saudades. Meus pais, seguindo o exemplo dos meus avós maternos, se separaram muito cedo, antes de eu completar 2 anos. Logo depois meu pai se casou com a Mirian, com quem vive até hoje.

Para proteger a vida e a privacidade das pessoas envolvidas nesta história, alguns nomes foram trocados.

ABERTURA

Entre as barbies e o rock'n'roll

Não me lembro de, na casa da minha mãe, ter comido um só dia com talheres que não fossem de prata e em pratos que não os folheados a ouro. Bloqueei muitas coisas da minha memória, mas nunca esqueci os aniversários com doces caprichados e as aulas de etiqueta à mesa. Desde cedo aprendi a arrumar os talheres na posição certa, a gostar de fondue e a manejar a pinça de escargot. Os Natais eram um caso à parte, grandes comemorações com mesas lindas e protegidas por um Menino Jesus em tamanho quase natural. Minha avó dizia que ele seria meu depois que ela morresse, mas não sei o que foi feito da escultura.

Dona Elizabeth de Montreuil Trotta e dona Elvira Maria Hermes de Montreuil, minha mãe e minha avó, tinham mais em comum do que sobrenomes imponentes de políticos e o gosto pela gastronomia. Inseparáveis, cúmplices em tudo e parceiras numa relação de puro amor, poucas coisas eram mais importantes para elas do que viajar e aproveitar o que o mundo tinha de melhor. Cresci achando muito natural ver sempre caviar na geladeira, e não havia mesmo nenhuma ostentação nisso. Era simplesmente normal, e aprendi, aos poucos, a valorizar as mesmas coisas boas da vida.

As férias eram passadas em Teresópolis, mas também tínhamos uma casa linda com uma entrada ladeada por hortênsias em Petrópolis, quando meus bisavós ainda eram vivos. A varanda era grande e eu passava horas nos balanços de palha, pra lá e pra cá pensando na vida. Uma vez descobri um ninho de passarinhos na lareira e deixei a família inteira morrendo de frio. Não podia permitir que alguém acendesse fogo e matasse os coitados. Nessa época eu ainda era uma menina e não tinha consciência disso, mas já começava a confiar mais nos meus bichos de estimação do que nas pessoas. Os 15 cachorros que tive ao longo da vida nunca me decepcionaram. Em Petrópolis eu tinha o Kojak, que vivia correndo para buscar os gravetos que eu jogava no rio. Aquela casa era um verdadeiro acontecimento e minha mãe estava sempre cozinhando com um copo de cerveja ao lado. Raramente ela comia, e hoje acho que a culinária era apenas uma saída para beber em paz na cozinha, longe dos olhares da minha avó. Nunca entendi como uma pessoa que cheirava cocaína podia estar sempre cozinhando.

A lembrança mais saudável que tenho da minha infância é a biblioteca do meu bisavô. Como eu odiava os almoços de domingo na casa dele, me enfiava na biblioteca e ficava lá por várias horas, brincando no chão. Além da própria companhia do meu bisavô, que passava a tarde toda lendo ou escrevendo seus discursos, eu gostava de olhar para cima e ver as paredes tomadas de livros até o teto. Sentia uma paz enorme naquela biblioteca. Talvez por isso a minha bisavó tenha me dado toda a coleção quando o bivô morreu, mas os livros foram se perdendo pelo caminho.

Era um batalhador, o bivô. Começou como operário e depois ocupou cargos públicos importantes como os de governador dos Territórios Federais de Iguaçu e Guaporé, a nossa Rondônia de hoje. Organizou os ensinos Primário e Normal da região e criou hospitais. Escreveu para jornais, publicou seus poemas e foi eleito para a Câmara Municipal do Distrito Federal oito vezes. Existem até hoje uma escola com seu nome, Frederico Trotta, na Barra da Tijuca, e outra com o nome da bivó, Laudimia Trotta, no Rio Comprido, Rio de Janeiro. Na vida militar, colecionou medalhas e condecorações. Seu filho Diofrildo, meu avô, seguiu o exemplo. Foi professor, diretor do Instituto Cultural Brasil-Japão e vereador respeitado, com mais de dez leis sancionadas no currículo. Já o marechal Deodoro é nada menos que meu tataravô.

Meu pai não vinha de uma família de políticos, mas sua carreira de empresário ia muito bem, obrigada. Sua família não tinha uma situação financeira privilegiada, mas ele trabalhou duro e conseguiu subir na vida. De família rica e influente, portanto, a menina Ana Karina podia ter crescido como uma princesa. Podia ter estudado nos melhores colégios e cursado a melhor faculdade de medicina do país. Podia ter se tornado uma psiquiatra de prestígio, como sonhou algumas vezes, e ter se relacionado com políticos e personalidades importantes. Podia até, num rompante de civismo, ter seguido o exemplo e o modelo da carreira política, como fez sua mãe, que trabalhou na Câmara dos Vereadores até o fim da vida, mesmo nos dias de ressaca. Mas a história foi bem diferente.

Minha mãe sofria do que hoje chamam de Transtorno Bipolar do Humor. O nome é esquisito, mas define, basicamente, um humor de muitos altos e baixos, com períodos de depressão e euforia entrecortados por episódios de irritabilidade, agressividade e incapacidade de controlar os impulsos. Alcoolismo e dependência química, completam os médicos, costumam andar de mãos dadas com essa doença.

Os médicos que atenderam minha mãe não deviam saber nada disso, porque na época esse distúrbio era chamado de maluquice, mesmo. Quando se internou na Casa de Saúde Dr. Eiras por conta própria pela segunda vez, já casada com meu pai, mamãe levou alguns eletrochoques antes de descobrir que estava grávida de mim. Se soubesse da gravidez, talvez não tivesse engolido uma coleção de comprimidos nem sido encontrada caída no jardim do hospício. Sempre me perguntei o que ela devia estar passando de tão doloroso para o suicídio parecer a única saída, mas vou ficar pra sempre sem essa resposta. Difícil entender como uma mulher recém-casada, começando a vida num apartamento novo dado pelo avô, poderia armazenar tanta angústia.

Quando soube de mim, no entanto, ainda internada, ganhou fôlego e saiu do Dr. Eiras feliz da vida com a idéia de ser mãe. Mas já devia estar carregando na barriga, junto comigo, uma culpa que pareceu nunca desgrudar do seu corpo. Era 1972, ano em que eu nasceria no Rio de Janeiro.

Durante a gravidez, sua irmã, tia Ana, morreu aos 23 anos num acidente estúpido de trânsito. A alegria do lado de fora do Dr. Eiras durou pouco. Um carro que avançara o sinal vermelho a pegou em cheio e ela ficou em coma no hospital. Se sobrevivesse, ficaria cega e paralítica, em estado praticamente vegetativo. Mamãe chegou a guardar por vinte anos os óculos que tia Ana usava no dia do acidente, de tanto que sentiu a perda, mas tenho certeza de que torceu para que sua irmã fosse embora em paz e parasse de sofrer.

Tia Ana era casada e tinha dois filhos com o tio Juca, o Juquinha, o ser mais amado da família. Por causa do desastre, minha avó tentou se matar de maneira parecida: tomou vários comprimidos e jogou o carro no poste. Sobreviveu. Acho que minha mãe só não fez o mesmo porque eu já estava viva dentro dela, há então exatos oito meses. Mas a barriga deve ter ficado murcha, tamanho o baque. Elas eram muito amigas e tia Ana já havia sido escolhida, inclusive, para ser minha madrinha. Mamãe já era madrinha do Alexandre, seu sobrinho mais velho.

Tio Juca espanou o luto do jeito que podia. Sempre de bom humor e pronto para uma festa, era dono de uma casa num condomínio em

Teresópolis. Tínhamos como vizinhos alguns músicos famosos e muitos judeus ricos. Passei algumas temporadas lá com meus primos Leo e Beto. Nos meus 11 anos, certo dia a casa estava cheia como de costume e havia uma bandeja de prata sobre a mesa da sala, cheia de um pó branco que eu não sabia o que era. Eu via que as pessoas cheiravam aquilo e percebia o movimento em torno daquela pequena montanha branca, e a curiosidade veio num impulso. Experimentei e fui brincar de pique-pega. Não lembro se gostei ou não, mas nunca corri tanto na vida. Anos depois fiquei sabendo que os meus primos experimentaram aos 7 anos. Quando meu tio soube, morreu de rir. Se ainda estivesse vivo, riria da mesma forma se eu contasse como dei o meu primeiro gole de álcool, aos 6 anos. Numa casa toda decorada pela minha mãe antes de os meus pais se separarem, também em Teresópolis, aconteciam longos almoços que terminavam com vários copos espalhados pela casa, alguns com uísque pela metade. Para quem via tanta gente bebendo, a idéia de experimentar era irresistível. Bebi todos os restinhos. Era muito cedo para uma amnésia alcoólica, mas o fato é que não lembro o que aconteceu depois.

Poucas vezes vi minha mãe sem um copo de bebida na mão. Ainda em Teresópolis, dessa vez numa casa alugada depois da morte do meu bisavô, aconteceu uma cena que jamais saiu da minha cabeça. Eu estava brincando na piscina com a filha do caseiro quando ela, que não sabia nadar, escorregou da bóia. Ela tinha unhas enormes e se agarrou em mim tão apavorada que comecei a me afogar. A muito custo, já com vários arranhões pelo corpo, consegui gritar por socorro e minha mãe veio correndo, com um copo de uísque na mão. Lembro como se estivesse vendo um filme em câmera lenta: enquanto eu engolia água tentando me livrar das garras da menina em pânico, minha mãe colocou cuidadosamente o copo em cima da mesa e só então pulou na água para me salvar.

Não foi a única vez que minha mãe, à sua maneira, me salvou de alguma situação difícil. Depois de o meu pai ter me batizado às pressas para poder me matricular num colégio católico interno, o Santa Marcelina, ela também apareceu na hora certa. Eu passava quase todas as noites de castigo em pé no corredor, porque odiava aquela ladainha de reza pra acordar, reza pra almoçar, reza pra jantar. Um dia acordei e falei para um menino que nem conhecia direito: "Acho que hoje é meu aniversário." Eu tinha 6 anos e não estava certa se a data era aquela mesma, mas suspeitava que fosse. "Então toma", me disse o garotinho, colocando um saco de Delicado na minha mão. Não consegui comer nenhuma daquelas balas que eu gostava tanto. A idéia de passar o aniversário sozinha naquele colégio era tão amarga que comecei a torcer para que eu estivesse enganada. Mas tive a certeza da data à tarde, quando minha mãe apareceu num fusca com Helinho, então seu namorado, e com a Priscila e a Vanessa, filhas da Mara, sua melhor amiga. No carro, descendo o Alto da Boa Vista, senti uma felicidade tão grande que até o fato de todas nós, crianças do banco de trás, termos vomitado por causa das curvas parecia engraçado.

De vez em quando, por falta de opção, minha mãe era obrigada a jogar a toalha. Daí eu ia morar com quem estivesse por perto. Tia Auny, a Tataia, irmã do meu pai, me abrigou várias vezes, mas também fiquei muito com a tia Miriam e vez ou outra com meu pai. Tia Miriam foi casada com um irmão do vovô, tio Fredimio, e mesmo depois de separada continuou na família, entre idas e vindas ao Pinel. Quando minha mãe viajava ou abraçava a boemia, era ela quem ia lá para casa cuidar de mim. Foi uma das pessoas que mais amei na vida e senti muito quando ela morreu. Foi a minha primeira grande perda, quando eu ainda nem sabia direito o que era câncer. O que mais doeu foi não ter podido visitá-la, porque ela não queria que eu a visse sem cabelo, e não ter ido ao enterro para me despedir, porque meu tio Kiko, contrariando sua irmã, não deixou. Minha mãe talvez achasse importante aprender a lidar com a morte aos 13 anos, mas para o meu tio eu não tinha idade para freqüentar cemitério. Tio Kiko, muitas vezes, assumiu o posto de pai para mim. Certa vez, quando a tia Carla, minha mãe e minha avó viajaram, fiquei sozinha com ele em casa, no Flamengo. Não sei por onde meu pai andava, mas eu e o Kiko nos dávamos bem. Até ele também ter um acidente sério de carro, indo para o CTI com traumatismo craniano. Depois de mais esse acidente na família que parecia fadada a tragédias, tio Kiko mudou bastante.

Da casa do meu pai não lembro mais do que alguns banhos de banheira e muitos castigos de cara para a parede. Nessa época minha mãe devia estar perdendo o controle da situação, porque chegou a escrever de próprio punho uma autorização para o meu pai me levar embora da fazenda do Paulo, então marido da tia Carla, em Friburgo, onde a doideira devia estar correndo solta. Logo depois voltou atrás e me pegou de volta. Por essas e outras é que eu vivia de mala na mão, pra lá e pra cá, e sentia que, na verdade, não pertencia a lugar nenhum. Não deve ser bom para uma criança viver como uma batata quente entre os adultos. Tia Auny, certa vez, quis me levar com ela para Brasília. Providenciou documentos, matrícula em colégios e passagens. Na última hora minha mãe não deixou. Não tenho dúvidas de que mamãe queria cuidar de mim. Ela só não sabia como.

Houve épocas ainda em que eu praticamente morei no Dhofine, um bar em Copacabana muito freqüentado por Juquinha, meu tio Kiko e minha mãe. Os adultos juntavam duas cadeiras, uma de frente para a outra, e era lá que eu dormia, embalada por toda aquela barulheira. Deve ser por isso, penso às vezes, que hoje só durmo com comprimidos.

Minha mãe fazia, quando era possível, um bom esforço para ficar comigo. Íamos ao zoológico, ao Pão de Açúcar, à ilha de Paquetá. Eu também adorava os piqueniques na Quinta da Boa Vista. Teríamos feito esses programas mais vezes, imagino, se minha mãe tivesse tido mais chances de ajustar a vida. Mas nunca morei, por exemplo, mais de um ano seguido numa mesma casa. Eu não conseguia criar vínculos com ninguém, porque minha mãe se mudava toda hora. Devia ser para tentar mudar de vida, não de endereço.

Na campanha política do meu avô, ela aproveitou para subir morro com o irmão e o cunhado, Kiko e Paulo. Não era bem para fazer corpo-a-corpo. Era para comprar pó, mesmo. Foi só então, através da revolta da tia Carla, que, grávida, entrou aos gritos em casa com esta novidade, que a Marilza, segunda mulher do meu avô, ficou sabendo dos estranhos hábitos daquela família. Mesmo depois desse incidente, o núcleo unido na família continuou girando em torno da mamãe, dos meus tios Kiko e Carla e da minha avó. Meu pai olhava tudo de longe. Bem de longe.

Aos 12 ou 13 anos eu já sabia o que era maconha, porque os meus primos fumavam freqüentemente. Mas estava mais interessada em ir ao cinema e ao Tívoli Park com a Cristiana, minha melhor amiga. É bem verdade que queria aprender a fumar cigarro, a julgar pelas fotos que tenho bem menina, de short e sem camisa fazendo gesto de fumante. Devia achar que era chique. Afinal, a minha mãe fumava e todos os amigos artistas com quem ela andava também. Não demorou para eu roubar um maço de Free e dar os primeiros tragos. Enjoava tanto que tudo rodava. Então eu deitava no chão enorme e gelado do meu banheiro, esperando o mal-estar ir embora para tentar de novo. Eu tinha que conseguir. Quando a minha mãe entrava no meu quarto e perguntava que cheiro de cigarro era aquele, eu dizia que era incenso, que coisa! Não sei como ela acreditava, se é que acreditava.

Envolvida com festivais de música, mamãe vivia aparecendo nas colunas sociais. O jornalista e amigo Miro Lopes colocava fotos dela em todos os eventos – mesmo naqueles dos quais ela mal tomara conhecimento. Era Beth Trotta aqui, Beth Trotta ali. Eu não entendia como ela conseguia estar em dois lugares ao mesmo tempo.

Da época em que eu ainda fazia roupas para as minhas Barbies, as lembranças são de muito barulho, muita gente reunida e copos espalhados ao redor da piscina. E muito brilho, que era como chamavam aquele tal pozinho farto que caracterizava as boas festas. Parece que era de bom tom oferecer grande quantidade aos convidados, sempre numa bandeja de prata. Junto com os salgadinhos, na mesa, ficava lá o pó, como se fosse um balde de gelo para o uísque.

Eu não tinha como entender isso com menos de 10 anos de idade, mas aqueles anos 70, puro rock'n'roll, eram a época áurea da cocaína entre as elites, quando o traficante era chamado de *dealer*, não existia violência no tráfico e as pessoas cheiravam com canudos de ouro. Fazia muita sensação o tal canudo de ouro. Certa vez ouvi minha mãe, empolgadíssima, contar para uma amiga que havia usado aquela "jóia" pela primeira vez. Eu era muito pequena para entender, mas me lembro desse comentário como se tivesse sido feito ontem. As crianças não são bobas. Havia também os vidrinhos ornamentados com brilhantes e outras pedras preciosas, usados para guardar a dose certa de pó para a noite, as colherinhas e as giletes de ouro. Algumas joalherias preparavam kits com vidrinhos e cordões com canudos como pingentes. Normal, muito normal para o *jet set*. Afinal era a droga que deixava a mulher bonita, falante, sexy, inteligente – isso no início, é claro, antes da derrocada. E da falência.

Minha história teve muito menos glamour, vamos dizer assim. Separados desde meu primeiro ano de vida, meus pais não eram exatamente melhores amigos. Passei toda a infância praticamente só com a família da minha mãe. Via meu pai uma vez ou outra, quando ele me levava para Teresópolis ou ao Tívoli Park, por exemplo. Isso quando não me esquecia de malas prontas depois de eu ter apostado com a minha mãe que ele viria, sim, me buscar para passar o final de semana. Perdi várias apostas.

Na Copa do Mundo de 1978, eu tinha 5 anos e meu pai e Mirian estavam me levando para a casa da minha mãe, em Copacabana. O carro dele na época, um MP Lafer, costumava circular de capota aberta. Com aquela confusão da Copa, alguém atirou um ovo que caiu, certeiro, bem na minha cabeça. Junte os fogos, aquela bagunça toda e eu era uma criança tomada pelo pânico. Chegando ao prédio da minha mãe, meu pai me deixou na portaria, suja de ovo da cabeça aos pés. Se tivesse tido a feliz idéia de interfonar e se comunicar com a minha mãe, àquela altura já de porre em algum canto, eu não teria passado a noite sentada na mesa de um porteiro tão sem jeito quanto eu. Quando a minha mãe chegou, de madrugada, levou um susto tão grande que ficou imediatamente sóbria. Chorando, me pediu desculpas e me levou para andar na praia e comer um cachorro-quente Geneal, antes de ir dormir.

Meu pai não fazia parte do clubinho da cocaína. Jura de pés juntos até hoje que não sabia de nada, mas tenho lá as minhas dúvidas. Hoje, com mais de dez internações e quatro tentativas de suicídio no meu currículo, vejo que era, sim, tudo muito escancarado. Meu avô, aquele cheio de prestígio com uma coleção de leis aprovadas na Câmara dos Vereadores, comprava, no Carnaval, caixas e caixas de lança-perfume. Era para os filhos se divertirem. Na casa do Juquinha, muitos anos depois, quando eu já era adolescente e ficava acompanhando as noites de pôquer com direito a música ao vivo no teclado, tio Juca separava um pouco do pó da bandeja e dava para mim e para os meus primos. Dizia que aquela era a parte das crianças e que devia ser usada lá fora, longe dos adultos. Corríamos para a sede do condomínio, onde ficava uma enorme mesa de sinuca. É claro que mais tarde, quando os adultos já estavam mais pra lá do que pra cá, a gente voltava e roubava mais um pouquinho.

Mas nada disso foi mais interessante do que brincar de boneca e fazer pipoca doce com a Cris. O item droga, até então, era só um pano de fundo. Eu até percebia que algumas mães de colegas de escola, das incontáveis escolas por onde passei (Anglo-Americano, Andrews, Santa Marcelina, Imperatriz Leopoldina são apenas algumas), proibiam suas filhas de irem à minha casa. Eu achava estranho, mas deixava as chatas pra lá. Com a Cris era diferente. Íamos juntas com minha mãe e minha avó à UD, uma feira de utilidades domésticas que acontecia no Riocentro, e elas simplesmente adoravam. Soa como um programa de índio, mas a verdade é que a gente se divertia muito em qualquer lugar.

Como eu, Cris era muito popular na escola, e por isso passamos um bom tempo agindo como rivais. Lembro que certa vez, na saída, ninguém foi buscá-la e eu ofereci carona. Não era para ser legal, era só para mostrar que eu tinha um motorista, enquanto ela estava a pé. Ela morava na rua Lauro Müller, em Botafogo, e fomos da Urca até lá caladas, uma em cada canto do banco de trás. Na época, não sei por que, eu morava sozinha com a minha avó no Flamengo, na rua Senador Vergueiro. Toda noite, religiosamente, ela me levava para comer pizza ou sorvete no Rio Sul. Não sei por onde a minha mãe andava.

O tempo passou e Cris e eu continuamos sem nos falar. Até que a Suyan, neta da dona da escola que era muito minha amiga – foi no irmão dela que dei o primeiro beijo estalinho, brincando de salada mista –, convidou toda a turma para passar alguns dias na fazenda da família em Piquiri, Minas Gerais. Não lembro exatamente o que aconteceu, coisa de criança, mas lá alguém criou caso com a Cris, que é dois anos mais velha do que eu. Achei injusto e acabei comprando a briga dizendo que assim não dava, a gente ia voltar para o Rio. Era só um jogo de cena, mas bastou duvidarem e perguntarem como a gente faria para ir embora para eu dar um jeito de cumprir a ameaça. Pedi para o meu pai me buscar e no carro dele já éramos amigas inseparáveis, daquelas que falam, andam e se vestem do mesmo jeito. Wilson, o motorista da família, ficou surpreso com a mudança. Se na primeira carona não trocamos palavra, na segunda já parecíamos duas matracas.

Podia parecer estranho para a minha família, mas o fato é que éramos duas crianças normais. As brincadeiras eram andar de bicicleta, convencer os guardas montados do Tívoli Park a deixarem a gente dar uma volta com os cavalos (e eles deixavam), comer milho com maionese e ver as pipocas da panela estourarem sem tampa, por pura diversão. Nos dias mais inspirados a gente conversava sobre a vida, os meninos e os planos para o futuro. Nossa idéia era abrir um espaço dedicado à beleza e ao bem-estar, onde a mulherada poderia cuidar do corpo todo de uma vez só, fazendo uma massagem depois de passar pela manicure, por exemplo. Estávamos inventando o spa quando esse nome ainda nem existia. Pena que nossos caminhos foram tão diferentes.

Éramos tão agarradas que, quando minha mãe e minha avó decidiram se mudar da zona sul para uma casa em Jacarepaguá, zona oeste do Rio, fiz um escândalo. Como eu poderia continuar vendo a Cris tendo que mudar de escola mais uma vez e indo morar no outro canto da cidade? Depois de muito choro, ficou combinado: durante a semana ela ficaria na minha casa e nos finais de semana eu iria para a casa dela. Funcionou lindamente. A nossa idéia, aliás, era mesmo morar juntas algum dia. A vida continuava feliz pra gente, agora em uma casa enorme com piscina e cachorro, o *old-english-sheepdog* Oliver, que eu amava, e o *poodle* Cookie.

O problema era que minha mãe também queria se divertir nessa casa. Muito. As festas ao redor da piscina eram cada vez mais freqüentes. Até que um dia, quando estava indo para a escola, às sete da manhã, topei com alguns convidados bebendo champanhe bem à vontade, mais exatamente do jeito que vieram ao mundo. Sim, nus. O sangue pré-adolescente subiu, botei todo mundo pra fora e fiz um escândalo com a minha mãe, enquanto minha avó chorava trancada no quarto. Minha avó, aliás, já dividia comigo as preocupações quando a mamãe bebia. "Amanhã vai ser um inferno", ela falava para os meus 13 anos.

O fato é que o inferno se instalou. De repente, a idéia de sair daquela casa parecia muito boa. Não sei dizer em que momento me dei conta disso, mas pode ter sido numa das tardes em que eu passava horas na janela do meu quarto, no segundo andar, avaliando como seria a minha queda. Às vezes eu jogava objetos pesados numa espécie de arbusto que ficava bem embaixo da janela, só para ver se a planta agüentaria o baque. Eu queria que a minha mãe parasse. Parasse de beber, de se drogar, de preocupar a minha avó, de brigar com todo mundo, de arruinar a minha vida.

Por essas e outras, quando a Cris, um ano depois, veio com a idéia de fazer um intercâmbio nos Estados Unidos, achei a melhor idéia do mundo. Nós duas morando juntas e conquistando a nossa independência era demais, o melhor que podia acontecer na face da Terra. Falei para o meu pai que queria ir junto e ele autorizou, prometendo que bancaria a viagem. Mas eu devia saber com quem estava lidando. Na última hora, é claro, ele tirou o meu tapete. Fiquei sem a Cris, a única amiga, a única pessoa em quem eu confiava e para quem eu contava tudo, até os meus problemas em casa. Na verdade, nessa hora ele tirou mais do que o meu tapete, ele tirou o meu chão. Fora a Cris, a única pessoa com quem eu também me identificava era a tia Carla, que se apaixonou por um francês e àquela altura já estava na Europa com ele. Na verdade, sempre quis que ela fosse a minha mãe.

A perda de referência foi tão grande que, quando a Cris me ligou aos prantos perguntando se eu não ia ao menos levá-la ao aeroporto, eu já tinha entregado os pontos. As coisas seriam bem diferentes daquele dia em diante.

CAPÍTULO 1

Os elefantes atravessam a ponte

Minha mãe casou várias vezes. Mas o homem que ela mais amou na vida, dizia, foi o Silveira. Eu gostava dele. Ele fazia caça submarina e a nossa casa vivia cheia de lagosta e camarão. Um dia acordei no meio da noite e tinha uma lagosta na banheira. Achei que fosse uma barata gigante e fiz um escândalo. Lembro que ele veio correndo, com uma arma na mão. Homem bonito (parecia o Magnum, do seriado), Silveira era um dos 12 Homens de Ouro, policiais de elite contratados para "limpar" o Rio de Janeiro da década de 60. Também atendiam pelo nome de Esquadrão da Morte. Eram pagos para subir morros, invadir barracos e capturar assaltantes. Na verdade, Silveira não matava só lagostas e garoupas.

Minha mãe e ele foram algumas vezes visitar, no presídio da Ilha Grande, Mariel Mariscot, um dos Homens de Ouro que passou para o outro time – aquele do tráfico de drogas e do jogo do bicho. Ele e Silveira eram amicíssimos. Minha avó nunca ficou sabendo destas visitas, assim como nunca viu as armas que ficavam sempre escondidas no banco de trás do carro.

Por causa do gosto de Silveira por caça submarina, fomos parar no barco de um cantor famoso da Jovem Guarda. Como a minha mãe cresceu no Iate Clube, acabou conhecendo todo mundo por lá. Mas eu sabia que ela não gostava muito dele. Por isso, já em alto-mar, disparei: "Sabia que a minha mãe não gosta de você?" "Minha música é pra outro público, tem gente que realmente não gosta", falou. "Não, não. Minha mãe não gosta de você, ela diz que você é mau-caráter", rebati. Eu era uma pirralha atrevida e devo ter levado uma bela surra da minha mãe depois daquele passeio. A amizade dos dois terminou ali, no barco.

    Essa era a minha mãe. Capaz de me reprimir duramente por um comentário grosseiro e, ao mesmo tempo, de se apaixonar por um policial, digamos, um tanto suspeito. Capaz de terminar o casamento porque ele viajava muito e ela não queria me deixar sempre sozinha e, anos mais tarde, me dizer que abandonou o amor da vida dela por minha causa. Não era uma coisa que eu gostasse muito de ouvir. Era mais ou menos como ouvir do Betão (um garoto com quem comecei um namorico depois de a Cris ter ido embora e que olhava interessado para uma foto da minha mãe): "Já vendi pó pra essa coroa." "Betão, essa coroa é a minha mãe." O desconforto parecia começar no estômago e parava na garganta, entalado – até hoje, quando fico muito triste, sinto vontade de vomitar. Desabafei com todos os detalhes no diário que o meu pai tratou de jogar fora.

    Depois que a Cris viajou, perdi minhas referências. Passava dias inteiros sozinha, andando de bicicleta e me sentindo completamente perdida. Comecei a andar com a Priscila, filha da melhor amiga da minha mãe, a Mara. Minha mãe passava todos os finais de semana na casa dela, na Urca, e comecei a ir junto. Parece incrível, mas não nos esbarrávamos naquela casa que nem grande era. Já separada do Silveira, mamãe ficava às voltas com seus namorados e a companhia sempre etílica da Mara. Fui ficando por ali e comecei a andar também com o João, futuro marido da Priscila. Grávida, Priscila estava com 14 anos. João já havia passado dos 20 e também da inocência: não só fumava maconha e cheirava como já traficava. Para a minha mãe, o casamento deles era a união mais feliz e normal do mundo. Vai entender. Comecei a fumar maconha com eles – direto. Não tenho certeza se já gostava ou não da onda, mas pelo menos me distraía e não pensava na vida que a Cris devia estar levando, bem longe dali. De certa forma, fumar também era uma maneira de ir para longe, o mais longe possível das confusões da minha mãe.

Se o meu namoro com o Betão era recatado, com direito a um ou outro beijo, mãos dadas e só, o estilo de vida do meu namoradinho de mais de 20 anos não era nada *light*. Além de traficante, Betão já cheirava bastante. Bem diferente do Erick, que namorei antes. Filho de holandeses, Erick era um louro de olhos azuis geração saúde, um menino lindo que morava do outro lado da rua. Tinha 18 anos e, portanto, também era mais velho do que eu, mas o coração ainda era o de uma criança. Minha mãe não deixava eu ir nem até a esquina sozinha com ele. Com o Betão, não sei muito bem por que, eu andava por toda Ipanema. Eu e Priscila éramos muito bobas e não achávamos grave acompanhar o "movimento" dos nossos namorados traficantes.

Eu estava com 14 anos e acabara de ser eleita Miss Primavera no Clube Olímpico, mas não me achava bonita nem quando os namorados mais novos da minha mãe davam em cima de mim – quando isso acontecia, virava uma fera e botava todo mundo pra correr, literalmente. Para disfarçar o corpo de criança e as minhas pernas magras, usava várias calças, uma em cima da outra, só pra fazer volume. Talvez quisesse, no fundo, ouvir algum elogio da minha mãe, que considerava a Priscila uma princesa.

Minha relação com mamãe não andava uma maravilha, para dizer o mínimo. Apesar das festas que teimavam em acontecer, das drogas e do troca-troca de namorados, ainda havia, em mim, um misto de medo e respeito por ela. Posso tê-la achado corajosa quando, contra a vontade de toda a família, casou com um mulato chamado Carlos que devia, dizia ela, ser chamado por mim de Dad. Não sei se era um libelo ao preconceito, amor de verdade ou simples vontade de implicar com todo mundo. Isso foi antes de ela pegá-lo na cama com outro homem.

O fato é que eu ainda a obedeceria, se ela me desse alguma ordem. Até o dia em que, não sei mais o motivo, ela me deu um tapa na cara. Virei um animal selvagem, e enquanto eu urrava para ela nunca mais levantar a mão pra mim minha avó usava todas as suas forças para me tirar de cima dela.

Enquanto isso, meu pai havia se transformado numa espécie de caixa eletrônico. Aparecia para deixar dinheiro para isso e para aquilo, e fim da operação. Precisaria ser cego, surdo e mudo para não perceber aquela loucura toda e não tomar alguma atitude. Ou muito covarde, como diria depois a Magda, uma das psiquiatras mais competentes que conheci. E olha que conheci várias.

Um dia João, o tal traficante viciado que para a minha mãe parecia um bom partido, apareceu com um amigo, o Gringo, um cara também mais velho que tinha, nunca mais esqueci, uma unha de ouro com brilhante no dedo mindinho. O Betão estava devendo dinheiro pra ele e recebeu uma ameaça básica: ou pagava ou era um homem morto. Eu, abusada e sem a menor noção do perigo, encarei: "Não vai matar nada, quem mandou vender pra viciado? Não sabe que viciado não paga? Agora bem-feito, vai ficar sem o dinheiro." Gringo, que tinha esse apelido porque era uruguaio, podia ter me matado no lugar do Betão. Podia ter ao menos me dado um tapa. Mas aconteceu o pior: ele foi com a minha cara. "Gostei de você", ele disse. Imediatamente me lembrei da minha mãe comentando como era bonito o amigo do João, o Gringo, "aquele gato".

Menos de um ano antes, brincando com as minhas Barbies, eu jamais poderia me imaginar namorando um homem de mais de 30 anos. Eu ainda estava nos 14, mas alguma coisa entre a competição, a busca por elogios e a pura vontade de chamar a atenção falou mais alto. Larguei o Betão e comecei a sair com o Gringo, no esquema namoro inocente de sempre. Nem sei, pra falar a verdade, se eu o achava bonito. Mas minha mãe achava.

Para minha surpresa, aquele cara bem mais velho se interessou por mim, uma garota magrela que nem corpo de mulher tinha. De repente, minha programação de final de semana era fumar maconha e andar com Gringo e João pra cima e pra baixo, acompanhando o entra-e-sai de cocaína. Enquanto eles resolviam seus "negócios", eu e Priscila ficávamos no carro, falando bobagem. Minha mãe, engolida por uma fase de muita bebida e muita ressaca, não tomou conhecimento. Aos poucos, comecei a reclamar com o Gringo que não agüentava mais aquela vida, que eu queria me livrar da minha mãe, que eu não via a hora de ficar logo adulta e sair daquela casa.

Falei para a pessoa errada. Como a minha mãe e a minha avó tinham uma coleção invejável de jóias de família, Gringo teve a brilhante idéia de roubá-las. João teve uma idéia melhor: forjar um assalto, roubar as jóias e depois me seqüestrar, pedindo o resgate para o meu pai. Eu ficaria com metade do dinheiro e poderia morar, dizia ele, onde eu quisesse. Não sei mais o que falei para ele, mas lembro claramente o que pensei sobre essa inusitada proposta: "Assim eu posso me livrar da minha mãe e ainda ficar sabendo quanto é que eu valho para o meu pai." Não era má a idéia de ir para longe, mesmo sem a companhia da Cris. Com a Priscila, o argumento usado pelo João estava nas lojas: ela poderia, afinal, comprar todas as roupas que quisesse – desde que não abrisse a boca.

Éramos duas bobas, mas entre um baseado e outro me sobrou um restinho de lucidez. Disse para o Gringo que não fazia sentido roubar as jóias da minha mãe e da minha avó, porque um dia elas seriam minhas de qualquer jeito. Até nisso estava enganada, mas não tinha bola de cristal para saber. Aliás, eu não tinha nada. Nem amiga, nem pai, nem mãe, nem qualquer orientação. Nada. Sugeri então que a casa assaltada fosse a que ficava em frente à minha, porque sabia que a dona, amiga da minha mãe, também possuía muitas jóias. Dois segundos depois, sugestão aceita, percebi que aquela história não ia dar certo. Mas já era tarde demais.

Falei para o Gringo que queria desistir e estranhei o tom de voz da resposta: "Isso não é brincadeira, agora você vai fazer e não tem mais jeito." Isso não era jeito de um namorado falar. Parecia mais uma sentença, e era. Apavorada, contei o caso para um amigo do colégio, na época o Impacto. Eduardo, acho que esse era o nome dele, era filho de um policial. Disse o que estava acontecendo e ele me perguntou quando aconteceria o assalto. "Acho que amanhã." Naquele momento, Gringo já havia avisado que, se eu fizesse alguma coisa errada, quem pagaria pelo meu erro seria a minha família. Eduardo ficou de contar para o pai dele. Nunca soube se ele seguiu ou não o combinado.

Por algum motivo, a ação não aconteceu no dia seguinte. Pouco antes do seqüestro eu estava em Teresópolis com o meu pai, na casa do tio Ari. Meu pai, não sei se por um ataque nostálgico ou desajeitada vontade de se aproximar de mim, quis ir a uma casa que já fora dele e estava vendida, no Vale São Fernando. Lá costumávamos ficar em pé numa ponte, jogando pedrinhas no rio. É uma das poucas lembranças boas da minha infância ao lado do meu pai. Naquele dia, seguimos a tradição e caminhamos para a ponte. Enquanto as pedrinhas faziam círculos na água, eu tentava criar coragem de contar tudo. Mas ela não veio, a coragem. O medo fazia mais barulho na minha cabeça do que a correnteza e o motor do carro do meu pai indo embora meia hora depois, me deixando na casa do tio Juca.

As relações são baseadas em confiança, e eu não confiava no meu pai. Daí contei tudo para a Nilze, mas ela devia estar tão alterada que não conseguiu arquitetar nenhuma providência coerente. Eu não poderia mesmo esperar nada diferente da mulher do Juquinha. A sintonia deles era outra, e só me restava fumar maconha com eles, antes do meu pai aparecer para me levar de volta ao Rio. Meu pai sabia que naquela casa todo mundo cheirava, fumava e bebia, mas vivia me deixando lá. Na época eu devia achar normal, mas mudei de idéia. Não, não é normal deixar uma criança num ambiente desses, mesmo a turminha da pesada sendo tão adorável. Dias depois a Nilze até ajudou a polícia relatando a nossa conversa, mas aí o estrago já estava feito.

O combinado era que eu ia ficar na rua passeando com meu cachorro, o Oliver, até que eles se aproximassem e me fizessem tocar a campainha da vizinha. Como eu sempre fazia isso, ninguém estranharia e eles entrariam facilmente na casa. Isso feito, assim que abriram o portão coloquei o meu cachorro pra dentro, porque não queria que ele fugisse. Afinal, na minha cabeça, eu ia voltar para ficar com ele depois que aquela maluquice toda de seqüestro acabasse. Era 14 de outubro de 1987.

Quando eles entraram, com a arma na minha cabeça, começou a confusão. Gritando por jóias, ouro e dólar, Gringo e dois amigos dele que eu não conhecia amarraram todo mundo, menos eu. Quando entramos no carro com o material roubado, achei o Gringo diferente. O jeito de falar era outro, mas podia ser só impressão minha. Num apartamento no Largo do Machado, as peças foram divididas entre os três homens armados e fiquei sozinha com o Gringo. Aí entendi. Aquele não era mais um seqüestro de mentirinha.

Eu sabia que ele era traficante, sim, mas não suspeitava da crueldade por trás da boa estampa: num assalto feito numa noite de Natal, certa vez, espalhou horror numa casa de família com a seguinte frase: "Oi, sou o Papai Noel, mas não vim para trazer presentes. Vim para levar." Também soube depois que o nome dele era Wilson Aníbal Ramos, mas ele colecionava ainda outros nomes, como Ariel Gomes Rosano e Ivan. Para o meu azar, só conheci seus pseudônimos 18 anos depois, lendo jornais antigos. Assaltante, traficante internacional e fugitivo da Ilha Grande, Gringo gabava-se de ter mais de cem anos de pena nas costas. Também gostava de ser considerado, pelos policiais, um bandido "de alta periculosidade". Mas negava ser um estuprador. Pelo menos para os repórteres a quem cobrava cachê quando pediam entrevistas.

Em pé ao lado de um colchão colocado no chão de um dos quartos, ele disse que já havia feito a parte dele. Aquela era então a hora de eu fazer a minha. "Não, não quero", falei. Colocando em cima de uma mesinha a arma virada para mim, o Gringo, o amigo "gato" do João, o cara mais velho que se interessou por mim, o traficante experiente, falou num disparo seco: "Não tem essa de não querer."

Quando ele tirou a roupa vi que usava uma cueca preta, e até hoje tenho horror de homem de cueca preta. "Você quer fumar maconha para não doer?" Não, eu não queria. Eu não queria estar lá, não queria perder a virgindade daquele jeito, não queria morrer, não queria acreditar que aquilo tudo estava acontecendo. Naqueles segundos que pareceram horas, acho que não senti mais nada. Só me lembro que depois pedi para tomar um banho, e ele deixou. Sentei no chão de um boxe imundo, com cortina de plástico, e fiquei lá a noite inteira, chorando. A água escorria, mas não me limpava. Parecia que nunca mais haveria água suficiente para lavar aquela noite. Eu olhava para o chão e via uma mancha de vergonha, medo e muita confusão. O que tinha acontecido com o simples plano de sair de casa?

O apartamento era de um tal de Ronaldo, que chegou a tentar me ajudar. Falei que queria ir embora, pelo amor de Deus, e ele me perguntando como eu tinha me metido numa encrenca como aquela. "Virou um seqüestro, sim, eles vão matar você", ele disse, antes de prometer que ia me ajudar a fugir. Foi encontrado morto tempos depois.

Do Largo do Machado me levaram para uma boca de fumo no morro dos Guararapes, no Cosme Velho. O dono da boca tentou a todo custo me convencer a cheirar, mas não, obrigada. Ainda não era a minha praia. Durante os quatro dias que durou o seqüestro, só bebi água. Não comi nem dormi um só minuto. E não era por causa de droga. O que corria rápido nas minhas veias eram doses altas de pavor, angústia e perplexidade. Eu completara 15 anos poucos dias antes.

O dono então desistiu de vender seus produtos e ofereceu seus serviços: "Se você quiser, eu mato o cara e aí você me dá o resgate." A menina rica, linda e loura, que até então nunca havia chegado perto de um morro, estava lidando com um pessoal muito estranho. O contraste era tal que só a minha presença começou a causar tumulto. Naquela época ainda não era comum o sobe-e-desce de lourinhas no morro e por isso acharam melhor me tirar dali, antes que a "novidade" chamasse a atenção da polícia. Eu estava num barraco com vários homens armados e não me lembro do rosto de ninguém. Principalmente o do Gringo. Já disse que bloqueei muita coisa da minha memória.

Seguimos para um outro apartamento, dessa vez em Copacabana, na rua Miguel Lemos. A essa altura, o Gringo já dizia que se alguma coisa desse errado ele mataria toda a minha família. Era bom que eu colaborasse e ficasse quietinha. Se tudo desse certo ele até me deixaria ir embora viva. Mas sem o dinheiro. Quando eu surtava e começava a gritar, ele me *enquadrava* de vez: comprava os jornais e apontava para as matérias de primeira página. "Olha aqui a sua mãe chorando, o seu cachorro, a sua casa. É melhor você ficar quieta."

Pelo que pude ver mais de dez anos depois, os jornalistas gostaram da minha história. Fui assunto durante uma semana nos principais jornais da cidade e também na TV. Como na época não me deixaram ler nada, demorei a vida inteira para finalmente ver a dimensão – e os erros – das reportagens. O caso da menina, da "bela menina do cachorrinho" que forja o próprio seqüestro, numa época em que seqüestros ainda não aconteciam todo dia, devia ser mesmo irresistível para muitos editores. Por isso, assim que a polícia suspeitou da minha participação na história toda – o fato de eu ter prendido o meu cachorro para que ele não fugisse foi a primeira pista –, virei imediatamente uma adolescente fria e calculista, praticamente uma psicopata. Eu havia armado tudo. Mais: eu convencera o Gringo a fazer o seqüestro. Tio Faisal, advogado da família que de tão querido era chamado de tio, era uma voz rouca e solitária entre os jornais. Para *O Globo*, disse que admitir que eu havia tramado tudo era o mesmo que concordar que "um coelho é capaz de mandar elefantes atravessar uma ponte".

Os jornalistas não davam muita atenção ao fato de Gringo ser, àquela altura, um velho conhecido da polícia. Preso em flagrante por tráfico de entorpecentes, havia sido expulso do país em 1982. Três anos depois acabou de novo nas mãos dos policiais federais, mesmo depois de reagir à voz de prisão e balear um dos agentes. Na época, Gringo já era conhecido como o líder de uma quadrilha responsável pela maioria dos assaltos a residências de luxo na cidade. Em busca de dólares e ouro, ele costumava estuprar suas vítimas para que elas, por vergonha, não o denunciassem. Mas eu, pelo visto, aos 15 anos, era muito mais maquiavélica do que aquele pobre bandido indefeso.

O que os jornais não contaram, por exemplo, foi que nesse apartamento de Copacabana eu estava amarrada. O Gringo me amarrou depois de me dar um tapa na cara, porque eu estava chorando muito.

Depois consegui me soltar, mas as cordas, que eu saiba, não se desintegram no ar e deviam estar por lá, em algum lugar do apartamento. É no mínimo curioso que a mentora do seu próprio seqüestro estivesse amarrada. Depois de me soltar e aproveitando estar sozinha no apartamento – Gringo saíra com o plano de pegar o resgate e matar o meu pai –, vi da janela um carro de polícia, uma joaninha, parado bem em frente ao prédio. Não pensei duas vezes antes de jogar uma gaveta lá embaixo. Minha idéia era chamar a atenção e fazer a polícia entrar no prédio. Eu ficaria gritando por socorro até alguém perceber que alguma coisa muito estranha acontecia naquele andar. Não foi preciso. Menos de cinco minutos depois de a gaveta se espatifar no carro da polícia, começaram a bater na porta.

Estava tão apavorada que não reconheci o tio Faisal. Cheguei a arrancar os botões da camisa dele enquanto gritava por socorro e ele me agarrava com força, tentando me acalmar. "É o tio Faisal, é o tio Faisal", ele dizia para a menina que praticamente vira nascer. Na minha cabeça, o bando do Gringo havia chegado para me matar porque eu tentara chamar a atenção da polícia. De fato, no meio daquela confusão, subiu um policial para o apartamento com a gaveta na mão, gritando que eu quebrara o carro dele. Tio Faisal, homem de dois metros de altura, precisou se segurar para não voar no pescoço do PM que ainda não tinha entendido que aquele não era bem um caso de vandalismo.

Além do tio Faisal, meu pai e meu irmão Duda entraram comigo num carro policial, a caminho da delegacia. Lá tive uma briga tão séria com o meu pai que o Duda teve que nos separar. Não lembro exatamente outro motivo para isso além do fato de meus nervos estarem em pedaços. Eu não comia nem dormia há quatro dias, para dizer o mínimo – e sem contar o estupro. Mas hoje, relembrando as incontáveis vezes que meu pai me culpou por esse episódio, dizendo que nunca na vida ele sentira tanta vergonha dos amigos, imagino que ele possa ter insinuado algo. Boa coisa ele não pode ter dito, principalmente depois de ter ido reconhecer, a pedido da polícia, o corpo de uma menina encontrada no porta-malas de um carro. Não devem ter sido agradáveis os momentos que antecederam àquele em que, numa mistura de horror, raiva e alívio, ele viu que aquele corpo não era o meu. Mas ainda assim tenho a ligeira impressão de que os momentos que passei no cativeiro foram piores.

Enquanto eu dava o endereço do Gringo e falava tudo o que sabia para a polícia, que àquela altura já estava seguindo o João, terminava na casa da minha mãe a vigília feita pela minha família (muito provavelmente à base de pó) durante todos os quatro dias do seqüestro. Pouco tempo depois o Gringo passou na minha frente, seguido por um bando de repórteres. Pegaram todo mundo. O delegado Helio Vigio, amigo do meu pai, já era famoso por não deixar escapar uma.

Não me passava pela cabeça que aquela idéia maluca pudesse render tantas manchetes e tanto sofrimento para a família. Lendo as matérias, aliás, aprendi um pouco mais sobre a minha família e as pessoas com quem eu andava me relacionando. Veio a público pela primeira vez, por exemplo, a "separação conflituosa" dos meus pais e o vício do meu pai em jogo, além da ligação da minha mãe com traficantes. Eu sabia de tudo isso, mas não tinha coragem de contar para ninguém. Não por vergonha, mas por medo de que meus pais me considerassem uma traidora. O que foi novidade pra mim, nos jornais, foi a participação do meu pai na famosa máfia da loteria esportiva, criada na década de 70 para comprar resultados de jogos. Dessa eu não sabia, mas me lembro de tê-lo visto, na piscina da casa de um amigo, comemorar que havia ganhado mais uma vez na loteria. Eu era uma criança e contava para a minha mãe, divertida, que o meu pai ganhava na loto toda semana.

O avô da Priscila, coronel Lúcio, também não resistia a uma jogatina, informação que vazou para a imprensa quando ele saiu em defesa do João, dizendo que eu havia sido induzida pelos meus pais a não gostar do marido da sua neta. Mais: que só parou de me convidar a freqüentar sua casa porque eu estava querendo roubar o João da Priscila. Acontece que eu só deixei de freqüentar a casa dele depois do seqüestro. Antes disso, era presença assídua nos finais de semana. Mas não estava nem um pouco interessada no João e também não disse que éramos primos, como afirmaram algumas reportagens. Mas o fato é que o coronel parece ter convencido o delegado José Gomes Sobrinho, que, encarregado do caso, não tinha dúvidas de que eu é que havia armado tudo, e não o João. Esse mesmo delegado havia sido exonerado do cargo uma semana antes, depois de brincar de roleta-russa com um revólver 38 apontado para a cabeça de um preso, cena exibida na TV Manchete. Também foi ele quem saiu de fininho quando o avô da Priscila, armado até os dentes, chegou à delegacia dando ordens e ditando todo o depoimento do João, proibido por ele de falar uma vírgula que fosse.

Também me vi, no jornal, desenhada como uma mulher. Embora no desenho que simulava o seqüestro estivesse escrito "Casa da menina", aquela que segurava a coleira de um cachorro estava longe de ser uma menina. Era uma mulher feita, como sou hoje. Hoje sim tenho malandragem, que aprendi durante a minha vida de viciada. Depois aprendi, sim, a subir morro e lidar com bandidos e desconfiar de algumas pessoas. Mas naquela época eu era apenas uma menina, com quem já fui cruel demais. Pode parecer detalhe o traço de um ilustrador provavelmente inexperiente, mas não é. Foram esses e outros detalhes que fizeram com que essa história durasse 18 anos, e não quatro dias.

Não foram poucas as mentiras estampadas nos jornais. Para desbancar apenas algumas: Eu não era "amante" do Gringo. Quem é "amante" aos 15 anos? Éramos namorados, com a diferença de que a boba aqui não podia sonhar que seu namoradinho fosse casado (sim, ele era casado); eu não usei nem vi, em momento algum do seqüestro, nenhum walkie talkie; eu nunca, nunca diria estar "mais ou menos arrependida" pelo que acontecera, declaração infeliz que enfiaram a seco na minha boca; eu não sabia de nada sobre os planos do resgate, muito menos que ele seria pago no Cristo Redentor; minha participação na história acabou no momento em que eu entrei no carro: dali em diante, fui uma vítima de seqüestro como tantas outras. E, que eu saiba, vítima não faz partilha com ninguém, não bola plano de resgate, não entende de armas nem fica com a chave do apartamento. Eu estava amarrada e mal vi as peças roubadas. Por fim, para evitar que a lista fique muito longa, uma última errata: os argentinos suspeitos citados pelos jornais não eram meus amigos. Eram amigos da minha mãe.

Dentro dessa cobertura novelesca, o que era verdade é que eu realmente queria dar um susto no meu pai, por revolta. Eu queria sim sair de casa, e eu estava sim com hematomas no corpo. Mas não só no corpo. O que os jornais não contaram, por exemplo, é que alguns dias depois de dar entrada no Stella Maris, um centro para menores abandonados da Ilha do Governador, me retalhei de cima a baixo com uma gilete conseguida com uma das semi-internas. Me cortei da cabeça aos pés e fiquei parada na frente da monitora, sentindo o meu sangue escorrer pelo rosto e pelo corpo. Fui levada para a enfermaria e meus pais foram chamados às pressas. Lembro que a minha avó me perguntou se eu estava em abstinência de drogas. Eu nem sabia ainda o que era isso. Também não sabia por que tinha feito aquilo, mas hoje percebo nitidamente. Eu queria mostrar que estava sangrando por dentro. Que estava sofrendo, e muito. Que estava com dor até a alma. Até então parecia apenas que eu tinha dado muita dor de cabeça para a minha família, e só. Como se eu fosse, de fato, uma criminosa e não uma garota sendo chantageada por um bandido. Um dos motivos para o seqüestro ter acontecido, aliás, foi a ameaça do Gringo: se eu desistisse, ele mataria meus pais. Levar a história adiante era ao menos uma tentativa de ver um final diferente, como graças a Deus aconteceu. Meus pais sobreviveram com seus traumas e eu, desde o primeiro talho na pele feito pela gilete, comecei a morrer aos pouquinhos.

Antes do Stella Maris passei pela Santos Dumont, casa para menores infratores também na Ilha. Da delegacia fui direto para lá, e era tudo um longo e insistente pesadelo. Uma mulher me falou para tirar a roupa para fazer exame, e parecia irritada com o fato de eu estar aos prantos. Aquela era uma cena que eu só tinha visto em filmes, e era difícil acreditar que aquilo tudo estava acontecendo comigo. De repente, as brincadeiras no Tívoli com a Cris ficaram muito distantes. Pareciam mesmo pertencer à memória de outra garota, não daquela ali, de uniforme, gritando para o pai e o irmão pelo amor de Deus não a deixarem sozinha, pedido sufocado pela correria dos repórteres e do barulho da grade do portão fechando atrás dela, *plec*, já era.

Esvaziaram a enfermaria e me mandaram para um exame ginecológico, e tive que ouvir da mulher-trator que, imagina, eu não era mais virgem há muito tempo. Poucas vezes tive tanto ódio de uma pessoa, em tão curto espaço de tempo. Nessa época eu ainda sabia o que fazia da vida. Isso incluía saber que eu deixara de ser virgem há exatos quatro dias. "E foram duas vezes", falei, com raiva e revolta por todos os poros do meu corpo, que pouco tempo depois levou um banho de água gelada e foi encaminhado novamente para a enfermaria enorme, com várias camas beliche e paredes de azulejo até o teto de grade, por onde caíam bilhetinhos das outras internas: "Quando você sair daí vai ser minha namorada e vou cuidar bem de você", dizia um deles, para o meu pavor. Àquela altura, eu era mesmo só um corpo, inerte e abandonado por qualquer alma. Foi quando encheram a minha mão de remédios e apaguei. Não sei quantos dias fiquei lá, até o meu pai conseguir a transferência para o Stella Maris.

No Stella Maris não havia grades nem seguranças, por isso a intenção era me deixar trancada num quarto, com uma monitora tomando conta de mim. Não era preciso tanta cautela. Nem passava pela minha cabeça a idéia de fugir. Só o que eu queria era consertar aquela confusão toda. Comecei a ser assistida por um psicólogo, mas só podia sair do quarto para comer os sanduíches de atum do Bob's que meus pais me levavam, todos os dias. Pra mim, era o suficiente. Terem me tirado daquele inferno do cativeiro e do Santos Dumont já era bom demais, e eu sentia que devia ficar muito quieta, para que não me levassem para nenhum outro lugar horroroso. Conversava todos os dias com o psicólogo, e entre as sessões brincava com uma gata filhote que havia sido de uma das semi-internas.

Um dia uma das meninas atirou uma pedra nessa gata e ela morreu. Foi a brecha que a minha dor estava esperando para aparecer. Eu, que até então não havia derrubado uma só lágrima naquele lugar, desmontei. Pedi para me levarem até o psicólogo e chorei, chorei como nunca. Ele ficou aliviado. Já devia estar começando a concordar com os jornalistas, achando que eu era, de fato, uma psicopata. Aos soluços e completamente descompensada, quebrei um rádio que o meu pai tinha levado e que sintonizava estações até da Arábia. Também tive um surto e não queria mais ver a minha mãe de jeito nenhum. Até o dia em que ela sentou ao meu lado, chorando, e pediu para que eu não ficasse daquele jeito com ela. Foi uma das poucas vezes que vi um gesto sóbrio de afeto da minha mãe, e cedi. O episódio da gilete aconteceu logo depois.

Enquanto os meus cortes cicatrizavam pelo corpo, as meninas da casa se rebelaram com a minha prisão. Disseram que ou eu ficava solta como elas ou ia embora. É curioso, mas foi a primeira vez que me senti acolhida depois de muito tempo. Quando me soltaram, graças à pressão das meninas, eu já não queria mais sair de lá. Ali estava um lar, com pessoas que demonstravam carinho por mim. Com horários funcionais como os de uma casa normal, com café-da-manhã, almoço e jantar. E ainda por cima com psicólogo e ninguém bebendo por perto. Eu tinha amigas, me sentia protegida e estava tudo certo. Acho que fiquei quase dois meses lá, e ficaria muito mais se pudesse e se meus pais não tivessem aparecido de repente me falando para pegar todas as minhas coisas correndo. Eu, que não queria sair daquele mundinho seguro, não pude nem me despedir das meninas, porque o plano era aproveitar uma greve do juizado de menores para me tirar dali. Entre trocar de roupa e juntar as minhas coisas de qualquer jeito, só tive tempo de pedir para darem o meu urso para a Bittencourt, uma menina órfã que eu poderia, dizia a minha mãe, levar comigo quando saísse da casa. Não sei se deram o urso, e nunca mais nos falamos.

Fui levada para a casa da Tataia, em Ipanema, porque não podia mais botar os pés na casa da minha mãe, que seria vendida depois de tanta exposição. O Erick, o namorado lá de trás, aquele de olhos azuis e filho de holandeses, quis me visitar. Tive muita vergonha de olhar para ele. Eu já não era mais a mesma menina que ele havia namorado. Não dava para esquecer o que tinha acontecido, a marca era grande. Esse corte na pele não cicatrizaria tão cedo. Trataram de me levar ao cabeleireiro para mudar a cor do meu cabelo, como se fosse adiantar alguma coisa. Freqüentei por alguns dias o consultório de um psiquiatra, o Jorge, o que também não ajudou muito.

Comecei a tomar tanta medicação que quando viajei para a França, na minha primeira fuga geográfica, estava completamente inchada. Minha mãe e minha avó colocaram a casa à venda e embarcaram antes mesmo de fechar negócio. Eu e a minha avó chorávamos tanto no avião que a aeromoça aparecia de dez em dez minutos para perguntar se estava tudo bem. Eu não conseguia responder e, depois da quinta intervenção, a minha avó falou que não era nada, que ela não se preocupasse com a gente. "*Agora* está tudo bem", disse.

Nunca pedi desculpas para as duas. Simplesmente porque, ao contrário do meu pai, elas nunca me acusaram de nada. A história morreu ali, naquela longa e triste viagem de avião. Nunca mais tocamos no assunto. Já o meu pai fez questão de relembrar o caso vezes sem conta. Em nenhum momento, imagino, ele conseguiu perceber o meu sofrimento. Talvez tenha sido porque fiquei com vergonha de dizer para ele, logo depois de libertada, o que tinha acontecido no cativeiro. Depois ele ficou sabendo de tudo, mas nunca falou sobre o estupro. Preferia falar da vergonha que ele passou, e que ia morrer por minha culpa. Cada um conta a história que é capaz de enxergar.

Na França fomos muito bem recebidas pela minha tia Carla, que já estava casada com um francês e já havia levado para lá a Joana, minha prima. Fizeram de tudo para que eu me sentisse bem, mas o que eu queria mesmo era minha casa, minha escola, meu cachorro e minha vida de volta. Comecei a ficar muito sozinha, passava dias inteiros andando a cavalo numa fazenda em Toulouse. Ganhei um cavalo árabe preto lindo, o Chadoux, que só deixava eu chegar perto, mais ninguém. Eu colocava várias frutas na mochila e saía com ele, sem hora pra voltar. Na verdade, eu estava preferindo a companhia dos bichos. E do haxixe, que passei a fumar bastante quando não "enchia a cara", como disse a minha mãe para o meu pai ao telefone, o que fez com que ele imediatamente voltasse atrás na decisão de deixar que eu levasse o cavalo para o Brasil algum dia. O fato é que eu não queria me relacionar com ninguém, não queria mesmo saber de gente ao meu redor. O álcool e o haxixe, que aprendi a fumar com a cunhada da tia Carla na própria fazenda da família, eram companhia suficiente. Eu não me dava conta, mas já estava assumindo o personagem da ovelha negra.

Como na época não me deixaram ler os jornais, não entendi o porquê daquele exagero todo de ir morar em outro país. Também não pude, conseqüentemente, contestar nada do que estava escrito, o que me deixava na boca um certo gosto de injustiça. Sair do Brasil como uma criminosa não me parecia sinônimo de refazer a vida. Algumas coisas, fui aprendendo, muitas vezes não têm conserto. Na minha vida, ao menos, existe um antes e um depois desse seqüestro.

Antes era uma menina que se vestia de bailarina no seu aniversário, fazia roupas para suas Barbies e não sabia muito bem o que acontecia à sua volta. Dois ou três anos depois, na época do seqüestro, ela já tinha crescido um pouco, mas continuava sem ter idéia do que estava fazendo. Queria chamar a atenção do pai, pegar um saco de dinheiro e ir morar em outro lugar, longe das festas de gente doida e das confusões da mãe, que um dia estava bem, no outro de ressaca, e só dizia que filha maravilhosa ela tinha quando estava bêbada, e misture a isso muita cocaína, namorados da mãe que tinham a idade da filha, o troca-troca de casa e um pai que dava as caras eventualmente. O retrato final era de uma garota inconseqüente como qualquer pré-adolescente, mas que não queria machucar ninguém.

Depois a menina levou alguns tapas na cara e, no susto, virou quase adulta, quase mulher, mas com a mesma enorme insegurança de antes. A diferença era que, naquele momento, ela podia, finalmente, vestir a máscara de delinqüente que já estava na gaveta, esperando por ela.

Não sei não, mas acho que também teria rendido boas manchetes a história de uma garota enganada por um bandido. Serviria até mesmo de aviso para os pais de adolescentes: que eles abrissem os olhos, porque problemas bem graves rondam as melhores famílias nessa fase. Coisas horríveis acontecem debaixo do nariz de pais responsáveis, que dirá daqueles mais, digamos, desatentos. Será que isso também não teria vendido jornal?

Quando a covardia de me culpar pela história toda já havia conquistado bastante Ibope, *O Globo* baixou a guarda, noticiando a minha depressão. "Nos dois dias em que esteve na unidade da FEEM (Fundação Estadual de Educação do Menor), Karina apresentou problemas de inapetência e disenteria provocados por depressão emocional", também dizia o *JB* de 25 de outubro de 1987. Mas, nesse ponto, a fama já estava feita, e muito bem-feita. Eu já era a "moça que forjou o próprio seqüestro".

Quando a história esfriou, o saldo negativo de tanto escândalo era bem pesado. Entre mortos, feridos e exilados, fiquei sem entender por que o meu pai me martirizou tanto por toda a vida por causa desse maldito seqüestro, já que em uma das matérias ele me defende. "Isso é tudo mentira. Um absurdo. Forjaram esta entrevista", disse ele aos repórteres do *JB*, negando que eu tivesse tramado toda a operação, informação atribuída a um depoimento que não dei. Depois, no entanto, ele pareceu ter acreditado no delegado Gomes Sobrinho. Aquele exonerado por brincar de roleta-russa com um preso.

Sempre convivi com comportamentos contraditórios. Enquanto meu pai acreditava e desacreditava em mim, a minha mãe, responsável pelo meu envolvimento com o João, a Priscila e o próprio Gringo, cortou relações com a Mara, mãe da Priscila e, até então, por quase trinta anos, sua melhor amiga. Depois do seqüestro, nunca mais se falaram, o que era motivo de tristeza para ela, apesar de tudo. Gringo foi preso e chegou a mandar recado pra mim, dizendo que ia me matar. Hoje não sei mais onde ele está, nem se ainda é vivo. Na época, me perguntaram se eu queria que ele morresse. Preferi que sofresse na cadeia. Sinceramente, espero que tenha sofrido bastante. João hoje mora em Portugal, livre, leve e solto. Não temos mais contato, mas posso apostar que não corre um pingo de remorso no seu sangue.

Minha mãe e minha avó continuaram fazendo as minhas festas de aniversário, com doces e mesas caprichadas, numa tentativa de tocar a vida adiante, normalmente. Principalmente, continuaram sendo cúmplices como nunca e me amando como sempre. Infelizmente, não foi o suficiente.

Com o cachorro Argos,
em 1982, Copacabana.

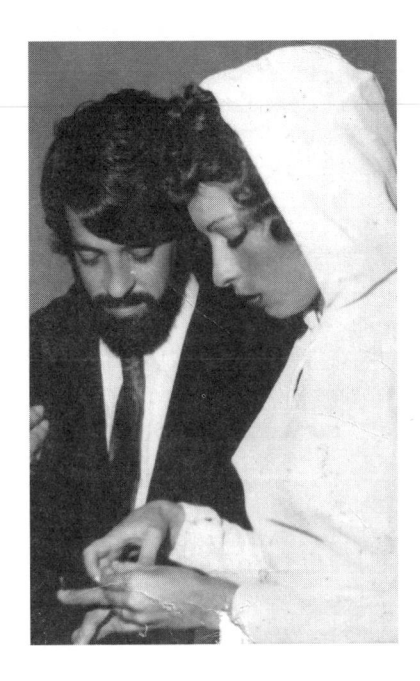

Os pais, Rui Cahet e Elizabeth de Montreuil, casaram-se em 1970. A separação veio pouco antes de Ana completar 2 anos de idade.

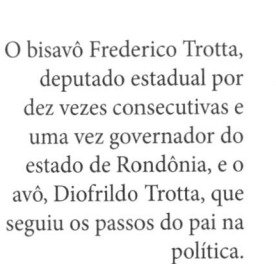

O bisavô Frederico Trotta, deputado estadual por dez vezes consecutivas e uma vez governador do estado de Rondônia, e o avô, Diofrildo Trotta, que seguiu os passos do pai na política.

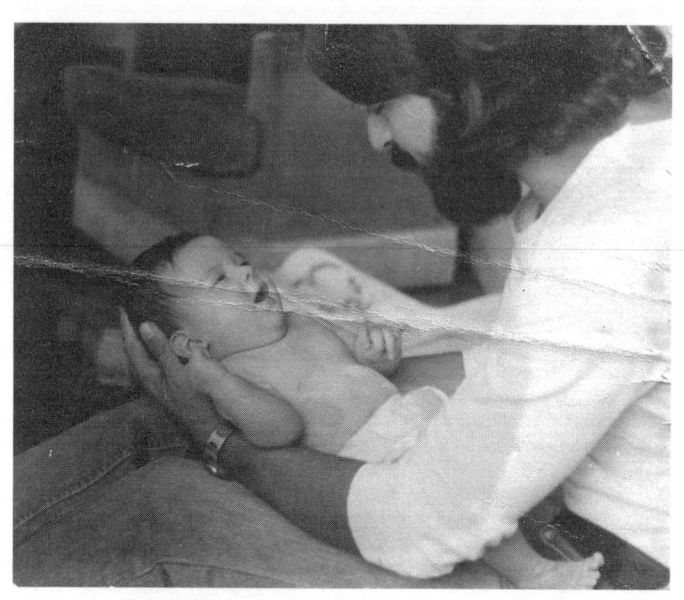

Nos braços do pai, recém-nascida, em 1972.

Com a mãe, aos 2 anos de idade.

Almoço com a mãe em Teresópolis, 1978. Na cidade serrana, Ana experimentou cocaína pela primeira vez. Tinha 11 anos.

Entre os bisavós, soprando as velas de mais um aniversário. Atrás, a mãe e a avó.

Segurando o menino Jesus. Lembrança de grandes comemorações nos natais da infância.

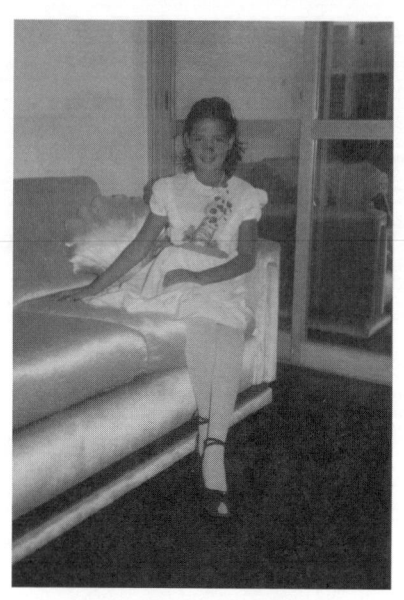

No apartamento da rua Senador
Vergueiro, no Flamengo.

Aos 14 anos, com a prima Joana,
poucos meses antes do seqüestro.

JORNAL DO BRASIL
Cidade

Seqüestro da estudante é mistério

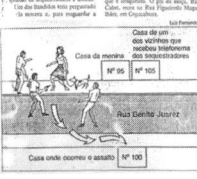

Criminosos pedem CZ$ 3,5 milhões pelo resgate de Ana Carina

O seqüestro de Ana Karina teve grande repercussão na imprensa.

Uruguaio mataria estudante após receber resgate

Wilson pensou em liquidar cúmplice

UMA FICHA CRIMINAL QUE REVELA ALTA PERICULOSIDADE

Primeira prisão foi por tóxicos, armas e falsificação

Família de Coronel culpa os pais por desajuste de Carina

Rapaz acusado se apresenta. Para Polícia, não é suspeito

Bancário foi assaltado só quer paz agora

Logo após o seqüestro, na França, com a avó e a mãe. Viagem estratégica e dias inteiros andando a cavalo numa fazenda em Toulouse.

Na viagem à Europa, depois de ser seqüestrada, cortou o cabelo e passou a fumar haxixe e a consumir álcool com freqüência.

CAPÍTULO 2

A dona do baseado

O cordão era de ouro e trazia penduradas várias medalhas, também de ouro. Havia sido da minha bisavó, e minha avó me dera provavelmente em algum aniversário. Devia esperar que eu continuasse a tradição da jóia de família, passando um dia este colar para a minha filha. Antes disso, muito antes, as medalhas começaram a virar cocaína malhada nas mãos do piscineiro do condomínio. Eram muito vagabundos aqueles papéis, eu devia ter pegado meu dinheiro de volta quando aprendi a comprar cocaína de verdade. Em pouco tempo, cheirei o cordão inteiro. As coisas já tinham começado a perder o valor.

Durante os mais de dois anos que passamos na Europa, ninguém conseguiu vender a casa de Jacarepaguá. As pessoas deviam achar que ela estava amaldiçoada, ou coisa parecida. Por isso, quando voltamos para o Brasil, fiquei na casa da Tataia, em Ipanema. No primeiro dia de aula do Pinheiro Guimarães, encontrei o Arnaldo, ex-namorado dos tempos de escola, quando eu morava com a minha avó na Senador Vergueiro. Menino rico, bem nascido e filho de juiz, Arnaldo tinha mania de fazer coisas erradas e desde cedo foi considerado mau elemento. Por isso, quando ainda éramos crianças, mamãe já não deixava que a gente se falasse. Arnaldo então ligava lá pra casa fazendo voz de mulher. Ficávamos horas ao telefone, morrendo de rir. A minha mãe nunca soube disso.

Naquela sala enorme do Pinheiro Guimarães, Arnaldo entrou atrasado. Sua primeira palavra, "Karina?", ecoou em alto e bom som. "Arnaldo?", rebati já me levantando. O professor, no meio daquela cena, perguntou se ele poderia continuar a aula ou se deveria esperar as apresentações terminarem. Saímos da sala, tanta era a conversa para colocar em dia. Já éramos adolescentes, afinal, e não nos víamos desde a infância. "Tenho todos os recortes", foi a primeira coisa que ele me disse. Eu, que estava tentando levar uma vida normal, percebi que não conseguiria me livrar da história do seqüestro tão cedo. Aquelas manchetes de jornal, que eu ainda nem vira, pareciam estar impressas na minha testa, mesmo dois anos depois. Não lembro o resto da conversa, se é que houve. Troquei de colégio e comecei a estudar numa espelunca em Copacabana, na esperança de que lá ninguém me reconhecesse.

Alguns meses depois, nos mudamos para um condomínio na Barra, o Mandala. O patrimônio da minha mãe estava se depauperando aos poucos, depois de uma temporada tão longa no exterior. Mas era muito moderno morar no Mandala, a minha mesada ainda era alta e continuávamos tendo motorista. Eu não gostei nada da mudança, e talvez por isso tenha pedido móveis de ferro preto para todo o quarto. De certa forma, eu estava de luto.

No condomínio morava o Big Head, um adolescente-problema cujo hobby era bater em todo mundo. Eu já tinha feito amizade com um garoto legal que também acabara de se mudar, e é claro que o Big Head se juntou com amigos covardes como ele para bater no garoto.

Ele era figura nova na área, afinal, motivo suficiente para levar uma surra. Eu estava na pizzaria do condomínio quando o garoto levou um tênis na cabeça e começou a apanhar. Vi que o carro dele estava estacionado bem perto, e, gritando, sugeri que ele entrasse para se proteger. Correndo, ele seguiu o meu conselho e entramos juntos no carro, logo cercado pelo bando do Big Head, que começou a sacudi-lo com força. Enquanto aquele carro balançava parecendo que ia virar, o Big Head, cara quase encostada no vidro, me perguntava, aos gritos, o que eu estava fazendo. "Sua seqüestradora! Está pensando o quê?", ele berrava.

Então era isso. Eu teria mesmo que conviver com essa fama pelo resto da vida. Não demorou para que eu parasse de andar com o garoto legal e deixasse de me preocupar com as mães que não permitiam que suas filhas freqüentassem a minha casa. Era melhor mudar de time. Na turma da pesada eu não só seria aceita como, quem sabe, teria um certo status. Quer saber? Eu ia começar a me drogar pra valer.

O piscineiro do condomínio morava na Cidade de Deus e foi o meu primeiro fornecedor. Comecei a cheirar no banheiro do meu próprio colégio. A bagunça lá era tanta que não demorou para que eu perdesse a cerimônia e cheirasse na sala, mesmo. Foi na porta desse mesmo colégio que conheci o Juliano.

"Eu vou dar dois nesse baseado", ele me disse. "Você não vai dar dois em baseado nenhum, o baseado é meu e eu não sei quem você é", respondi, encostada no muro da escola. Como eu iria perceber depois, o meu atrevimento costumava fazer sucesso entre os homens. Animado, Juliano brincou: "Sou o xerife da rua. E você, quem é?". "Sou a dona do baseado". Começamos a conversar e eu, que já não queria mais saber só de maconha, perguntei se ele tinha cocaína. "Sou alérgico a cocaína", disse, mostrando o braço todo furado. Até então, minha única referência de uma pessoa viciada em pico estava no livro *Eu, Cristiane F, 13 anos, drogada, prostituída*. É claro que por trás do espanto com aquele braço forte, tatuado e furado estava, àquela altura, uma discreta admiração. Trocamos telefone (naquela época não existia celular, como as pessoas viviam sem celular?) e começamos a namorar.

Juliano morava ao lado do colégio, na rua Cinco de Julho, em Copacabana, e passei a matar aula pra ir na casa dele. Tínhamos mais ou menos a mesma idade, rondando os 18, mas a minha mãe não sabia do nosso namoro. A verdade é que, depois do seqüestro, me afastei muito dela. Nunca mais falamos sobre o assunto, e acabamos nos acostumando a não falar sobre coisa alguma. Como eu tinha que voltar para casa depois da aula, comecei a usar todo o horário da escola para namorar.

Juliano sabia ser um doce, mas também era extremamente ciumento e agressivo. Certa vez um garoto me azarou no recreio e Juliano bateu tanto nele que a lembrança que tenho é da cabeça do pobre coitado sendo chutada no chão. Ao mesmo tempo em que fiquei chocada com a violência, não era de todo ruim a sensação de poder que eu sentia perto dele. De certa forma, ele era alguém que tentava, à sua maneira, cuidar de mim. Quando eu terminava o namoro, e terminei várias vezes, ele invadia a escola e fazia escândalos, mesmo sendo ex-aluno – por expulsão.

Com o tempo, ele deixou de ser violento só com os caras que me azaravam. Certa vez, depois de três dias de cheiração e nada no estômago, reivindiquei uma ida ao McDonald's. Lá o Juliano teve um ataque de ciúmes e saímos brigando tanto que ele me deu um empurrão em frente ao cinema Roxy. Bati na grade e caí no chão. Quando vi que ia levar um chute na cara, me defendi com a mão. Meu dedo mindinho quebrou na hora. A confusão foi tanta que chamaram a polícia, e o Juliano cheio de cocaína escondida na orelha. Eu disse que não tinha acontecido nada, que estava tudo bem. Não sei o que era pior: o medo que eu tinha dele ou a crença de que um dia ele ia parar de se injetar. Bom, naquele momento, o pior de tudo era a dor que eu estava sentindo no dedo. Por isso, antes de ir para o hospital, resolvi dar um teco. Quando chegamos na emergência, o ortopedista balançou meu dedo pra lá e pra cá e nada, eu não sentia dor nenhuma. Não havia nada de errado com o meu dedo anestesiado, que eu fosse para casa. Continuamos cheirando e, no dia seguinte, meu dedo acordou com o dobro do seu tamanho normal, tamanho era o inchaço. Voltamos para o hospital, mas era tarde demais para colocá-lo no lugar. A partir daquele dia, eu teria um dedo torto. Comecei a chorar e dizer para o Juliano que eu o odiava, que queria voltar para a minha casa, e ele dizendo que me amava, que aquilo nunca mais iria acontecer, e mais do mesmo e da velha novela.

É claro que coisas piores aconteceriam, porque era assim a minha vida com o Juliano.

No meu aniversário de 17 anos, achei que o Juliano espancaria o Nick, meu ex-namorado, em plena festinha na minha casa. Nick chegou com flores pra mim, e o Juliano, ao perceber o clima de recordar é viver, disse para o recém-chegado que nós éramos primos. Naquela época ainda restava um pouco de normalidade na sua cabeça cheia de cocaína. Passei a noite toda naquela saia justa, sem poder chegar perto de ninguém. Os dois me trouxeram cocaína de presente.

A coisa começou a progredir muito rápido. Quando minha mãe viajou para a França de novo, eu não sabia por que, ela não quis me deixar sozinha. Eu já aprontara o suficiente para ela tomar essa decisão. Numa festinha que eu e meu irmão por parte de pai, Ricardo, fizemos na sua ausência, sobraram poucos lugares da casa intactos. As camas, por exemplo, estavam todas vomitadas. Por essas e outras, minha mãe me mandou para a casa do meu pai, em Copacabana.

Detestei a idéia de ir para a casa dele, mas por outro lado seria ótimo estar tão perto do Juliano. Meu pai morava na Figueiredo Magalhães, quase ao lado do shopping dos Antiquários. Era lá, num boteco no primeiro andar, que eu pedia um copo de conhaque às sete da manhã. Só depois disso ia para a escola, e quando chegava lá tirava o pó do bolso para começar os trabalhos do dia. Sabe lá Deus como eu conseguia, aos trancos e barrancos, passar de ano.

Nessa época a Cris apareceu de volta na minha vida, mas eu já era praticamente outra pessoa. Contei tudo sobre o seqüestro para ela, e falei o quanto eu me sentira magoada por ela ter ido embora e eu ter ficado no Brasil. No fundo, havia me sentido abandonada por ela também. Conversamos muito sobre tudo o que acontecera até então e, é claro, chegamos ao assunto cocaína.

Estávamos em pé na rua Cinco de Julho com o Juliano, que havia acabado de bater uma carreira. Ele estava começando a cheirar quando apareceram duas senhoras pedindo informação sobre uma determinada rua. Juliano, sem desconcertar um músculo da face, continuou o que estava fazendo e deu todas as orientações para as senhoras. "Seguindo por este quarteirão, é a terceira rua à direita", dizia, enquanto me passava o canudo. Tenho certeza de que elas não conseguiram ouvir nada do que ele estava dizendo. Foi nessa hora, quando a gente desaprendeu de vez o significado da palavra limite, que a Cris cheirou pela primeira vez. Curiosamente, nela a droga não bateu. "Dormi a tarde toda", me contou depois. Qual era o problema dela? Ninguém dorme depois de cheirar cocaína. Com a Cris, simplesmente, a onda era outra. Uma pena que a nossa sintonia já não fosse mais a mesma. Nunca deixamos de ser amigas, mas a nossa convivência jamais voltou a ser o que era antes. Ela passou a ser mais um álibi do que a amiga de todas as horas. Quando meu pai implicava com meus programas, eu dizia logo: "Vou com a Cris."

Quando me perguntava onde eu estava, eu estava em algum lugar com a Cris. Nem sempre era verdade, mas funcionava como uma espécie de senha para a liberdade na minha vida com o Juliano. E tinha outro pique, essa vida.

Eu ainda nem me dava conta, mas os meus dias eram ritmados por muita angústia e momentos de desespero. Eu daria tudo para dormir a tarde inteira, mas precisava estar sempre alerta. Daria tudo para, de manhã, ir ao boteco e pedir um café-com-leite antes de ir à praia, como eu via, com inveja, as pessoas ao meu lado fazerem. Mas eu não podia ir à praia porque precisava subir morro para comprar cocaína, a droga do poder que não fazia com que eu me sentisse invencível, mas fazia com que eu parasse de sentir medo.

Talvez por isso eu tenha começado a andar com garotos que não tinham medo de nada. Eu estava cansada de ter medo. Medo das ressacas da minha mãe, medo de o meu pai não aparecer, medo durante o seqüestro, medo depois do seqüestro, medo de ir embora do Brasil, medo de voltar ao Brasil. Cansei.

Depois da aula, certo dia, sentei no muro de uma casa em frente à escola com o Juliano, alguns amigos dele e o Sabadão e o Domingão, gêmeos que morreram poucos anos depois, um de overdose e o outro, não se sabe, por suicídio ou assassinato. Era uma turma de iniciados, que já subia os principais morros de Copacabana. Estávamos todos fumando maconha quando vi o carro do meu pai passando devagar na nossa frente. "Entra no carro agora", gritou o meu pai, literalmente me puxando pela orelha. Para a platéia que assistia à cena, o que importava mesmo era o baseado que estava na minha mão, não o vexame. "Dá o beque, me dá o beque", gritou um dos amigos do Juliano, pegando rápido o baseado da minha mão. Quando chegamos em casa, meu pai deu um ataque e eu comecei a fumar um cigarro atrás do outro, até ele enfiar um maço inteiro na minha boca. Eu já estava encantada com a transgressão, e não demorou para que eu também fosse expulsa do colégio. Nada mal.

As pessoas costumam me perguntar o que eu procurava na cocaína, o que eu buscava sentir através da droga, afinal. Se vocês querem saber, o que eu queria mesmo era não sentir nada. Eu usava para não sentir, é diferente. Não sentir dor, culpa, tristeza, arrependimento, medo, revolta, raiva. Com a cocaína, eu não sentia nada. Era como se eu estivesse anestesiada, sem nenhum sentimento. Todos os sentimentos que gritavam no meu peito faziam silêncio e a cocaína preenchia um buraco, ela era a fatia que faltava para completar o bolo. É claro que no começo eu me sentia mais inteligente, extrovertida e corajosa, por causa da arrogância da cocaína. Mas se no início ela deixa qualquer um valente, depois ela é pura covardia, paranóia e medo da própria sombra. Aos poucos ela corrói a identidade, e eu já não sabia mais quem eu era. Com a droga, ao menos, eu pertencia a algum lugar. Dentro da vida horrível de viciada, superei muita gente que não conseguia me acompanhar – e achava isso ótimo. Em alguma coisa, ao menos, eu era realmente boa.

Não sei como os meus pais não percebiam essa minha "qualidade". Cansei de chegar pancada em casa, fritar na cama sem conseguir dormir e meu pai não perceber nada. As minhas roupas tinham cheiro de cocaína, e ninguém sentia. Muitas vezes cheirei durante o dia, no banheiro da minha casa, e ninguém percebeu. Das duas uma: ou eu era mesmo muito boa no que fazia ou os pais são realmente cegos. Na minha família, tenho a impressão, a cegueira era total e hereditária.

Da minha parte, eu via bastante coisa, só não conseguia entender. Um dia, por exemplo, cheguei em casa com uma amiga e a minha mãe estava obviamente bêbada, chorando e sem conseguir ficar em pé. Minha avó, numa tentativa de consertar a situação, me deu um dinheiro e sugeriu que nós fôssemos dar uma volta no shopping.

Poucas vezes na vida senti tanta vergonha. Quando a vergonha passou, senti raiva. Quando a raiva passou, veio o medo de a minha mãe ter tido algo mais sério, e eu não podia ligar para saber como ela estava (como as pessoas viviam sem celular?). Quando cheguei em casa, me vi sozinha, e só me restava ficar esperando, apavorada. Tempos depois elas chegaram. Acompanhadas de um poodle. "Sua mãe estava muito triste, dizendo que se sente muito sozinha, por isso comprei um cachorrinho para ela", explicou a minha avó. Alguns meses antes, eu havia dormido na casa de uma amiga e, ao chegar em casa no dia seguinte, o meu cachorro Henri, um poodle branco que eu ganhara quando nos mudamos para o Mandala, não estava mais lá. Se ele tinha morrido? Não, a minha mãe resolveu dá-lo, não sei para quem, nem por quê. Lembro que chorei muito essa perda. Como ela pôde fazer isso comigo? E agora, quem estava ganhando um cachorro igual era ela, que ainda fez questão de batizá-lo de Henri. Era demais para a minha cabeça.

Enquanto isso, o dinheiro estava, definitivamente, indo para o ralo. Muitas vezes fui culpada pela falência da família, mas não fora minha a idéia de ir para a França. Depois do seqüestro eu era uma folha ao vento, e iria aonde me mandassem. Eu também não pedia para ter tênis Redley de todas as cores. Eu sentia que, de alguma forma, a minha mãe e a minha avó tentavam me compensar por tudo o que acontecera. Mas nada, nada disso tapava o buraco no peito. E ele, o buraco, ficou ainda maior com a notícia de que nós iríamos nos mudar para o Rio Comprido. Eu havia feito alguns amigos no condomínio, e gostava de poder curtir a piscina e a praia. Mais uma vez, quando eu começava a criar vínculos, era hora de mudar. Chateada com a notícia, não quis visitar o apartamento. Pra falar a verdade, eu nem sabia onde era o Rio Comprido. Fora isso, me parecia normal passar por mais uma mudança. Era mesmo o que fazíamos, o tempo todo.

Quando fui apresentada ao bairro, mudei radicalmente de idéia. *Aquela* mudança não era normal. Odiei o prédio imediatamente, e não conseguia acreditar que aquilo estava acontecendo de verdade. Nos tempos do meu avô, que tinha uma casa no bairro com escadaria de mármore e elevador, era chique morar no Rio Comprido. Não era mais.

No auge da confusão da mudança, consegui terminar com o Juliano pela primeira vez. Mais tarde eu tentaria várias vezes me afastar dele, mas alguma coisa sempre nos unia de novo. Dessa vez, comecei a namorar um garoto que morava no Recreio. Marcio, o Pingüim, era lindo e louro, parecia um príncipe. Ele também cheirava, e a turma dele era ainda mais barra pesada. Era um cara respeitado na área. Uma vez, conversando, contei para ele o episódio do Big Head. Dias depois, praia lotada, Marcio sacou a arma e, encarando o pitboy, deu a dura: "Você nunca mais olha pra ela, não chega perto dela!" Na frente de todo mundo, Big Head virou um cachorrinho manso. Fiquei em pé, olhando – e adorando – aquela cena. Mais um que resolvia me defender. Comecei a fazer campanha para ele parar de cheirar, dando eu mesma um tempo. Talvez eu também quisesse cuidar dele.

Logo o príncipe quis ficar noivo, e chegamos a trocar alianças. Mesmo assim, por pura vergonha, eu não deixava ele visitar a minha casa nova, no Rio Comprido. Nos víamos no colégio, e ponto. Eu estava com tanta raiva de ter me mudado para aquele lugar que não consegui enxergar o quanto aquilo também devia estar sendo difícil para a minha mãe e a minha avó, que até então não sabiam o que era se preocupar com dinheiro. Durante toda a minha infância minha mãe me criou sozinha, sem ajuda financeira do meu pai.

Mesmo nesse intervalo de namoro o Juliano não deixou de me cercar. Acabamos deixando nossos ímãs se juntarem de novo. "Não esquece que eu te amo", me disse o Marcio quando decretei, na porta da escola, o fim do nosso namoro. Resignada à atração fatal pelo Juliano, devolvi a aliança. Menos de duas semanas depois, uma amiga na escola me perguntou se eu andava vendo o Pingüim. Não, graças a Deus ele tinha dado um tempo. "Não fala assim", disse a garota, me perguntando se eu realmente não sabia o que acontecera. "Ele foi assassinado", completou. Fiquei desarvorada. O que se sabia era que, saindo de uma festa, ele fora levar alguém no condomínio Parque das Rosas, na Barra, que na época era ainda um simples conjunto de prédios com um terreno baldio na frente. Lá, teria reagido a um assalto com a sua arma ou sofrido um acerto de contas com algum traficante, dependia da versão da história na qual se escolhia acreditar.

Não deu para evitar o sentimento de culpa. No curto período em que namoramos, Marcio ficou limpo, trocou o short de surfista por camisas sociais e foi trabalhar com o pai. Era um outro garoto. Foi só terminar o noivado precoce para a vida degringolar de novo. Só que dessa vez não deu tempo de tentar consertar nada. Ele tinha 18 anos e estava morto. Fiquei tão arrasada que o Juliano chegou a ir comigo à missa de sétimo dia, onde chorei muito ao lado dos pais do Marcio.

Meu namoro com o Juliano não era mais segredo, porque a minha mãe descobrira tudo. Mas ela também descobriu a intimidade dele com as drogas, já que meu pai fez o favor de levantar a sua ficha. Logo, o nosso namoro foi proibido. Logo, voltamos a namorar escondido. Por vários dias ele ficou do outro lado da rua, em frente ao meu prédio, jogando papelotes para a minha janela. Ficávamos assim, namorando e nos drogando a distância.

Estava muito sem graça, a vida. Proibida de ver o Juliano, odiei ainda mais aquela casa e os bares da redondeza, onde via a minha mãe com seus amigos da Câmara dos Vereadores. Muitos dos seus colegas moravam por ali, a poucos minutos do trabalho. Cheguei a pensar, na época, que ela tivesse decidido se mudar para aquele bairro por causa disso. Mas a mudança foi por falta de dinheiro, mesmo.

O recreio do colégio era a hora em que eu pegava, pela grade, os saquinhos de cocaína que Juliano me levava. Eu já andava com algumas meninas que também cheiravam, portanto estava mais do que malvista por toda a escola. O que, aliás, não me incomodava em nada. Uma vez, depois de cheirar no banheiro, tranquei e não conseguia mais falar. Precisaria beber alguma coisa se quisesse articular uma sílaba que fosse. Não pensei duas vezes antes de ir até a sala do diretor, falar que estava passando mal e pedir para ir embora. Qualquer pessoa acordada notaria que eu estava cheirando cocaína, mas ele também não parecia se incomodar. Abriram o portão, e continuei cheirando até a noite com o Juliano.

Sempre tive pânico de dentista e nessa época, para o meu azar, tive que fazer um canal. Não precisei de anestesia. Para quem não sabe, a cocaína é parente da morfina, o analgésico mais potente que existe. Indignado, no meio do tratamento o dentista deixou claro que não me atenderia mais. "Está vendo isso aqui? Isso é cocaína", me disse, mostrando a ferramenta que usara para raspar o meu dente. Eu tinha cocaína em todos os ossos da minha arcada dentária, ou do que restava dela. Depois dessa situação, criei um procedimento todo particular para tratar as minhas cáries. Quando sentia dor, pegava uma pedrinha de cocaína e enfiava no buraco do dente. Em poucas horas o problema estava resolvido, ou pelo menos era o que eu achava.

Não fazia a mínima diferença estar com um dente cariado ou não, diante de tantas outras dores que eu estava sentindo naquela casa que eu odiava. O banheiro, ao menos, era enorme. Por isso fechei bem as janelas, sem deixar frestas. A morte do Marcio, o namoro proibido, os porres da minha mãe. Coloquei uma toalha molhada embaixo da porta. A falta de amigos, a impossibilidade de ir para qualquer lugar que não fosse a escola onde eu cheirava até na sala de aula. Liguei o gás. E ainda tinha a droga do cachorro que não era meu, mas tinha o mesmo nome e a mesma cara daquele que a minha mãe tirara de mim. Sentei no chão e tudo aquilo começou a me sufocar. Sufoco por sufoco, era melhor acabar logo com aquilo. Fiquei olhando para o chão e, de repente, tive a impressão de ver algo embaixo da pia. Cheguei mais perto e vi o cachorro da minha mãe, já grogue e com o corpo todo mole. Saí correndo do banheiro com o Henri no colo, desesperada. Eu podia não gostar dele, mas ele não precisava morrer por causa disso. Não era justo. Ele acabara de estragar os meus planos, mas vai ver aquela não era a hora, pensei enquanto molhava o cachorro e fazia de tudo para reanimá-lo. Salvou-se, para o meu alívio. A empregada achou tudo muito estranho, mas não deve ter contado nada para a minha mãe.

O meu plano não tinha dado certo, tudo bem, mas eu não ficaria naquela casa por muito mais tempo. Aliás, não ficaria nem mais um minuto. Embolei algumas roupas numa mochila e peguei um táxi para Copacabana. Eu sabia os lugares onde o Juliano ficava, e a minha esperança era de que a gente se encontrasse em alguma esquina. Não nos encontramos. Fui até a casa dele, mas ele não estava. Mais uma vez, o meu plano fracassara. Voltei para casa correndo, tomada pela paranóia de que a minha mãe perceberia a minha tentativa de fuga. Já na cama, decidi que no dia seguinte faria tudo de novo. E finalmente tive sucesso em um dos meus planos, se é que eu podia chamar aquilo de sucesso. Quando encontrei o Juliano, ele estava absolutamente drogado, sem conseguir falar. Eu poderia ter dado meia volta, mas em vez disso falei para ele encaretar rápido, porque a gente precisava ir embora. Juliano Piconauta teria que fazer um milagre para conseguir entender a minha estratégia naquele exato minuto, porque eu estava fugindo de casa de verdade. Pegamos dinheiro com a avó dele e seguimos para a rodoviária.

O grande planejamento acabava ali. Não tínhamos destino, objetivo, endereço nem noção do que estávamos fazendo. Fomos parar em Vitória, cheiramos o dia inteiro com um cara nada confiável que conhecemos por lá e voltamos para o Rio, porque iríamos precisar de mais dinheiro. O que não era problema para o Juliano, por sinal. Sua avó recebia uma gorda aposentadoria, e se ela não desse o dinheiro, ele não faria a menor cerimônia para roubá-lo. A essa altura, meu pai já dizia que colocaria a polícia atrás de mim, por isso passamos apavorados de novo pela rodoviária. Dessa vez, o destino foi Salvador.

A Salvador que eu conhecia, até então, era a do Hotel Sheraton, com carro na porta para ir e voltar do aeroporto. Não tinha idéia do que era chegar numa rodoviária em Salvador, com uma ou duas mudas de roupa a tiracolo. Procuramos um motel para descansar os corpos moídos daquela viagem interminável, mas como eu ainda não completara 18 anos, nada feito, eu não poderia me hospedar. Levou um bom tempo para encontrarmos um lugar que não se preocupasse com detalhes como carteira de identidade, e àquela altura estávamos exaustos até para pensar em cocaína.

A idéia da minha segunda fuga geográfica (dessa vez voluntária) era parar de cheirar. Quem sabe longe dos morros do Rio e dos nossos amigos a vida poderia ser diferente? Quem sabe, longe das ruas de Copacabana e da bagunça do meu colégio, não conseguiríamos ficar limpos? Assim eu não precisaria mais levar socos do Juliano, tratamento de choque inventado por ele num momento de muita gula por cocaína. A intenção era me apagar para eu parar de cheirar, mas não funcionou. Acho até que nem senti dor pelo soco, e continuei repetindo que queria mais e mais e mais. Não lembro se, na ocasião, levei ou não um segundo soco.

Mas dessa vez, em Salvador, seria diferente. Tudo daria certo porque afinal de contas os dois queriam parar, e estávamos adorando a nossa versão de Romeu e Julieta. Alugamos uma casa num lugar que era quase uma favela, ao lado da rodoviária. Não tinha um só móvel dentro dela. Compramos um colchão de casal, colocamos no chão e fomos para a praia, aproveitar Salvador. Os dias foram passando e, como de costume, a grana foi acabando. Só que, para o nosso azar, os bancos estavam em greve. Até então, a minha família só sabia que eu estava com o Juliano, mas não sabia se era em Recife, São Paulo ou qualquer outro lugar do Brasil. O plano era só voltar para o Rio depois que eu tivesse completado 18 anos e pudesse ficar definitivamente com o Juliano.

Quando o dinheiro começou a acabar de verdade, ficamos preocupados. Tivemos então a brilhante idéia de juntar o que restava e comprar maconha para revender – e, de quebra, segurar a abstinência da cocaína, que andava nos deixando bem desconfortáveis. A maconha baiana que compramos era fortíssima e é claro que não a venderíamos coisa nenhuma, aquele quilo de maconha ficaria em casa, mesmo. Estávamos mais duros ainda, sem dinheiro nem mesmo para comer, mas alucinados.

Na praia, vimos que um garoto, que parecia ser engraxate, esperava os gringos irem dar um mergulho para roubar dinheiro deles, mexendo nos bolsos dos shorts. "O negócio é o seguinte, a gente viu o que você fez e você vai ter que dividir com a gente", falamos para o garoto, na lata. Romeu e Julieta extorquindo um pivete, essa era a cena que resumia o nosso drama baiano.

Bancos ainda em greve, conseguimos baixar ainda mais o nível. Em pleno Farol da Barra, combinamos que eu desfilaria sensualmente pela praia e, enquanto os gringos estivessem me olhando, máquinas fotográficas, dinheiro e o que mais de valor estivesse à mão sumiriam.

Enquanto corríamos com as peças furtadas, eu só pensava que o meu pai me colocaria na cadeia.

Depois que os bancos abriram e o dinheiro chegou, finalmente, resolvi ligar para os meus pais. "Faz o que você achar melhor, eu não quero mais saber da sua vida", disse o meu pai. O que a minha mãe falou eu não lembro, mas ela também me deu um gelo. Ela não tinha medo do Juliano, e chegou certa vez a empurrá-lo escada abaixo no nosso prédio. O problema era que, nessa época, quem tinha medo dele era eu. Suas paranóias de drogado estavam ficando cada vez mais violentas e eu sabia que, cedo ou tarde, sobraria para mim.

O idílio de Romeu e Julieta durou menos de um mês. Antes de voltarmos para o Rio, decidi que queria ter um mico, e trocamos o colchão por um miquinho no Mercado Modelo. Caquinho, que vinha de macaquinho, viajou com a gente no ônibus. Já no Rio, a primeira pessoa que encontramos foi o Nenão, que de tão viciado já chegara a encostar uma faca no pescoço da tia, exigindo dinheiro. Fomos direto, com mala e tudo, para o morro dos Tabajaras. Cheiramos lá em cima mesmo, tamanha era a sede. De lá fomos para a casa do Nenão, em Copacabana. Perto da Galeria Menescal, dei de cara com o meu pai, completamente drogada, com um mico na cabeça e ao lado do Juliano, que não conseguia articular palavra. "Tudo bem?", perguntou o meu pai. "Tudo bem, tchau", respondi já atravessando a rua.

Começou ali um verdadeiro inferno. A casa do Nenão ficou cheia, e a cheiração estava a todo vapor. Eu e o Juliano, a dupla Bonnie e Clyde, segundo aqueles que chamávamos de amigos, subimos e descemos o Tabajaras sem parar. De repente, não lembro por que, surgiu uma briga. Deve ter sido por causa do ciúme doentio do Juliano, que era capaz, num restaurante, de achar que eu estava dando mole para o garçom. A porradaria foi grande e todo mundo se machucou. Explica-se: eram ao menos cinco viciados juntos, portanto, cinco paranóias unidas. Quando uma paranóia esbarra na outra, as reações são sempre imprevisíveis. Quando os donos das paranóias são homens, então, as reações são geralmente violentas. Por sorte, ninguém estava armado.

Luxados, quebrados e principalmente drogados, fomos juntos para o hospital São Lucas. Seria cômico, não fosse trágico, o fato de todo mundo ir se tratar junto depois da briga, numa espécie de trégua nonsense. A verdade é que ninguém sabia mesmo por que tinha brigado, e a única coisa que devia passar pela nossa cabeça era comprar mais pó. No caminho para o hospital, Juliano ainda resolveu descontar a raiva num mendigo que estava deitado na calçada. Enquanto ele chutava o pobre homem, eu pedia pelo amor de Deus para ele parar. O medo que eu já sentia dele se transformou em pavor. "Você vai ver, quando eu sair deste hospital vou te matar", ele gritava, na sala de emergência. A ameaça não se concretizou, porque do hospital voltamos direto para o morro. A quantidade de pó parecia nunca ser suficiente, e a gente parecia nunca se dar conta disso.

"Esse macaco está morrendo", me disse o dono da boca do Tabajaras. Quando olhei para o Caquinho, me toquei de que aquela maratona toda de cocaína já durava três dias. Três dias sem dormir, comer, tomar banho. A única coisa que fazíamos era cheirar. E nos esbofetear, de vez em quando. Nesse tempo todo, o mico também não tinha comido nada, nem mesmo bebido água. Para piorar, havia lambido cocaína. Corremos para uma veterinária na rua Santa Clara, para o ódio e a revolta do veterinário de plantão. O nosso estado era lamentável e estava na cara que o Caquinho, que não tinha nada a ver com as nossas confusões, estava tendo uma overdose. O veterinário aplicou uma injeção no mico e me deu duas seringas, que era para eu continuar aplicando de hora em hora. Juntamos as seringas e a cocaína que ainda restava e fomos para a casa da avó do Juliano, numa tentativa de nos afastarmos do grupo e de toda aquela loucura. No meio do caminho, Caquinho morreu.

Olhando para aquele animal todo duro dentro de uma caixinha, percebi o óbvio: a gente também estava morrendo. Se não parássemos com aquelas tentativas diárias de suicídio, acabaríamos duros e dentro de uma caixa, como o Caquinho. Sentamos num bar da avenida Atlântica e, enquanto eu chorava, Juliano tentava me convencer de que nada daquilo ia acontecer de novo, que ele só ficava agressivo quando tomava pico, e que ele podia me provar que era capaz de ficar bem *só* cheirando. "Vamos, cheira aqui comigo", ele dizia, como se aquela fosse uma senha mágica para acabar com os meus soluços. Mas o meu mico havia morrido por causa daquela porcaria que a gente insistia em comprar todos os dias, mesmo sabendo que ela seria o nosso fim. "A gente precisa parar, a gente também está morrendo", eu dizia para o Juliano, enquanto ele batia uma carreira.

E a vida era: ir à praia, cheirar cocaína, tentar parar de cheirar cocaína, ir para casa, brigar com o Juliano, se meter em porrada e confusão, brigar no meio da rua, andar para cima e para baixo com uma turma de viciados que não tinha mais nada a perder e, no dia seguinte, começar tudo de novo. Meus pais não tomavam conhecimento, e eu não precisava deles. Juliano tinha dinheiro e eu podia fazer de tudo, desde comprar roupas até ir a bons restaurantes e ainda dar uma passada no cabeleireiro. Fora o fato de torrarmos quase tudo em cocaína, dá pra dizer que vivíamos bem na casa da avó do Juliano, que não interferia em nada na nossa vida por puro medo de apanhar. Quando estávamos em fase de tentar parar com a droga, eu trancava a porta e escondia a chave, que era para o Juliano não sair à noite para cheirar. Muitas vezes não adiantava e, quando eu acordava, lá estava ele, muito doido, ao meu lado. Nessas horas eu sentia muita raiva, mas achava melhor não enfrentá-lo. Já não sabia mais se era por medo ou amor. Em uma das nossas inúmeras confusões, um cara puxou a arma para o Juliano. Quando fechei os olhos, tinha certeza de que ele seria morto naquele exato segundo. Quando abri, vi o Juliano pegando a arma e batendo no outro como um selvagem. Também o vi encarar, numa briga de rua, três homens ao mesmo tempo. Drogado, ele se transformava num animal feroz. Não é diferente do que acontece com qualquer viciado, pensando bem, mas era absurdamente mais violento.

Como as coisas sempre podem piorar, descobri que estava grávida. Tínhamos nos mudado da casa da avó do Juliano para um apartamento bonito no Leme, e os vizinhos ainda não deviam suspeitar por que a gente simplesmente não poderia criar um filho. Eu não queria ter filho, eu não *podia* ter um filho, de jeito nenhum. "Eu não consigo cuidar nem de um macaquinho, que dirá de uma criança", eu pensava. Tomada de desespero, causei a primeira confusão naquele prédio tão familiar. Acordei querendo cocaína e o Juliano, que já virara um cão de guarda por causa da gravidez, não me deixou cheirar. Comecei quebrando um prato de pura raiva, e bastou para que ele partisse para cima. Enquanto ele batia em mim, o Neném, amigo dele que era um bandido de Arraial do Cabo mas estava hospedado na nossa casa, tentava nos separar. A primeira coisa que joguei pela janela foi o videocassete. A televisão e o Atari se foram logo em seguida. Não satisfeita, peguei um saco de um quilo de maconha que seria embalado e taquei pela janela também, o que fez com que o Neném rapidamente parasse de tentar me salvar para salvar a maconha espalhada no jardim da frente do prédio. O problema foi que, com aquela gritaria, acompanhada dos latidos do meu dobermann, Tron, e de todo aquele quebra-quebra, chamaram a polícia. Dessa vez eu estava disposta a falar que o Juliano tinha, sim, me agredido com violência, mas o que saiu da minha boca foi: "Você vai ver só, eu vou tirar essa criança, você vai ver o que vai acontecer." Foi o que bastou para que o policial, que naquele momento já estava na nossa sala, nos levasse para a delegacia. Além do tráfico de drogas, ele acabara de descobrir outro crime sendo arquitetado naquela casa.

Liguei para o tio Kiko, irmão da minha mãe, pedi para que ele não comentasse nada com os meus pais e fosse até a delegacia onde eu estava. Nos enquadraram em algum crime que não lembro, mas é incrível como o dinheiro resolve tudo. Fomos liberados e o Juliano decidiu deixar o Neném me vigiando 24 horas por dia para que eu não fizesse o aborto.

Deitada na cama, eu tentava encontrar uma posição que melhorasse o meu enjôo, sem sucesso. Tron estava deitado no chão ao meu lado, como se quisesse me consolar. Eu estava assim, pura agonia, quando o meu pai apareceu com a Teresa, sua ex-mulher. Poderia apostar que foi ela quem o convenceu a me procurar. "Eu quero ir embora, estou grávida, quero ir embora", falei, quase vomitando. Imediatamente meu pai disse que iríamos embora, e o Neném ameaçou nos impedir. "Eu sou o pai e ela vai embora comigo." Foi o suficiente para o meu carcereiro abrir a guarda. Fomos para a casa da Teresa. Sabíamos que em qualquer outro lugar o Juliano me acharia e faria de tudo para me pegar de volta. Nessas horas, as condições de namorada e refém se confundiam. Uma vez, na casa da minha mãe, ele chegou a arrancar o interfone da parede, quando viu que não conseguiria falar comigo. Mas lá, na casa da Teresa, que ele nem conhecia, eu estaria segura.

"O próximo!", chamaram. Sentada numa clínica em Botafogo, acompanhada pelos meus pais e pela Teresa – afinal eu ainda era menor de idade – e falando com a Cris no celular, senti o sangue gelar quando ouvi o chamado. Vi meu pai abrindo uma mala cheia de dinheiro e entregando tudo a um funcionário da casa. Eu não sabia o que era um aborto. Pedi que me apagassem, porque preferia continuar não sabendo.

Quando acordei, senti que a anestesia evitara a dor, mas não o trauma. Fui para a casa da Teresa e, apesar de abalada por ter feito um aborto, estava aliviada por não ter mais uma criança para cuidar. Além disso, a Cris também foi para a casa da Teresa, e eu tinha a impressão de que poderia voltar a viver sossegada.

Mas os traumas costumam andar em bando. A Teresa também fumava maconha e cheirava, como era praxe na minha família. Ela preenchia todos os pré-requisitos para ser aceita pela turma, mas não me ajudava muito naquele momento em que eu precisava parar com tudo, com as drogas e com o Juliano. Até a Cris cheirou com a gente, numa das suas incursões esporádicas pelo mundo da cocaína.

A vida estava assim, meio pela metade, meio torta, quando a Teresa tentou me agarrar. Ela, Teresa, ex-mulher do meu pai, tentando me agarrar. Como assim? Aquela cena surreal foi mais uma das várias gotas d'água transbordadas na minha vida. Mulher não, não era a minha praia, obrigada.

Por motivos óbvios eu não queria contar isso para a minha mãe e muito menos para o meu pai, mas também não dava mais para ficar naquela casa. Medo por medo, embolei de novo as minhas roupas e acabei voltando para o Juliano. A família toda, é claro, ficou histérica. Eles simplesmente não entendiam como eu podia estar fazendo aquela bobagem, e era mesmo uma bobagem, mas eu tinha os meus motivos.

Fomos passar um final de semana em Mauá, e gostei tanto que quis morar lá. Juliano topou na hora, e além de alugar a melhor casa de Maromba, depois de Maringá, tratou de me arrumar, rapidamente, um filhote de pastor, o Bagana Maria. Aos poucos fui adotando também todos os cachorros da cidade, e logo um dos quartos da casa foi reservado para os mais de dez vira-latas que iam comigo tomar banhos diários de cachoeira. Hoje Mauá é tomada de pousadas, mas na época a civilização se resumia a uma igreja, dois bares e a delegacia. O fusca da polícia ficava parado numa rua inclinada, com uma pedra na frente do pneu para não descer ladeira abaixo. Duas ou três pontes, uma pastelaria e um forró resumiam a vila de Maringá, e Maromba era uma borracharia, uma igreja, a pensão da Tia Maria e três bares. Lá era mais difícil arranjar cocaína, e comecei a tomar muito ácido, chá de cogumelo e de trombeta, além de fumar maconha. Eu não era muito fã das drogas alucinógenas. Gostava de saber o que estava acontecendo e, ironia ou não, a cocaína me dava uma certa sensação de controle. Eu precisava ficar sempre atenta, saber onde eu estava, o que eu estava fazendo e com quem. Raramente eu bebia sem cheirar, por exemplo, que era para não ficar bêbada. Em Mauá, no entanto, longe do Rio, talvez tenha me sentido relaxada o suficiente para emburacar no ácido. Encontrei vários amigos por lá, inclusive pessoas do meu antigo condomínio, e era com aquela gente doida que jogávamos sinuca e tomávamos, entre outras coisas, muita pinga com mel.

Mas apesar da fachada hippie, a fase não era de paz e amor. Cada vez que o Juliano bebia, acontecia uma briga diferente. Um dia convidei duas amigas para passar a noite na nossa casa – elas dormiriam na sala, afinal um dos quartos era dos cachorros. Estávamos jogando cartas e, de repente, o Juliano começou a beber e se drogar. Em pouco tempo já estava alucinado.

Não acreditei quando ele pegou o Bagana Maria pela boca e, como um cão fila bravo, sacudiu o filhote para um lado e para o outro antes de arremessá-lo na parede. Senti que eu poderia morrer a qualquer minuto, mas ele não ia matar o meu cachorro de jeito nenhum. Não enquanto *eu* ainda estivesse viva. Comecei a bater nele, gritando que eu o odiava e que queria que ele morresse. O inferno da madrugada seria longo, porque, além de toda a droga que já circulara naquela casa, a única possibilidade de fuga era um ônibus que passava às sete da manhã. Fora isso, só pegando carona no caminhão do leite. Juliano se cortou com uma garrafa e, usando o seu próprio sangue, começou a escrever na parede a palavra diabo, dizendo que estava com o diabo no corpo. Era verdade. Foi o Juliano diabólico quem também tentou, à força, aplicar cocaína nas minhas veias. "Você vai tomar, vai ver como é", ele dizia. Era evidente que ele estava tentando me matar. Por sorte não conseguiu enfiar a agulha no meu braço. Se tivesse conseguido, tenho certeza de que eu não estaria aqui para contar esta história. Até hoje, graças a Deus, meu braço só levou picadas em exames de sangue. E mesmo assim a muito custo, paciência dos enfermeiros e sedativos, porque tenho horror a agulha.

Aquela madrugada-pesadelo passou, e passaram-se ainda algumas outras. Já estávamos em Maromba há meses, ou o que eu achava que eram meses, porque havia perdido a noção do tempo há muito tempo, ou coisa parecida, quando engravidei de novo. Como eu poderia lembrar de tomar pílula todos os dias?

Antes de fugir pegando carona em um caminhão, o que mais me entristeceu foi deixar a Loura, a minha vira-lata preferida. Pensei em levá-la comigo, mas lá em Maromba ela era livre, corria na cachoeira e era querida por todos os moradores. Não seria justo enfurná-la num apartamento. Amar é querer o melhor para o outro, pensei, e já estava aos prantos quando peguei a Gláucia Maria e a Bagana Cristina, duas filhotinhas. Fomos de caminhão em caminhão juntas, e acho que elas me deram sorte, porque só parei caminhoneiros decentes em toda a volta para o Rio. Podia ter sido morta ou estuprada, mas deu tudo certo. Eu ainda não era livre como a Loura, mas estava tentando ser. Eu sempre tentei, e sempre soube que deveria estar longe do Juliano pra isso. Era uma certeza dolorida, mas sem dúvida uma certeza.

Fui direto para Teresópolis, para a casa do tio Juca. Era Ano-Novo, e lá vi a minha mãe cheirando de novo. Foi como se eu voltasse no tempo para aquelas férias, quando eu cheirava em família.

A rotina da casa não mudara muito. A novidade era que, dessa vez, meus primos também estavam na onda do ácido. Um dia deixamos alguns caírem no carpete e estava difícil encontrá-los. Ficamos todos de quatro, procurando no chão os papeizinhos, e a minha mãe achou aquela cena curiosa. Explicamos que o ácido havia caído e ela prontamente nos ajudou a procurá-lo, mesmo sem interesse pelo reparte. "Não me dá nada", ela dizia. O caso dela era mesmo com a cocaína, que só parou de freqüentar a sua vida quando a doença falou mais alto.

"O que eu faço?", eu perguntava para o meu primo, enquanto cheirava sem parar. Eu já estava com pouco mais de dois meses, e cheirava todos os dias. Os dias passavam e eu não tinha nem um pingo de coragem de contar para a minha mãe que eu estava grávida. De novo. Dele, do Juliano, que ela odiava tanto quanto o meu pai e provavelmente qualquer outra pessoa razoavelmente sensata da família. Eram poucas essas pessoas, mas existiam.

Eu e o meu primo acordávamos praticamente à noite, e já de óculos escuros. Minha mãe continuava cozinhando, mas ninguém comia. Ela devia saber o porquê, mas preferia ficar na cozinha bebendo a tocar no assunto. Aquele era o meu jeito de cheirar, ao menos aquele com o qual eu estava acostumada: em família, numa casa bonita, sem estresse, sem morro e sem porrada. O pó aparecia na casa como por milagre, e só nos restava o trabalho de consumi-lo.

No meio dessa temporada em Teresópolis, fui ao Rio fazer uma entrevista de emprego num resort. Eu não poderia ficar em Teresópolis o resto da vida, e precisava continuar fugindo do Juliano. Fiz a entrevista completamente drogada e voltei no mesmo dia. Na rodoviária, a polícia veio direto para cima de mim. "Está indo pra onde?", me perguntaram. Eu, desaforada como sempre: "Não tenho que dar satisfação a vocês, não enche o meu saco." Eu sabia que devia estar com cara de drogada, mas mesmo assim achei estranha a abordagem. Cinco minutos depois entendi. Eu estava com a jaqueta do meu primo, que tinha uma bandeira do Brasil nas costas. Foi o suficiente para os policiais partirem pra cima. A reputação do meu primo não era das melhores, como se vê. A família toda que freqüentava a casa de Teresópolis, aliás, tinha péssima fama.

Quando completei três meses de gravidez, ficou claro que dessa vez seria para valer, e eu teria mesmo aquela criança. Eu, 17 anos, que não conseguia cuidar de um mico nem dos meus vira-latas, pra não dizer de mim mesma. Não era à toa que, quando me via num beco sem saída, procurava de novo o Juliano. Eu simplesmente não sabia para onde correr, e a minha família não era exatamente um porto seguro.

Acabei num apart-hotel na Barra, onde dei alguns socos na barriga para ver se perdia o bebê. Também apanhei do Juliano, que quando não estava se drogando tirava centenas de fotos minhas. Ao menos, depois dos três meses, parei de cheirar e até de fumar maconha. Cigarro nunca parei. O Metralha, o Capitão e outros amigos de Copacabana iam nos visitar no apart, o que sempre alimentava o ciúme patológico do Juliano. Eu tinha horror daquele cara paranóico que batia na mãe e na avó para conseguir mais dinheiro para comprar droga, mas era esse mesmo cara que me levava para fazer ultra-sonografias e me comprava cachorros, como o dogue alemão que chamei de Zoltan. O cachorro era tão grande que ocupava a sala inteira do apartamento. Zoltan tinha como companhia a Maria Lua, uma coelha cinza que me perseguia pela casa toda. Eu sentava no chão e ficávamos os três vendo televisão, um de cada lado do meu colo. Zoltan era tão apaixonado pela Maria Lua que sabia até abrir a gaiola dela, para que eles pudessem brincar. Numa dessas, sem querer, quebrou o seu pescoço com uma patada. Quando cheguei em casa, Maria Lua estava morta, sem um pingo de sangue no chão. Zoltan ficou murcho por vários dias, e tenho certeza de que ele estava tão triste quanto eu. Enterramos a Maria Lua num terreno baldio ao lado do nosso prédio, com muita choradeira.

Em toda a gravidez, o que eu mais fiz foi chorar. Numa das brigas em que o Juliano me bateu, arrumei mais uma vez as minhas trouxas e fui para a casa do meu avô. Era final de gravidez e eu, de barrigão, passava horas sentada no chão jogando Gameboy. Fiquei lá até o bebê nascer. Chorando, sofrendo e jogando Gameboy como uma criança.

Uma criança, quando vem ao mundo, deve ser motivo de alegria. Eu não sentia isso em ninguém. Meu pai não aparecia, e a minha mãe não estava no Brasil. Eu podia até parecer estar cercada de gente, mas era o ser mais solitário do mundo. Na clínica, estava tão apavorada que me recusei a passar pela cesariana só com a anestesia peridural. Mesmo depois de anestesiada, levantei e fui procurar um médico, porque precisava de uma anestesia geral. Mais uma vez, precisava apagar. Eu queria que aquilo tudo fosse uma grande piada de mau gosto, e ficar desacordada por algumas horas seria uma espécie de redenção. A adrenalina devia estar transbordando no meu sangue, porque as pessoas não costumam levantar depois de uma anestesia criada, justamente, para eliminar toda a sensibilidade da cintura para baixo.

Antes de o obstetra me sedar, muito a contragosto, ainda tive tempo de pedir para a Marilza, mulher do meu avô, entrar comigo na sala de parto. O Juliano ficou de fora, mas não deve ter se importado com isso porque estava entretido com amigos como o Metralha, o Capitão e o Caveira.

Minha filha podia ter nascido um repolho, de tanta droga que usei na gravidez, mas o único problema da Mariah era icterícia. Por isso, quando acordei, não pude vê-la. Só no segundo dia levantei da cama, com soro e tudo, e fui até a incubadora. Quando olhei aquele neném tão pequeno, prematuro e com uma gaze enrolada em volta dos olhos, senti uma dor muito maior do que a dos pontos na minha barriga. Fiquei desesperada ao ver aquela criança tão pequena, e achei que ela estava daquele jeito por minha culpa, por tudo que eu usara nos primeiros meses de gravidez. Não sabia que ela ia ficar boa logo, não sabia o que ela tinha, e ninguém falava comigo sobre coisa alguma. Ao mesmo tempo, eu não parecia ter forças para fazer mais do que segurar aquele soro e chorar.

Quando acordei no dia seguinte, Juliano estava drogado. A filha dele tinha nascido e a forma que ele encontrou para comemorar foi tomar pico. Expulsei o Juliano Piconauta e todos os outros nomes bizarros do hospital. Fiquei com o meu pai, a Marilza e o meu avô. Durante os quatro dias em que estive no hospital, fiquei sozinha com a Mariah uma só vez. "Pelo amor de Deus, me deixem sozinha", pedi. A Mariah começou a chorar e troquei uma fralda pela primeira vez. Eu acabara de fazer 18 anos. Era tão despreparada que achava que a barriga da gravidez sumia imediatamente depois do parto, como num passe de mágica. Quando voltei para casa, nem o berço lindo que a tia Auri dera de presente nem as roupinhas de bebê me animavam. Eu continuava chorando muito, e não duvidaria se me dissessem que estava com depressão pós-parto.

Um dia o Juliano saiu de casa para buscar dinheiro e, para não perder o costume, voltou drogadíssimo. Quando estava muito alterado, ele encostava em alguma parede, cruzava os braços na altura dos olhos e ficava horas assim, de olhos fechados, balançando o corpo para a frente e para trás, como se estivesse se protegendo de algo muito perigoso. Era frágil como um rato nesse momento da paranóia, mas quando a onda começava a passar e ele queria mais, ficava extremamente agressivo. Quando meu avô chegou para deixar algumas fraldas, ele ainda era um rato capaz de confundir os leigos e passar por uma pessoa normal. "Vô, pelo amor de Deus me leva embora, não me deixa aqui, ele está drogado", disse pra o meu avô, que não percebera nada de errado com o Juliano. Fiz uma malinha para a Mariah e, antes do próximo ataque, saí de casa. Juliano estava drogado demais para esboçar qualquer reação.

Marilza nos recebeu superbem e por vários dias o Juliano não deu sinal de vida. Estava, certamente, apagado dentro de casa. Eu continuava sem saber como lidar com a Mariah. Descobrira que filha é uma boneca que não se pode desligar nem colocar na estante, e eu não tinha a menor idéia do que fazer com aquela criança. Quando ela chorava, eu quase enlouquecia.

Àquela altura, eu já estava limpa há quase seis meses, o que era muito para os meus padrões. Talvez tenha sido por isso que consegui, com a ajuda do meu avô, convencer o Juliano a se internar. Enquanto ele ia para a Clínica da Gávea, meu primo era preso por porte de drogas. O pai dele, Juquinha, já havia morrido, e meus primos também estavam morando na Barra, num apartamento que acabara de ser invadido pela polícia. Então a situação era: eu com uma filha pequena e o pai dela internado, meu primo preso, minha mãe fora do país, meu pai se fingindo de morto e meus avós em profundo desespero.

A juíza deu ao meu primo duas opções: ficar preso ou ser internado. Ele pediu três dias para pensar. Deve ter pensado bastante, porque caiu em si e aceitou ir para uma clínica no Largo da Barra. Quando saiu, começou a tentar me convencer a parar também. "Mas eu não sou como você, meu problema é que eu não gosto de droga, eu uso mas não gosto", disse a ele na nossa conversa de cozinha. Esta, aliás, era uma equação que eu não conseguia entender: eu não gostava, mas não conseguia ficar sem. E até então, ninguém na minha família tinha ouvido falar de dependência química, internação e clínica, muito menos de Narcóticos Anônimos. Foi o meu primo quem me apresentou ao NA. Antes de a Mariah completar um mês, Juliano foi transferido para uma clínica de dependência química em Volta Redonda, e eu comecei a freqüentar o NA.

CAPÍTULO 3

Ovelha negra

"Vamos descer, vamos embora, eu quero ir embora", eu pedia, no alto do Pavão. Há dois dias cheirando, tínhamos subido para comprar mais e o Juliano não saía de uma birosca, onde estava bebendo há horas. "Porra, leva a tua mulher embora", falou um dos donos da boca, tomando o meu partido. Como eu veria alguns minutos depois, aquele era o meu dia de sorte.

Naquela época, os caras da boca também ficavam doidões, e um deles cismou com um playboy da zona sul que acabara de subir. Entrou numa de que ele era polícia, ou simplesmente não foi com a cara dele. Eu nunca tinha visto alguém morrer na minha frente, mas sabia que ali eu não poderia chorar nem esboçar qualquer reação, era melhor nem piscar.

O corpo do garoto já estava no chão quando virou um saco de tiro ao alvo. A arma começou a passar de mão em mão, e cada um dizia para o colega do lado onde queria ver o tiro. "Agora você, ali no pé", falaram pra mim. "Eu não vou fazer isso", respondi, apavorada. Eu podia ter morrido da mesma forma que o playboy, mas o Capitão Explosão, amigo nosso da rua que também estava nessa roda macabra, tinha uma certa

> *influência no morro e conseguiu me liberar com um simples "Não, ela não, deixa ela". Antes de ele terminar a frase, me dizendo para ir embora logo, eu já estava lá embaixo, pensando no garoto que era tão drogado quanto eu.*

Com o Juliano internado, a minha vida ganhou um pouco de paz. Eu ainda o visitava todos os finais de semana, e a clínica era tão desorganizada que nos deixavam ficar num motel ao lado. Ao mesmo tempo, me sentia aliviada por estar longe dele durante a semana. Eu já não queria mais estar com ele, só me faltava coragem para terminar de vez com aquela história que mais parecia uma novela.

Com o NA, aprendi que existia vida sem droga. Eu estava feliz e, pela primeira vez, havia feito alguns amigos. Antes, o que eu conhecia eram companheiros de "drogadição", como se dizia no NA, o que é bem diferente. Eu estava com 18 anos e começava a conhecer, aqui e ali, uma vida sem medo.

Ao mesmo tempo, era difícil engolir os mandamentos do NA e todo aquele conjunto de regras, como só andar em bando na rua para controlar e ser controlado, como se fôssemos uma turma de crianças que não sabem nadar a caminho da praia. Pensando bem, talvez a nossa definição fosse exatamente essa, mas ainda assim não me parecia ser aquela a maneira ideal de acabar com um vício inscrito no buraco do peito, quase na alma.

Quando voltei ao apart-hotel da Barra, que deveria ser uma casa decente para se criar uma filha, havia sangue até no teto. Mas pior do que o berço todo branco da Mariah imundo de sangue, o bar virado no chão e o sofá arrebentado era o cheiro de cocaína misturada com sangue, impregnado na casa inteira. Nessa hora, entendi como o NA pode ajudar. "Pelo amor de Deus, vem pra cá porque vou acabar usando", falei para uma amiga do grupo ao telefone. Em poucos minutos ela estava lá, me ajudando a catar as seringas espalhadas por todo o apartamento. Talvez eu tivesse me furado com uma delas por desespero se a Ana, minha xará, não tivesse chegado a tempo. A impressão que dava era que uma pessoa havia morrido ali, o que não era exatamente uma mentira. Juliano, nos seus rituais de autodestruição, costumava puxar o próprio sangue com a seringa para misturá-lo com cocaína, sacudir e injetá-lo de volta na mesma veia. Também usava seringas velhas e enferrujadas, que forçava no braço até fazer buracos na pele que infeccionavam na hora.

Enquanto eu não conseguia me afastar dele e de seus problemas, tampouco conseguia me aproximar da minha filha. Meu primo também estava morando na casa do meu avô e, num belo dia, acordamos às seis da manhã. Resolvemos levar a Mariah para passear de carrinho porque, isso até nós dois sabíamos, o sol da manhã faz bem para o bebê. Só faltou perceber que estava frio e que ela devia sair mais agasalhada. Mariah pegou uma gripe, e nós levamos uma bronca. Numa outra ocasião, ela começou a chorar muito e eu não sabia mais o que fazer. Dei mamadeira, vi que não havia febre e a menina não parava de berrar. Naquela noite, o berço foi levado para o quarto da Marilza, e de lá não saiu mais. Não sei até que ponto isso me tirou a responsabilidade, ou me fez ver que eu não podia mesmo ousar ser mãe. O fato é que eu não me sentia nada bem nesse papel. Quando a levei para passear de carrinho no calçadão, ao contrário, tive muita vergonha. Eu sabia que parecia ser mais jovem do que dizia a minha carteira de identidade, e era desconfortável a idéia de ser vista como mãe solteira. Principalmente uma mãe que freqüentava o NA e sabia tanto de bebês quanto de princípios saudáveis para a vida. Se a minha mãe estivesse por perto para me ajudar, talvez tivesse sido mais fácil aprender o ofício da maternidade e ter coragem de cuidar de um bebê, mas com os meus avós, que tinham muito mais autoridade do que eu, a competição era desigual.

Por isso achei irresistível a seguinte proposta do meu pai: se eu terminasse com o Juliano, ele me daria uma casa em São Conrado e contrataria uma babá, para que eu pudesse morar sozinha com a minha filha. Era tudo o que eu queria naquele momento. Eu já havia deixado de visitar o Juliano em alguns finais de semana e por causa disso ele apareceu de supetão na casa do meu avô, achando que estava sendo traído. Mandei-o de volta para a clínica. Eu não estava traindo ninguém, estava só buscando um pouco de paz.

Falei com o Juliano que eu queria terminar tudo e sabia que ele reagiria mal, só não podia imaginar quanto. Ele queria ter apenas uma conversa. Meu avô o odiava com todas as forças, mas, educado como um lorde, o cumprimentou amigavelmente quando me deixou na porta do apart-hotel. O cenário poderia ser um batalhão da polícia e mesmo assim eu morreria de medo, porque encontrar com o Juliano era sempre motivo de pânico. Ele sabia que não haveria conversa se eu visse que ele estava drogado – o que eu poderia perceber mesmo a metros de distância e se ele estivesse de costas –, por isso esperou que eu entrasse no elevador para se transformar no demônio que sabia ser. A expressão dele mudou completamente e, quando a porta do elevador abriu, levei um empurrão. "Entra em casa", ele gritou, já com a droga na mão. Só que, dessa vez, ele também tinha uma arma. Entre uma e outra carreira, colocava a arma na minha boca e dizia para eu contar com quem eu o havia traído. Com uma arma na boca, é impossível falar qualquer coisa.

Passei a noite inteira assim, ouvindo o Juliano dizer que ia me matar. Quando o dia começou a clarear, vi que aquele pesadelo não ia acabar nunca se eu não fizesse alguma coisa. "Ou você me mata logo ou acaba com essa palhaçada, eu não te traí, mas devia ter traído pra compensar tudo o que você fez comigo, não traí mas não quero mais você, você é uma pessoa doente e eu não quero ficar perto de você", falei de uma vez só, não sei como nem com que fôlego. Devolvi o empurrão do início da noite e consegui ir embora. Na minha memória, aquela noite durou uma eternidade.

Meu pai não cumpriu o combinado. Depois daquele episódio, tudo o que eu queria era ir para a minha casa com a minha filha, mas eu caíra em mais uma mentira. Lidar com promessas não cumpridas pode ser muito angustiante. Naquele momento, o balde de água fria serviu para que eu perdesse o pouco que restava da fé numa vida decente. Eram acontecimentos como esse que me faziam deixar pelo caminho pedaços de auto-estima, de confiança no ser humano e de amor-próprio. Aos poucos os valores foram se perdendo junto com a minha capacidade de lidar com aquele bolo de sentimentos desagradáveis, que insistiam em cavar um buraco no meu peito.

Continuei freqüentando o NA, e o Juliano continuou me perseguindo. Ia a todas as reuniões do grupo não para entender a filosofia dos Narcóticos Anônimos, mas para me controlar e arrumar uma ou outra briga de vez em quando. Um dia saímos juntos do grupo e ele me pegou pelo lado fraco. Estava bem servido de cocaína e, adivinhem, acabamos nos drogando a noite toda.

Não era possível aquilo. No dia seguinte, liguei para toda a família e disse que estava indo para a clínica onde o meu primo se internara. "Eu estava sem usar há um mês e voltei, não agüento mais, quero ficar aqui", falei já na clínica, levando comigo apenas a roupa do corpo. Aquele provavelmente não era o momento certo para a minha primeira internação, porque eu teria conseguido ficar limpa só com a ajuda do NA. Na época eu ainda me empolgava com as reuniões e levava a coisa a sério. O que eu queria mesmo ao me internar, além de parar com as drogas, era mais uma vez me curar da outra doença que atendia pelo nome de Juliano.

"Meu nome é Ana Karina, sou alcoólatra e toxicômana, estou em recuperação." A frase era perfeita e me dava a sensação de estar fazendo uma coisa muito legal. Eu descobrira que tinha uma doença na minha cabeça e não precisava ter vergonha porque, afinal de contas, estava fazendo algo a respeito. E tinha que ter muita coragem para falar "a minha mãe é alcoólatra e toxicômana".

Minha mãe, que já voltara da França a tempo de assistir a essa apresentação, me disse depois que aquele foi o dia mais triste da vida dela. Logo ela foi proibida de freqüentar a clínica, porque ainda era usuária. *Ela* não estava em recuperação.

Então era uma vergonha tentar se livrar de uma dependência química. O que ela achava que eu estava fazendo da vida até então, batendo figurinha e pulando elástico? E o que ela queria que eu fizesse, que voltasse a cheirar no meio da sala? Talvez, para a minha mãe, a cocaína ainda não tivesse o peso que passou a ter na minha geração. Vai ver, para ela, fosse como tomar uma cerveja e fumar um cigarro. Mas ficava cada vez mais difícil entender os meus pais.

Nessa clínica, os únicos que me visitavam eram o meu avô e a Marilza. Da minha parte, estava feliz em ter de novo uma casa funcional. Eu mais uma vez ganhara uma vida organizada, com horários para tudo e várias atividades terapêuticas. Comecei a gostar de ficar institucionalizada, por incrível que pareça. Nessa clínica da Barra o ambiente era agradável e, como no Stella Maris há três anos, eu me sentia segura.

Difícil era dar nome aos sentimentos. Quando me pediram para identificar dez sentimentos presentes no momento, percebi que só conhecia um: raiva. Raiva da escola que me deixava cheirar na sala, raiva dos socos do Juliano, raiva das promessas não cumpridas do meu pai, raiva da falta de apoio da minha mãe, raiva de toda a família e, mais do que tudo, raiva de mim mesma. Quando a cocaína deixava de tapar o buraco no peito, ele voltava muito maior. Nesse poço fundo e escuro estavam sentimentos acumulados por longas temporadas de anestesia. Eu não sabia nomeá-los, muito menos o que fazer com eles. No entanto, na clínica, escrevi mais do que em todo o meu período escolar. Entre as tarefas, eu precisava identificar dez situações de culpa, dez de humilhação, dez de honestidade, dez de vergonha. Estavam todos falando numa língua que eu não conhecia. No meu dicionário de sentimentos só existia um verbete, e era "raiva".

Uma clínica para dependentes químicos é uma bomba-relógio. Primeiro porque todos estão em abstinência, segundo porque, conseqüentemente, estão todos com os nervos à flor da pele. Alguns entram somente para agradar pai e mãe, outros numa derradeira tentativa de não destruir um casamento. Ninguém, na verdade, entra porque quer – entra por desespero. Por isso nunca entendi o desligamento por envolvimento emocional com outros pacientes ou por falta de motivação.

Ninguém alcança a sanidade em dez ou quinze dias, depois de anos usando drogas. Já é muito difícil seguir os passos do NA e do AA fielmente: admita a impotência perante o álcool e a droga, que na sua vida se tornaram incontroláveis; acredite que um poder maior do que você é capaz de lhe devolver a sanidade; se entregue a esse poder. Reze, se puder.

Não é agradável falar em público os podres da sua vida e tudo o que a droga já lhe causou de dor e sofrimento, nem ser confrontado por terapeutas que passam os dias cutucando suas feridas e promovendo o confronto. Acho até natural sair uma ou outra briga de vez em quando, e mais natural ainda o amor de confinamento, típico de pessoas encharcadas de carência como os dependentes químicos. Acontece que na clínica é proibido qualquer tipo de agressão e também qualquer tipo de envolvimento amoroso, além de toda e qualquer apologia às drogas – o que tornava bastante complicado para qualquer um falar de suas experiências, diga-se de passagem. A pena para qualquer uma dessas infrações é o desligamento, quando o terapeuta fala que você não poderá mais freqüentar o grupo e você escuta algo como: "Olha, você não vai mais se tratar e a sua chance de se livrar das drogas e ter uma vida digna na sociedade acaba aqui." Eles poderiam assinar um atestado de óbito do paciente, que daria no mesmo. Conheço muita gente que foi desligada e morreu no mesmo dia.

Fui desligada com 28 dias de clínica. Dentro de uma clínica você ama profundamente as pessoas do grupo e jura que vai ser amiga delas para o resto da vida. São pessoas que, provavelmente, você não verá nunca mais. Eu me envolvi com uma dessas pessoas e foi o suficiente para levar um cartão vermelho. Tive algumas chances antes, é verdade, quando implorei para me deixarem ficar. Roberto Flores, um grande terapeuta, me fez olhar nos olhos de cada uma das pessoas do grupo e dizer no que elas me ajudavam e no que me atrapalhavam. O dependente químico age muitas vezes como bicho, e aquela era uma tarefa dura para a caçula do grupo, apelidada de Pimpolha, que estava sendo mimada por um certo João, que, como disse olho no olho, não me ajudava quando me dava colo. Cumpri a tarefa, mas não foi o suficiente. A gincana sentimental incluía ainda contar situações de envolvimento com droga, dizendo quem estava presente nelas, o que eu sentira na época e o que eu sentia a respeito naquele momento. Era coisa demais. Principalmente para quem já tinha um precoce ranço de morro e não admitia ser alcagüete, X-9, dedo-duro. Por ter trocado a cocaína, até então o contraditório amor da minha vida, por uma pessoa de carne e osso, fui mandada de volta para casa com a minha mochila de coelhinho nas costas (era um presente do meu pai, e Cris e eu tratamos de batizar o bichinho de Irc, uma onomatopéia do nojo).

Aos 18 anos, fracassara na minha primeira internação. Não foi fácil deixar aquela casa bonita, com bons terapeutas e uma comida deliciosa. Principalmente porque, enquanto eu estava internada, Juliano me ameaçara de morte várias vezes, adquirindo a desagradável mania de ficar de plantão em frente à clínica, armado. Com medo de levar um tiro, eu não chegava nem perto da varanda. Em menos de 24 horas eu estaria cheirando de novo.

Quando entrei aos prantos no carro do meu pai, tocava no rádio "Ovelha negra." Era a Rita Lee cantando a minha vida. Meu pai não havia me visitado na clínica e portanto não participara de nenhuma reunião, o que fez com que o conhecimento dele sobre dependência química continuasse nulo. Ele não sabia nada sobre "evite os primeiros goles, evite as primeiras doses". Por isso, quando me deixou num restaurante com seu amigo Mauro, dizendo que tinha uma reunião, falou para eu parar de chorar e emendou com um "toma um chope pra relaxar". Abre-te, Sésamo: pedi logo uma caipirinha, porque chope era muito pouco pra mim. Depois de três caipirinhas e algum dinheiro emprestado no bolso, me despedi do Mauro e fui direto para um dos morros que eu mais freqüentava e chamava, com intimidade, de Galo, Pavão ou Tabajaras.

A partir do momento em que eu subia um desses morros, os ponteiros do relógio passavam a trabalhar diferente. Três dias se passavam como se fossem um ou o que eu achava que era um dia, e eu não lembrava qual era a finalidade de estranhos hábitos como dormir, comer ou tomar banho, que dirá estudar para algo chamado vestibular. Eu ia encontrando os amigos na rua e logo se formava um grupo pronto para seguir o ritual de sempre: comprar droga, rachar a despesa e ir para a casa de alguém para começar a cheiração. Éramos como abelhas programadas seguindo seus instintos para produzir mel. Com a diferença de que, no nosso caso, o produto final tinha gosto amargo.

Não sei o que o meu pai fez durante esses três dias, tampouco sabia por onde andava a minha mãe. O que eu já sabia era que, assim como o amor de clínica, a preocupação dos meus pais também não era lá muito consistente. Logo que comecei a namorar o João, meu paquera da clínica, vi que aquela paixão toda não sobrevivera à vida na rua, fora dos limites espaciais e sentimentais da clínica, uma espécie de Big Brother dos abstinentes. De repente, ele não tinha mais nada a ver comigo. Quando isso acontecia, eu simplesmente despachava e partia para outra, sem muitos remorsos. Era uma predadora, como diria um amigo alguns anos depois.

Mais tarde na vida, bem mais tarde, entendi por que agia daquela maneira com a maioria dos homens. Era uma maneira inconsciente (e por isso mesmo esquisita) de me vingar deles. Não adiantava saber que, felizmente, nem todos os homens do planeta eram seqüestradores e estupradores. João, ao menos, para livrar a minha culpa, nunca recaiu por minha causa. Está limpo até hoje.

Também não sabia ficar sozinha. Mesmo quando o Juliano começou a namorar outra pessoa e me deu sossego, o que parecia um milagre, nem pensei que eu poderia aproveitar a minha liberdade sozinha, curtindo um pouco a vida e, quem sabe, cuidando de mim no NA, para onde voltei feito cachorro sem dono depois dos três dias e três noites no mundo paralelo da cocaína. Eu precisava estar sempre com alguém do lado, ora me dando forças para parar de me drogar, ora se transformando em fiel parceiro de drogadição. É verdade que, às vezes, a cocaína me fazia mais companhia do que qualquer outra pessoa, e eu preferia me drogar sozinha, trancada em algum lugar, geralmente um quarto de motel. Mas esse era o estágio máximo de introspecção que eu sabia alcançar. Era nisso que dava viver em gueto. No NA, eu podia tanto andar em ótimas companhias como me juntar às piores figuras, prontas para levarem para o mau caminho quem aparecesse primeiro. Se a clínica era uma bomba-relógio, o NA era uma constante roleta-russa. Além de muita determinação, era preciso ter alguma sorte.

Não era bem o meu caso. Quando voltei a freqüentar as reuniões do NA, me interessei logo pelo xerifão do grupo. Álvaro César também andava armado e eu já achava isso muito normal. Talvez já fosse até um pré-requisito na minha cabeça, vai saber. Nas reuniões administrativas em que voavam cadeiras, ele colocava a arma em cima da mesa e botava ordem na casa em questão de minutos, o que não era nada fácil com aquela turma agressiva e violenta, que podia ter parado com as drogas mas não reformulara a vida sob nenhum aspecto. Imediatamente gostei daquele cara que também me daria uma sensação de poder e, dessa vez, com uma grande vantagem: ele não usava drogas.

Começamos a nos aproximar e foi ele quem segurou a minha barra quando tive que sair da casa do meu avô e deixar a Mariah. Meu primo também estava na casa dele e a Marilza chegou no seu limite. "Não dá para ficar todo mundo aqui, vocês vão ter que sair", ela me disse. E a Mariah? "A Mariah fica aqui até você se organizar." Ela só esqueceu de me dizer como e quando eu poderia me organizar. Aliás, o que era se organizar? Meu pai prometeu de novo me ajudar, mas de novo não fez nada. Fiz a minha mala e, enquanto as lágrimas escorriam, algo me dizia que eu não veria mais a minha filha.

A Cris tinha um apartamento vazio na Barra, e esse foi o meu primeiro destino. Voltamos a andar juntas e ela acabou convencendo o meu pai de que eu devia morar com ele de novo. Meu pai devia gostar muito da Cris, porque de fato acabei me mudando para a casa dele, em Ipanema.

Álvaro César me deu muito apoio nessa época, e estava fazendo de tudo para ser um namorado dedicado. Eu gostava dele, mas a vontade de transar simplesmente não aparecia. Dormimos juntos uma ou duas vezes e fim de papo, era melhor continuarmos como amigos, eu disse. Eu não conseguia entender, mas devia ser uma questão de pele, de química ou qualquer uma dessas coisas que a ciência não explica. Namoramos pouco mais de um mês, e terminei com ele também.

Enquanto isso, na casa do meu pai, quem quis terminar comigo foi a Mirian, mulher dele. Metódica e organizadíssima, ela não se conformava com os meus horários alternativos e, como ficou bem claro, estava mais do que incomodada com a minha presença. Mais uma vez Ana Karina, o problema ambulante, fez as malas antes de ser despachada para a casa da mãe. Eu era, nas mãos da minha família, uma batata quente. E me acostumara com essa vida nômade. Já não fazia mais muita diferença onde eu ia dormir, comer e tomar banho, porque eu não fazia tudo isso com muita freqüência, como vocês já sabem.

No que parecia um pesadelo recorrente, Juliano voltou a me assombrar. Por isso, quando me ligaram do resort, aceitei na hora a proposta de emprego. Eu nem lembrava da entrevista que havia feito há vários meses, mas aquele trabalho ia resolver a minha vida. Era para ficar apenas um mês, mas fui correndo. Agora sim, longe do Juliano e trabalhando, eu daria um rumo para a minha vida.

Tentaram me colocar para trabalhar com crianças, mas dei um jeito de me transferirem para a aula de windsurfe. Não adiantou muito, porque as crianças também queriam aprender windsurfe. Eu nunca tinha trabalhado na vida, e rapidamente comecei e encher a cara para cobrir toda aquela insegurança que nem sabia ter. A vodca quente, de manhã, era para conseguir acordar e enfrentar o dia com aquelas crianças. Quanto mais eu as repelia, mais elas vinham atrás de mim, numa perseguição que, naquele momento, era infernal. Talvez elas me lembrassem que eu tinha uma filha, talvez me lembrassem simplesmente a minha falta de talento no trato com as crianças.

O trabalho continuava à noite, quando éramos obrigados a freqüentar as festas do clube. Havia noites em que eu me servia de quatro caipirinhas de uma vez só, segurando dois copos de plástico em cada mão. Em outras era guiada para o meu quarto pelo guarda e no dia seguinte não fazia a menor idéia de como havia voltado. Era praticamente impossível conseguir cocaína naquele lugar, por isso a bebedeira correu solta. Além da abstinência, que fazia doer o velho buraco no peito, a troca-relâmpago de personagem da adolescente viciada para a adulta professora de windsurfe não era algo que me deixasse confortável. Os meus cacos, na verdade, pareciam nunca se juntar.

Como era de se esperar, também arrumei um namorado por lá. Guilherme, um gaúcho lindo, era responsável pelo cenário dos shows. Um mês passa rápido, e quando chegou a hora de eu ir embora foi aquela choradeira. Ele me pediu em casamento e não pensei duas vezes antes de aceitar. Eu tinha 19 anos e uma filha, mas ainda não aprendera a pensar muito sobre o que estava fazendo. Mudamos de quarto, passamos a morar juntos e aceitamos a idéia do nosso chefe de fazer o casamento no próprio clube. Depois de casados, continuaríamos trabalhando lá. Como eu ainda não chegara aos 21 anos, meus pais teriam que assinar alguns papéis de autorização, o que eles fizeram sem questionar. Acho que, na cabeça deles, casar era uma das soluções para a minha vida.

Enquanto a data não chegava, o Guilherme tentava desesperadamente fazer com que eu parasse de beber tanto. Chegou a fazer um crocodilo de *papier mâché* do tamanho de um sofá, só para atender a um dos meus pedidos exóticos e me deixar de bom humor. No dia seguinte, no café-da-manhã, eu nem sabia mais o que era um crocodilo, principalmente um crocodilo feito com cola, tinta e jornal. Mas a escultura era linda, e até hoje tenho pena de não saber onde ela foi parar. Perdi incontáveis presentes, objetos curiosos, cartas, lembranças e outras coisas ao longo dos anos. Eu tinha a sensação de deixar meus pedaços pelo caminho, e deixava mesmo.

No clima etílico daquelas festas diárias, o que mais rolava era azaração. Inclusive a que também chamam de assédio sexual, como a que o chefe do resort onde eu trabalhava resolveu aprontar para cima de mim. Já no primeiro dia de trabalho, não fora com a cara daquele safado e, como nunca tive travas na língua, respondi à altura quando ele tentou me agarrar, tempos depois. Eu falava o que queria para os meus pais, como não faria o mesmo com as outras pessoas? Eu podia não saber o que significava ter regras, mas sabia o que era abuso sexual. Depois de xingá-lo e mandá-lo para a puta que pariu na frente de todo mundo, não me restava outra alternativa a não ser pedir demissão. Guilherme, por solidariedade, decidiu ir embora também.

"Tem antialérgico?", perguntei. A língua estava enrolada de tanto álcool e era difícil falar aos soluços, mas o responsável pela enfermaria não só entendeu a pergunta como respondeu com outra. "Pra quê?", disse desconfiado. "Não discute, me dá dois Fenergan", gritei, engolindo o choro. Devo ter falado com muita autoridade, porque levei os comprimidos para o quarto. Eu já sabia que eles me fariam dormir, e tomei os dois de uma vez só. Guilherme estava cada vez mais assustado e não sei como teve coragem de me chamar para a casa dos pais dele, em Porto Alegre. Aceitei, mas não precisava de coragem pra isso. Eu ainda não aprendera a velejar, e continuava sendo uma folha ao vento. Tanto fazia ir para Porto Alegre, para o Rio, para o raio que me partisse.

Quando pus os pés em Porto Alegre, entendi em dois tempos: amor de resort é igual a amor de clínica. A Porto Alegre que vi era um lugar horroroso, a casa dos pais dele idem. Começamos a pensar no que fazer para ganhar dinheiro. Guilherme também era professor de teatro e começou a dar algumas aulas. Eu só sabia dar aulas de windsurfe, mas isso não me ajudava muito em Porto Alegre.

Não sei como nem por que, cheguei à idéia de criar coelhos. Em pouco tempo, o jardim da casa dele hospedava uma superpopulação de coelhos. Eles se multiplicavam numa velocidade assustadora e eu sonhava com eles todas as noites, numa freqüência enlouquecida. Comecei a brigar muito com o Guilherme, como se o coitado tivesse culpa da fertilidade absurda daqueles bichos. Também recuperei o ritmo da bebedeira, não sem antes descobrir um lugar chamado praça Oswaldo Aranha, onde boa parte de Porto Alegre se drogava. Quem tem boca vai a Roma, e se eu conseguia droga na França, como não conseguiria em Porto Alegre? Fui até a praça e vi que muita gente se picava. Eu estava em casa. Passei a noite inteira lá me drogando e, quando voltei para a casa do Guilherme, as minhas malas já estavam prontas. A mãe dele, chocada com o tamanho das minhas minissaias e a minha insistente mania de acordar às três da tarde, respirou aliviada. Pra falar a verdade, eu também. Que idéia era aquela de passar a minha vida em Porto Alegre criando coelhos?

Enquanto eu estava em Porto Alegre, meu primo, sobrinho do meu pai, foi seqüestrado. Quando ligaram para a casa do Guilherme perguntando por mim, desligaram o telefone assim que atendi. Achei logo que era o Juliano, o fantasma da minha vida, e fiquei apavorada com a idéia de que ele havia me encontrado. E eu não podia fazer nada. A não ser, é claro, sair para encher a cara. Já tinha tomado alguns porres em homenagem ao fantasma quando finalmente tive coragem de ligar para o meu pai para falar sobre isso. Foi então que soube que quem estava do outro lado da linha era o marido da minha prima, também sobrinha do meu pai.

Motivo do telefonema: a minha própria família queria saber se eu estava envolvida no seqüestro do meu primo. Eu, a seqüestradora incansável, a ovelha negra perigosa, a eterna ameaça criminosa em forma de gente. O meu ódio parecia não caber no corpo, e não cabia mesmo. Eu estava em outro canto do país e não tinha nenhuma relação com aquelas pessoas, mas isso não as impediu de suspeitar de mim, afinal de contas eu colecionava experiências em planejar seqüestros difíceis.

Ali ficou tudo muito claro. Ninguém entendeu nada do que aconteceu comigo naquela época. Eles não viram que eu era uma criança, nem o quanto eu sofrera. Desde então eu estava pagando pelo que fizera me destruindo um pouco mais a cada dia, mas continuava sendo julgada como uma bandida de alta periculosidade. Fora a minha mãe e a minha avó, que nunca me acusaram, a família inteira fazia questão de me jogar esse seqüestro na cara na primeira oportunidade. Com uma família dessas, eu realmente não precisava de inimigos.

"É melhor a gente morar no Rio, vai você na frente que eu vou depois", disse o Guilherme, me deixando no aeroporto. Nunca mais nos falamos. Depois soube que ele voltou a trabalhar no resort, e fiquei feliz por ele.

Longe dos coelhos, da praça Oswaldo Aranha e de volta à casa do meu pai, tentei respirar aliviada, mas eu não costumava ter tempo para isso. Logo tive a notícia de que o Álvaro César, meu ex-namorado xerifão, havia morrido de aids. Digeri a notícia gravando uma mensagem na secretária eletrônica da minha linha: "Estou muito doente, não posso atender ao telefone." E fiquei deitada na cama, esperando a morte chegar. Meu pai estava nos Estados Unidos e, quando me ligou, pedi para ele trazer AZT. Agora era só uma questão de tempo.

"Não, eu estou morrendo", eu dizia para a Cris quando ela me pedia pelo amor de Deus para sair da cama. Quando meu pai voltou de viagem, fiz o exame de sangue. Para agüentar os três meses de espera pela confirmação do resultado, comecei a fazer terapia todos os dias. Eu tinha muito pouca informação sobre aids, mas sabia que era muito difícil, numa relação sexual, a mulher não se contaminar.

Quando o exame chegou, meu pai não agüentou esperar para abrir o envelope junto com o Jorge, meu psiquiatra, como havia sido combinado. "Deu tudo positivo", meu pai disse ao telefone para o Jorge, que estranhou o tom de voz feliz e aliviado. "Como assim, positivo?", perguntou, perturbado com a confusão do meu pai, que, para dizer que o exame dera negativo para o vírus do HIV, dissera que estava tudo positivo. Os médicos deviam, de fato, mudar essa terminologia.

Eu não estava viva à toa. Podia ter morrido no seqüestro, nos morros, nas mãos do Juliano e em várias outras ocasiões das quais não devo nem ter me dado conta. Mas estava ali, respirando. Só não podia dizer que estava inteira. Depois de receber o resultado do exame, resolvi escrever uma carta para o Juliano, pedindo para ele me esquecer e me deixar em paz, entre outras coisas de ex-namorados. Ele já estava com outra namorada, mas continuava me rondando. Depois de praticamente ressuscitar, eu queria resolver aquele problema de uma vez por todas e começar uma vida nova. Afinal, eu realmente nascera de novo. Minha intenção era deixar a carta com o Jorge, mas o meu pai foi mais rápido. Quando a encontrou, leu e entregou direto para o meu, o *meu* psiquiatra. Ele podia pagar as consultas, mas eu já era maior de idade. Portanto, o compromisso do Jorge era comigo, e não com o meu pai. O correto seria receber o envelope, controlar a curiosidade e me avisar das manobras do meu pai. Mas os psiquiatras são deuses acima do bem e do mal, e quando comecei a falar da carta ele me disse que já sabia de tudo.

Eu devia esperar uma reação dessa de um psiquiatra que me dizia, nas consultas dadas em pleno Degrau, restaurante do Leblon, que eu estava na companhia do melhor partido do Rio de Janeiro, mas o fato é que perdi a cabeça. Com o passar dos anos, as gotas d'água foram ficando mais grossas, e eu não precisava de muito para criar uma tempestade. Enquanto eu gritava que não podia confiar em ninguém, o Jorge começou a discar o número do meu pai. Em outro telefone, ao mesmo tempo, liguei para a Mirian: "Eu odeio vocês, não posso confiar em nenhum de vocês!" Jorge para o meu pai: "Nós perdemos o controle." Meu pai, que havia passado a bola para um psiquiatra que já recebera dele dinheiro suficiente para comprar um apartamento, deve ter respondido algo como "Nós quem, cara-pálida?".

Estava chovendo na avenida Ataulfo de Paiva e, ao sair correndo do consultório e atravessar a rua, simplesmente me joguei em cima de um carro. Mais uma vez poderia ter morrido, mas depois de rolar pelo capô não bati com a cabeça no chão e também não sofri um só arranhão. Eu estava viva, mas isso não significa muita coisa quando você tem a sensação de não poder confiar em ninguém.

É impressionante como as pessoas na rua se juntam como formigas em correição para ver um atropelamento. No meio daquela confusão eu só conseguia chorar, e uma boa alma percebeu que eu devia estar com um problema muito sério. Ninguém se joga na frente de um carro se não estiver com um problema muito sério. Essa santa figura me levou até o calçadão e eu comecei a falar como nunca, contando os meus problemas mais íntimos para um total desconhecido. "Não posso confiar em ninguém, meu pai não gosta de mim, o psiquiatra quer me seduzir, o Juliano não me deixa em paz, não consigo ficar com a minha filha", e o bolo ia aumentando. O ser anônimo e bem intencionado era todo ouvidos. Não falou nada por horas até perceber que eu estava mais calma, e só então me disse para ir para casa. Não trocamos telefone e não lembro nem se ele era jovem ou velho. Foi uma análise, aquele encontro. Melhor do que todas as minhas sessões com o Jorge, e ainda com vista para o mar.

Voltei para o NA, que era o que eu sabia fazer nos intervalos das minhas confusões. Também tentei me reaproximar da Mariah, até o dia em que, na casa do meu avô, depois de levar um tombo, ela correu para a Marilza. "Mamãe, mamãe", ela chorava, agarrada nas pernas da mulher do meu avô. Quando vi aquela cena, achei que alguém estava sobrando naquela casa. Era melhor eu ir embora de vez. No fundo me senti rejeitada, e rejeição era um dos vários sentimentos com os quais não sabia lidar. Minha filha ficaria melhor sem mim, e eu não ia mais interferir na vida dela.

Com uma ou outra exceção, como o Guilherme, todos os meus namorados vinham do NA. Cacá estava limpo há um tempo e era um amor. Curiosamente, tive a mesma sensação que tivera com o Álvaro César, que, me disseram depois, já sabia que tinha aids na época em que namoramos. Os hormônios não davam sinal de vida e o sexo não parecia uma idéia atraente, apesar da boa sintonia do namoro. Certa vez chegamos a ir ao motel e, numa crise de riso, desistimos de tudo. Depois de duas transas, achei melhor sermos só amigos, e nossa amizade duraria a vida inteira.

Cacá também usava droga injetável como o Juliano, e, quando recaiu, fui até a casa dele junto com o grupo. Nessas horas, éramos como os Caça-fantasmas, imbuídos da tarefa de salvar os nossos amigos das assombrações da droga. "Você é um babaca, se drogou com a minha camisa", reclamei com o Cacá, cujas veias já estavam todas furadas. Era uma camisa que o Álvaro César havia me dado, com a inscrição "Drogas, tô fora". Numa triste ironia, ela estava toda suja de sangue. "Palhaço, sujou a minha camisa", falei, tentando brincar um pouco e amenizar o clima pesado. A energia da cocaína é densa, e é preciso estar muito inteiro para lidar com ela.

Cacá tinha motivos para recair. Alguns dias antes, descobrira que estava com aids. "Fiz exame e sou soropositivo, não vou me perdoar se eu tiver passado alguma coisa pra você", me disse, já de volta ao NA.

Fudeu. Era só o que eu conseguia pensar. Eu tinha quase convicção de que as minhas chances haviam acabado, mas passei de novo por toda a via-crúcis de três meses de longa, interminável espera para fazer o exame, e depois a longa e insuportável espera pelo resultado. Ao menos dessa vez a gente já sabia como anunciá-lo corretamente e estava lá escrito, no laudo do laboratório: negativo. Algumas pessoas do grupo chegaram a achar que eu estava mentindo. Realmente, era difícil de acreditar. Mais uma vez, Deus passara a mão na minha cabeça. A minha melhor amiga, soropositiva, sempre me dizia que eu deveria ser estudada pela ciência. Por algum motivo inexplicável, eu não me contaminava. Por via das dúvidas, o susto já estava de bom tamanho e eu não me arriscaria mais dali em diante. Principalmente vendo que metade dos meus amigos estava morrendo. Alguns de aids, muitos de overdose. Outros pulando pela janela.

A questão era o que fazer com tanta benção que eu nem achava que merecia. Eu tinha a nítida impressão de que, na opinião da minha família e de todos que me conheciam, eu deveria estar satisfeita com o simples fato de estar viva. Que me desculpassem, mas não era o suficiente.

Na tentativa de dar um sentido à vida, resolvi me matricular em vários cursos antes de encarar a faculdade. Quando me perguntavam o que eu fazia, respondia: "Vivo de cursos." Equitação, inglês, francês, pintura e escultura. Estava buscando uma vida mais calma, procurando uma identidade dentro da vida fragmentada que levara até então. Com a roupa suja de tinta e os cabelos enrolados num pincel, por exemplo, me acalmava ao pensar que era uma pintora. E assim os personagens iam se revezando, trocando cascas e improvisando até perceberem que aquela era uma peça sem texto. Aos olhos do meu pai, tudo isso pareceu mais uma vida desbundada, mesmo. Não vou negar que embolsei o dinheiro de algumas mensalidades, mas entre uma enrolação e outra eu andava realmente querendo me encontrar.

    Meu pai tinha horror a me ver acordando tarde. "Acorda, vai para a praia", ele dizia, às oito da manhã de um sábado. Por muito tempo, uma das obrigações da minha vida era ir à praia. Como eu preferia dormir, me trancava no banheiro e dormia horas no carpete. Quando meu pai descobriu o truque, mudei de tática. Acordava cedo, colocava o biquíni e "tchau, vou à praia". Sonâmbula, atravessava a rua e tocava a campainha da casa de uma amiga. A empregada abria a porta e já sabia: eu iria direto para o quarto da Joana, que àquela hora também estava desmaiada. Dormia até uma ou duas horas da tarde, quando voltava para a casa do meu pai, felicíssima. Quando ele estranhava a minha falta de bronzeado, eu explicava que havia ficado debaixo da barraca. Sempre achei as manhãs muito chatas. Ninguém é agradável de manhã. Nas madrugadas, ao contrário, me sentia mais inteligente, concentrada e criativa.

    Era nas madrugadas que eu pensava em fazer medicina porque queria ser psiquiatra. Queria lidar com doenças mentais e medicação de um jeito diferente do que eu via nas clínicas. É raro um dependente químico não parar no Pinel uma vez na vida, e o vício e a doença mental, muitas vezes, andam lado a lado. O primeiro pode levar ao segundo e vice-versa, só depende do tratamento.

    Mas eu sabia que, com colégios como o meu no currículo, seria uma fraude se eu passasse no vestibular para medicina. Além disso, eu também não gostava da idéia de mexer em cadáver. Daí pensei em veterinária, e cheguei a visitar alguns consultórios. Percebi que gostava de bicho, não de bicho doente. Eu jamais teria coragem de sacrificar um cachorro ou operar um gato.

    Psicologia era então o que estava mais próximo da minha realidade. Era, ao menos, um sonho possível. Eu não iria trabalhar com doentes mentais, mas poderia, por exemplo, ter um paciente com distúrbio bipolar. Estava decidido, eu queria ser psicóloga. Pena que para isso eu precisasse passar no vestibular, tarefa hercúlea para a qual eu não estava nem um pouco capacitada.

Antes de eu pensar na hipótese de fazer um cursinho pré-vestibular, meu pai decidiu que eu tinha que trabalhar. Se era como gari ou manicure, não importava, eu precisava trabalhar.

Comecei a fingir que procurava emprego em lojas, o que significava me portar da pior maneira possível nas entrevistas e torcer para não me chamarem nunca. Uma vez cheguei a rasgar uma calça jeans inteira, quando os farrapos ainda não estavam na moda, só para sabotar a chamada apresentação pessoal. Já na rua, a caminho da entrevista, encontrei com a mãe da minha amiga Flavia. "Aonde você vai vestida desse jeito?", ela perguntou, sem disfarçar o choque. Expliquei que estava indo para uma entrevista de emprego e aproveitei para perguntar se ela achava que eu tinha alguma chance de ser contratada. "De jeito nenhum, você não vai conseguir nada vestida desse jeito", ela disse. "Então está ótimo. Já pensou se eu consigo?"

Consegui. O tiro saiu pela culatra e consegui o maldito emprego.

Lua era uma loja de artigos de Bali na Vinicius de Moraes, em Ipanema. A loja era bacana, a gerente gente boa e, por uma coincidência enorme, eu trabalharia junto com uma amiga, a Joana, aquela que também gostava de dormir até tarde. Aos poucos, para a minha própria surpresa, conquistei alguns clientes. Deve ter sido porque eu era honesta e, quando achava que a roupa não caía bem, não hesitava em falar a verdade. Às vezes eu era um poço de honestidade: "Está horroroso, não leva isso não", eu dizia.

A vida, finalmente, estava ficando mais sossegada. Eu podia chegar atrasada na loja, mas batia ponto todos os dias no NA, e nas horas livres andava com a Cris para cima e para baixo. Saíamos à noite e muitas vezes voltávamos para casa já com o dia claro, e pela primeira vez eu me divertia sem a companhia da cocaína. Pena que, para os mandamentos do NA, a distância da cocaína também exigia, obrigatoriamente, distância do álcool. O lema "Se beber, vai cheirar" era estocado nos nossos neurônios de tal maneira que, muitas vezes, cheirei depois de beber só porque achava que aquele era mesmo o caminho inevitável. "Agora não tem mais jeito", eu pensava, e subia o morro como um pastor alemão adestrado. Com a Cris, no período em que eu trabalhava na Lua, eu queria ter uma vida normal e beber uma batida ou uma caipirinha quando me desse vontade, mas isso era considerado uma recaída no NA, o que por si só era um porre. Por que eu tinha que encarar a galera com o fatídico "recaí" quando tudo o que eu fizera se resumia a tomar um drinque? Se eu não voltara para a cocaína, na minha cabeça, deveria estar tudo em ordem. Mas não era assim que a coisa funcionava, e comecei a questionar os fundamentos do grupo.

Um dia saí com a Joana, o namorado da mãe e a própria. Fomos a um restaurante no Rio Design Leblon e começamos a beber. Duas, três caipirinhas depois, o filho do dono sentou à mesa com a gente, e as rodadas etílicas continuaram. Devem ter sido por conta da casa, porque as bebidas não paravam de aparecer na nossa frente. O anfitrião era uma graça, a noite estava animadíssima.

No dia seguinte, quando acordei, usava uma camisola que não era minha. Não tinha a menor idéia de onde estava. Para o meu alívio, não tinha ninguém do meu lado, só uma mala com algumas roupas minhas. Troquei de roupa, confusa, e desci uma escadaria que parecia levar para a sala principal da casa. Já era noite, e a sensação de não saber onde eu estava era mais assustadora do que aquela casa enorme.

"Oi, Ana", falaram as pessoas desconhecidas que conversavam na sala. Por via das dúvidas, decidi agir normalmente, cumprimentando todos como se fossem meus amigos de infância. "Eu te emprestei uma camisola", me disse uma mulher, ao que agradeci polidamente. Logo depois um menino se aproximou e parecia ser mais íntimo, porque veio logo pegando na minha mão. Ficamos de mãos dadas, enquanto o meu fígado não deixava o meu cérebro lembrar do que acontecera. Presumi que ficara com aquele menino, mas o fato de ter acordado numa cama de solteiro me dizia que nada de mais acontecera, felizmente.

As pessoas estranhas da sala estavam bebendo vinho e fumando baseado, e entendi que eu tinha, ali, duas opções: surtar no meio de um bando de desconhecidos ou voltar a beber e fumar e, assim, ficar íntima de novo de todos eles. Entre um copo e outro de vinho, descobri que estava em Petrópolis. A idéia era passar dois dias naquela casa enorme e linda, e aquelas pessoas todas, apesar de desconhecidas, eram todas legais. Descobri também que o menino que me dera a mão estava muito chateado comigo porque, alívio dos alívios, eu não permitira que ele dormisse comigo no mesmo quarto. Ele continuaria chateado, porque naquela noite eu faria a mesma coisa. Eu só queria voltar para casa e esquecer de vez quem eram aquelas pessoas.

Mais uma vez, eu dera sorte. A amnésia alcoólica era completa, mas ao menos eu não parara num morro, e sim numa casa interessante com pessoas idem. O menino íntimo era o filho do dono do restaurante, mas poderia ter sido um traficante ou mais um viciado para a minha lista de rolos. Mais uma vez, eu havia colocado a minha vida em risco e os meus anjos da guarda para trabalharem como nunca. Eles deviam estar exaustos.

Eu não estava mais questionando os fundamentos do NA. Estava de volta, mais assídua do que nunca. Mais do que isso, o NA se tornava aos poucos o meu segundo lar. Era para lá que eu ia, por exemplo, quando o meu pai me expulsava de casa. As expulsões eram geralmente às sextas-feiras, quando, depois de alguma briga, eu recebia ordens de sumir e só voltar na segunda-feira. Numa dessas, resolvi sumir de verdade. Peguei a Maria Eduarda, minha ursa de pelúcia que era quase do meu tamanho e costumava ir comigo ao NA, e falei que ia embora. "Você vai, mas a Maria Eduarda fica", retrucou o meu pai. Diante daquele diálogo insólito, enquanto eu puxava a Maria Eduarda para um lado e o meu pai a puxava para outro, a Mirian ainda conseguiu ter o bom senso de pedir para o meu pai não me deixar sair. Não adiantou.

Já no NA, encontrei com a Cris. Ela também havia sido expulsa de casa. Devia estar na moda, na época, expulsar os filhos de casa. Sentadas na janela da sala, cada uma com seu bicho de pelúcia, decidimos ir para Búzios com a Haki, uma cadela que a Cris adorava. Passado o final de semana a Cris voltou para o Rio, provavelmente cumprindo o retorno obrigatório das segundas-feiras. Como eu decidira sumir de vez, resolvi ficar. Com a Haki, é claro. O cão é o melhor amigo do homem, esse era o meu lema. Eu acreditava mais nele do que em qualquer máxima do NA. Os cachorros são leais e não mentem.

Hospedagem em Búzios não era problema. Ao menos não para quem estava disposta a revezar uma cama de solteiro com um amigo. Esse amigo, de quem não me lembro o nome, trabalhava na rádio de Búzios, no turno da noite. Enquanto ele trabalhava, eu dormia, e quando ele chegava para dormir, eu sumia da pousada. O esquema funcionou tão bem que fiquei por lá mais de um mês, andando com a Haki por toda a praia de Geribá. Me sustentei com o dinheiro do NA, porque na época era tesoureira do grupo e tinha uma boa quantia guardada em casa, que repus nota por nota depois dessa temporada buziana.

Nem quando o dinheiro acabou liguei para o meu pai, porque não podia dar o braço a torcer. Um dia percebi que ou eu comprava ração para a Haki ou comida para mim, já que a verba não era suficiente para as duas. E olha que eu não estava gastando com droga nenhuma. Decidi pela ração e, com o troco, comprei uma barra de chocolate, que ia comendo aos pedacinhos. A cadela, afinal, não tinha culpa de estar comigo naquela situação.

Quando o dinheiro acabou de vez, apelei para os meus amigos surfistas e pedi para fazer um hambúrguer para a Haki na barraca deles, que prontamente se solidarizaram. Eu já estava passando fome e acabei ligando para alguém do grupo: "Porra, estou na maior roubada, a grana está acabando." Foi o suficiente para a fofoca passar adiante e avisarem ao meu pai que eu estava em Búzios, na praia de Geribá. O NA também tinha esse inconveniente: nada do que você falava passava incólume pelos fofoqueiros de plantão.

"Você quer voltar pra casa?", ouvi, enquanto fritava o hambúrguer da Haki. "Depende", respondi, ainda de costas para o meu pai, com o nariz coberto de pasta d'água e boné virado ao contrário. "Eu estou com a Haki", disse, já esperando ver o ódio tomar conta dele, que tem horror a cachorro. Ainda mais um cachorro apto a sujar o banco de couro da sua Mercedes. Para a minha surpresa, escutei um "tá bom". Antes que ele mudasse de idéia, peguei as minhas roupas e entrei aliviada no carro que, no meio da viagem, estaria todo vomitado pela Haki.

Quando cheguei em casa, me esperava no banheiro um sabonete de uva francês que eu adorava. Coisas da Mirian. Não posso dizer que eles não tentavam, aqui e ali, travar um relacionamento decente comigo. Pena que essas tentativas eram tão esporádicas e esquizofrênicas. Depois do banho, refeita, fiz o que eu sabia fazer: voltei para o NA.

Aos poucos entendi que estar afastada das drogas não era bem um sinônimo de paz. Mesmo sem beber e sem cheirar, as confusões continuavam. Algumas eram engraçadas outras nem tanto, como a viagem que fiz com a Cris, o meu irmão Ricardo e o Cláudio, um amigo do NA – foi ele, aliás, quem contou para o meu pai que eu estava em Búzios. Quando Cláudio nos chamou para passar um final de semana na fazenda dele em Macuco, achamos a idéia ótima. Um pouco de diversão, afinal, naquela vida cheia de regras e mandamentos seria muito bem-vinda. No carro da Mirian, emprestado não se sabe até hoje como, partimos para Macuco. O roteiro de quinta categoria era até previsível: quando chegamos à fazenda, tivemos uma só noite agradável. Na segunda, Cláudio recaiu. Começou a encher a cara e arrastou junto o meu irmão, que, bêbado, logo quis agarrar a Cris. Eu seria o par do Cláudio, que seguiu o exemplo do meu irmão e partiu para cima de mim. Fugimos para a casa dos empregados da fazenda e ficamos escondidas por horas a fio, olhando brechas de lua em telhas quebradas, como num filme de terror. Ouvimos quando eles saíram de carro e voltaram logo depois, e, quando pararam de fazer barulho, corremos para o quarto nas pontas dos pés. Dormimos com as camas encostadas na porta e vassouras à mão.

Na manhã seguinte, o saldo do final de semana era um carro amassado, um cavalo no meio da sala e muita ressaca moral. O cavalo eu ganhara do Cláudio na primeira noite e, como o coitado estava com marcas de mordida de morcego, levei-o para dentro de casa. Cláudio, é claro, ficou apavorado, mas o cavalo era meu e eu podia colocá-lo onde quisesse. Era engraçado como eu convencia as pessoas das minhas maluquices. Um cavalo no meio da sala. Mais maluco do que eu era quem aceitava uma coisa dessas.

Ou quem aceitava receber depois por um DOC o dinheiro da gasolina, como o frentista a quem recorremos para fugir da fazenda. Enchemos o tanque do carro amassado da Mirian e voltamos correndo para o Rio, levando, muito a contragosto, o meu irmão de carona.

O cavalo infelizmente ficou na fazenda, provavelmente destruindo os móveis da sala. Dias depois ele, o cavalo, apareceu na porta da casa do meu pai, em plena Ipanema. Era o Cláudio tentando fazer as pazes. "Some com esse bicho daqui, meu pai me mata se vir você parado na porta da minha casa com um cavalo", gritei da janela. Acho que o meu pai nunca ficou sabendo dessa visita.

As expulsões-relâmpago não só continuaram como foram ficando cada vez mais sérias. A Mirian não suportava as minhas confusões e o meu pai já estava querendo férias mais longas da filha-problema. Certa vez, depois de uma briga violenta, ele decidiu alugar um quarto para mim. Fiquei três dias num quarto minúsculo em Ipanema, obrigada a almoçar sempre no mesmo restaurante da Farme de Amoedo, onde meu pai abrira uma conta. Afinal eu não podia andar por aí com dinheiro no bolso, porque já voltara a ter recaídas freqüentes.

Meu pai estava começando a pegar pesado e tive de implorar para ele me tirar daquele quarto miserável. Acabei num pensionato de freiras, no Humaitá, onde as visitas eram proibidas e eu tinha hora para chegar. Depois da meia noite, não entrava mais ninguém. Era uma espécie de clínica, só que mais prática para o meu pai, que não precisava gastar muito nem participar de reuniões com psicólogos. Continuo sem saber explicar por que, nessas horas, eu não ia para a casa da minha mãe. Provavelmente porque ela mesma também estivesse precisando de uma clínica.

Nessa fase eu estava namorando o Fred, que eu também conhecera no NA. Quando comecei a recair, era ele quem me buscava na rua, no botequim, na boca. Era um santo, e vivia dando uma de bombeiro. Foi uma das pessoas de quem mais gostei na vida, e também a quem mais devo ter dado trabalho. Foram incontáveis as vezes que ele colocou sua própria recuperação em risco para me salvar. Ele estava, realmente, brincando com fogo.

Seria até fácil prever que no pensionato das freiras eu venderia a alma ao diabo, com o perdão do trocadilho. A transgressão também era um dos meus vícios, mas as pessoas pareciam não percebê-lo. Conheci, no NA, um italiano chamado Luca. Ele era da banda podre: estava no grupo mais para fazer contatos do que exatamente para se recuperar. A fome juntou com a vontade de comer e passei a sumir do convívio com o Fred para cheirar com o Luca, sempre muito bem provido. Não sei de onde surgia tanta cocaína. Certa vez, numa casa provavelmente alugada para alguns dias de reclusão viciada, chegamos a jogar cocaína para algumas galinhas ciscarem, num desperdício inaceitável para aquela mercadoria tão sagrada.

Comecei a sumir por dois ou três dias do pensionato, e voltava como se nada tivesse acontecido. Uma vez, trancada no quarto, a cocaína acabou e me arrependi de ter desperdiçado pó com galinhas um dia na minha vida. Eu queria mais, mas não podia sair por causa do horário estúpido daquelas freiras. Luca mandou então para mim um buquê de flores, que foram imediatamente despedaçadas enquanto eu procurava pelos papéis escondidos nos ramalhetes. De madrugada eu ainda estava cheirando, e precisava urgentemente beber alguma coisa. Eu jamais conseguiria dormir se não bebesse, principalmente vendo, pela janela, uma turma de doidões entornando cerveja num posto de gasolina. Eu nunca mais conseguiria falar se não bebesse alguma coisa naquele quarto onde estava trancada há dois dias. Não dava para pular a janela e a minha paranóia não me permitia simplesmente sair, enfrentando as freiras. Na minha mente trancada, elas ligariam imediatamente para o meu pai.

Eu já sabia que as pessoas faziam isso porque ouvira algumas histórias do gênero no NA, mas custava a acreditar. Naquela hora, olhando para o vidro de Paloma Picasso, vi que ninguém no grupo estava mentindo. Viciado é capaz, sim, de beber um vidro de perfume.

Quando acordei, estava sentindo uma dor de cabeça inédita na minha vida e o meu bafo dava vontade de morrer. Nunca mais, é claro, consegui chegar perto de um Paloma Picasso. Eu precisava continuar cheirando para agüentar todo aquele mal-estar e aquela dor lancinante na alma, por isso fui para a rua encontrar com o Luca. Cheiramos juntos até a minha primeira pré-overdose. Luca era um cara bacana, porque me levou ao hospital Miguel Couto quando poderia, como é praxe nessas horas, me abandonar à própria sorte em qualquer canto. Quando saí do hospital viva, achei que não morreria mais. Em nome da imortalidade, continuei cheirando. Aquela era apenas a primeira das 11 vezes que baixei nos hospitais da cidade por causa da cocaína. Numa delas tive parada cardíaca e precisei levar choque. Vaso ruim não quebra, e eu me considerava um vaso da pior qualidade.

Numa tentativa desesperada de me endireitar, Fred me levou para morar na casa dele. Não sei como ele me agüentava. Mais do que isso, não sei como *eu* me agüentava. Eu exalava cocaína pelos poros e já havia abolido o hábito de me olhar no espelho. A imagem do reflexo era desagradável demais: por causa da perfuração no septo causada pela cocaína, meu nariz, além de deixar escorrer pó, também sangrava muito, e eu não me dava o trabalho de usar um lenço. Por isso muita gente achava que eu também era viciada em pico, porque as mangas das minhas camisas eram usadas para limpar o sangue que escorria sem parar. Já havia me tornado uma figura lamentável.

Em um dos meus episódios de cheiração com o Luca, cismei que teria uma overdose e, para evitá-la, criei uma das cenas mais ridículas da minha vida. Esquentei água, tirei a gaveta da geladeira e a enchi de água morna. Coloquei os pés e os pulsos na gaveta, inclinando o corpo, e assim fiquei por muitas horas. Na minha cabeça enevoada de pânico e paranóia, aquele tratamento que acabara de inventar seria o suficiente para manter a minha circulação normal e o meu organismo vivo, evitando que o meu coração parasse. Por mais que eu achasse que não ia morrer, é claro que eu tinha medo de apagar de vez. Por sorte, a única pessoa que viu esse ritual patético foi o Luca, que prometeu não contar nada para ninguém. Nós fazíamos uma bela dupla: eu estava interessada em cocaína, e ele queria apenas uma companhia para se drogar. Era a combinação perfeita, principalmente porque ele nunca insinuou querer algo mais.

A essa altura, é evidente, eu não lembrava que um dia trabalhara numa loja de artigos de Bali chamada Lua. Já pedira demissão há tempos, contando para o meu pai uma versão um pouco diferente. Para ele, eu havia sido injustamente demitida, e estava arrasada. "Que pena", ele disse, e me mandou procurar outro emprego. Dessa vez, ignorei a ordem solenemente. Já dava muito trabalho tentar me manter viva. Também não ia mais ao NA, e quando aparecia era para pôr os pés na mesa, criar confusão nas reuniões e cheirar no banheiro. O grupo havia se tornado, de fato, a minha segunda casa, no pior sentido.

Fred continuava resistindo e se mantendo limpo, apesar de tudo o que eu aprontava. Uma vez avisei que ia com a Cris a um restaurante japonês e voltei três dias depois, drogada até a alma e querendo fazer uma mala para sair de novo, como se fosse a pessoa mais centrada do mundo. Quando ele me perguntou onde eu estava, respondi que estava no japonês, ora. "Há três dias?" Essa não deu para responder. "E com esse bafo de cachaça?" "Isso não é cachaça, é raiz-forte", disse, numa cara-de-pau sem precedentes. Fred era um santo, mas não era de ferro e eu seria internada imediatamente, ele disse. Peguei algumas roupas e saí correndo, não sem antes dizer para ele não se meter na minha vida. Fred seguiu atrás de mim até conseguir me segurar. "Me solta, quero usar mais, me deixa usar", eu gritava. Eu já havia entrado em surto, e quando isso acontecia as pessoas não tinham mais importância. Era a droga e eu, mais ninguém. Me segurando pelo braço, Fred me arrastou até o orelhão da esquina. "Consegui segurar, estou com ela aqui, voa pra cá", ele disse para o meu pai. Eu era um animal perigoso a caminho da jaula.

O efeito da cocaína começou a passar, o que me fez lembrar que eu tinha um sistema nervoso e que estava absurdamente bêbada. Em poucos minutos a rua onde meu pai estacionaria estaria vomitada, e o que eu via lá de baixo, sentada no meio-fio, era um momento de contrastes. Meu pai e o Fred, encostados numa Mercedes, olhavam para o meu estado deplorável enquanto eu encarava a sarjeta de frente, suada e suja de sangue e vômito. "Vou te internar, você vai para o Pinel agora", disse o meu pai. "Não, pelo amor de Deus, não faz isso comigo", respondi, sem olhar para cima. Parece incrível, mas naquele momento eu ainda estava pensando numa maneira de fugir dos dois. Não queria ser internada, não queria nada, tinha esquecido o que era querer qualquer outra coisa que não fosse cocaína.

Fred, o santo Fred, ficou com pena. Convenceu o meu pai a deixar que eu dormisse na casa dele. No dia seguinte bem cedo, ele garantiu, iríamos todos para a Unidade Certa, na Casa de Saúde Dr. Eiras. Não me dava conta, mas estava repetindo os passos da minha mãe, que se internara no mesmo lugar por duas vezes, vinte anos antes. Com duas diferenças: ela entrou por conta própria e foi direto para o hospício, porque na época dela a Unidade Certa, espaço para dependentes químicos, ainda não existia.

Assim que entrei na casa do Fred, implorei para que ele me deixasse ir embora. "Você está maluca", ouvi. Depois de dias largada nas ruas, a idéia de passar uma noite inteira a seco era assustadora. A minha sorte era o cansaço, que naquele momento era enorme.

No dia seguinte, às sete da manhã, papai estava na porta da casa do Fred. "Vai se internar, sua viciada, você passou dos limites", dizia o Fred. Qualquer um estaria sem paciência comigo depois de tudo o que eu fizera.

Já na clínica, disseram que teríamos que esperar para fazer a entrevista com o terapeuta. Os dois decidiram então que, enquanto o terapeuta não chegava, eu deveria tomar café num restaurante próximo. Fred ficou na clínica e desci com o meu pai. Sentada à mesa com ele, comecei um discurso repleto de segundas intenções. Disse que eles estavam certos, que eu realmente precisava me internar etc e que eu queria apenas tomar o último drinque. Era tão descarada que chamava cachaça de drinque. Fato é que meu pai, que faltara a todas as aulas sobre dependência química, caiu na minha conversa. Quando o Fred apareceu, eu já estava encostada no balcão do bar do restaurante, pedindo para o barman misturar rum, conhaque, vodca e o que mais estivesse à mão. Eram oito horas da manhã e eu precisava beber para começar o dia fugindo do Fred e do meu pai. Depois daquela dose eles veriam só uma coisa, ninguém conseguiria me achar. Levantei o copo mas, antes de a bebida chegar à boca, Fred arrancou de mim aquele coquetel molotov. "Eu não acredito que você está fazendo isso, está me internando à revelia e ainda tira o meu último drinque?", gritei, com ódio do Fred, que naquele segundo se tornara meu inimigo mortal. O mínimo que ele podia fazer era me deixar dar o último gole, o último drinque.

Um dependente químico prestes a ser internado passa por vários estágios comportamentais. Primeiro ele nega tudo e jura pela mãe que não fez nada, que não usou droga nenhuma. Depois vem o "pelo amor de Deus me desculpa, estou muito arrependido, não vou fazer mais". Por último, surge a agressividade, a última cartada.

Naquele momento, eu estava no último estágio. "Eu odeio vocês, vocês vão ver o que eu vou aprontar nesta clínica", eu gritava para os dois. "Você é um filho-da-puta, me internando aqui na marra", eu gritava diretamente para o Fred. Eu estava fazendo de tudo para não ser aceita na clínica. Fiz tanto auê que uma menina prestes a se internar virou-se para a mãe e, com cara de horror, disse que estava com muito medo de mim. "Mãe, eu não sou como ela, estou com medo de ficar no mesmo lugar que ela", falou. A mãe, me vendo colocar as pernas em cima das cadeiras e apagar o cigarro no chão, concordou em ir embora. Daniele, que também freqüentava Ipanema, ficou mais uma semana na rua graças a mim. Foi o tempo que a mãe dela precisou para entender a técnica da manipulação e levá-la de volta, dizendo que ela e eu éramos da mesma laia.

Na entrevista, comecei a achar que o terapeuta tinha razão. Eu realmente morreria se continuasse naquele pique. Entendi quando ele explicou que o meu organismo estava impregnado de cocaína e, como uma esponja muito molhada, começaria a vazar. Contei que a minha pré-overdose mais recente havia sido detonada apenas por um tequinho e ouvi que, para o meu corpo, já não interessava mais quanto eu usava. Em bom português, eu não precisaria mais cheirar cinco gramas numa noite para fazer o meu coração parar. Agora, quem estava sendo manipulada era eu. "Tá bom, vou ficar", disse, chorando. Mas continuava com ódio do Fred, imediatamente transformado, na minha cabeça, num bode expiatório pronto para falar mal de mim para o NA inteiro. Eu não agüentava mais passar vergonha.

Eu aceitara me internar, mas não disse que pararia de azucrinar as pessoas. Na hora da revista, primeiro falei que não aceitaria um enfermeiro, depois que não tiraria a roupa para uma enfermeira sapatão. Dei tanta dor de cabeça que me deixaram entrar sem revista, mesmo.

Quando entrei na clínica, encontrei com toda a Farme de Amoedo. Ipanema em peso estava lá. Era um tal de "Oi, você por aqui!" e "Há quanto tempo!" que aquele lugar parecia mais um ponto de encontro do que uma casa para dependentes químicos. Não podia dar certo. Um dos pacientes – ou detentos, como eu dizia – era um *go-go boy* na ativa, o que foi suficiente para que o convencêssemos a fazer um strip-tease em cima da mesa. Eu e duas amigas, Flavia e Roberta, ainda tratamos de arrumar namoradinhos. Roberta, inclusive, saiu da clínica grávida. Escoladas em amor de clínica, Flavia e eu não fomos tão longe. Mas se eu soubesse que a internação seria aquela festa, não teria resistido tanto.

Na Kombi da clínica, a caminho das reuniões do NA (nem internada eu me livrava delas), íamos azarando todos os caras interessantes que víamos no trânsito. Curiosamente, no entanto, eles fechavam a janela do carro quando nos viam. Eu, sempre muito assediada, não entendia o que estava acontecendo. "Devo estar um monstro", pensei. "Esse negócio de cara limpa deve estar me fazendo mal", pensei alto, olhando para a Flavia. Quando paramos em frente ao prédio do NA e saltamos do carro, entendi. Na porta da Kombi estava escrito, em letras garrafais: *Casa de Saúde Dr. Eiras*. Todo mundo sabia que o Doutor Eiras era um hospício, e não deve ser mesmo nada atraente a idéia de paquerar meia dúzia de malucas numa Kombi.

"Cheguei agitando na maior perturbação / me pegaram à força e me deram injeção, era sossega-leão / vamos todos para o NA / Nós somos do Doutor Eiras / Vamos nos recuperar." O batuque era tão animado que balançava a Kombi, enquanto o enfermeiro, caderno de anotações na mão, dizia que não podíamos cantar aquela música. É que a letra, apesar de inocente, era uma adaptação de um funk, e funk era um gênero proibido entre os viciados porque fazia, geralmente, referência às drogas. Por isso mesmo cantávamos funk o dia inteiro, fazendo alusões a todos os morros que conhecíamos.

Não satisfeita, quando eu sabia que o plantão era do enfermeiro Sandro, que era crente, dormia vestindo apenas calcinha. Eu sabia que ele teria de me acordar no dia seguinte e então eu poderia, mais tarde, falar na reunião algo como "O enfermeiro Sandro ficou parado horas olhando pra mim quando tentava me acordar, eu estava dormindo à vontade". Era dura a vida de enfermeiro do Doutor Eiras.

Meu pai, dessa vez, estava fazendo de tudo para eu não ser desligada. Na clínica era proibido usar minissaias, decotes e outras roupas sedutoras, por isso ele me mandava saias compridas, blusas de gola alta e vestidos que só uma evangélica usaria. Um dia recebi um casaco de manga comprida rosa, com desenho de ursinhos. Fui até a enfermaria, pedi uma tesoura e transformei o casaco num top, como fazia com todas as roupas recatadas que chegavam para mim. Rosa com ursinho vá lá, mas manga comprida era demais. As sobras do tecido dei para dois rapazes também internados, que passaram a circular pela clínica com as mangas enfiadas na cabeça. Pareciam dois duendes.

Uma vez por semana eu dizia que arrumaria as minhas malas para ir embora, e uma vez por semana me demoviam da idéia. Fred, encimado com os meus namoricos de clínica, já não me visitava mais. Tia Auny, a Tataia, era a única pessoa da família que aparecia nos dias de visitas, e papai e Mirian, pela primeira vez, freqüentaram a terapia familiar. Numa dessas, Mirian disse que trocava de empregada o tempo inteiro só porque eu dizia que a comida era ruim. Ela ainda não sabia que o problema não era o tempero. Também relembramos a fase em que o meu pai descobriu, lendo uma pesquisa feita na Alemanha, que banana era capaz de curar dependente químico. Por muito tempo fui obrigada a tomar vitamina de banana e comer banana assada, cozida, frita. Comia banana o dia inteiro. Na verdade, sempre tive problemas para comer. Talvez porque a minha mãe gostasse tanto de cozinhar. Eu não sabia o que era o prazer da gastronomia e comia por pura obrigação – quando comia.

A internação continuava sendo, para mim, uma piada. Eu já sabia o que os terapeutas queriam ouvir e construíra uma armadura por cima dos meus ousados decotes. Por causa do seqüestro e das camadas de drogas que eu ia acumulando no corpo, me tornara impermeável.

Livrar-me de um sentimento era muito fácil, o difícil mesmo era sentir. Nenhuma das terapias de grupo surtia efeito, simplesmente porque eu não conseguia sentir nada. Era como se o efeito anestésico da cocaína, em mim, tivesse efeito prolongado. Cocaína era remédio pra tudo, de dores de amor até dengue. Era difícil para qualquer outro tratamento competir com uma química dessas. Ao mesmo tempo, quando saíamos para fazer educação física e passávamos pela unidade psiquiátrica, me doía no peito ver os doentes mentais sendo tratados como bichos. Mais da metade daquelas pessoas chegava lá por causa de álcool e drogas. Eram os que passavam para o outro lado. Um dos pacientes, um negro alto, balançava o corpo para frente e para trás e, neste movimento, a calça do pijamão de hospício ia ao chão. Um dos colegas então levantava a calça pra ele, mas, como também era maluco, não amarrava direito. Quando ele dava as costas, a calça caía de novo. Nunca me esqueci dessa cena, assim como também nunca apaguei da memória a maneira como eles voavam em cima de uma mísera guimba de cigarro jogada por um dos dependentes químicos internados ao lado. Entre nós havia grades e cadeados, mas nossos mundos não eram muito diferentes. Nós também estávamos privados de liberdade e não podíamos escolher o que vestir, o que comer nem a que horas dormir ou com quem falar, mas ao menos ainda podíamos tentar rir das nossas próprias desgraças.

Quando roubamos o livro da enfermaria para xeretar as anotações dos enfermeiros sobre a nossa péssima conduta, esgotamos o restinho de condescendência dos nossos terapeutas. Pela primeira vez na história do Dr. Eiras, foi realizado um desligamento em massa. Ainda tentei livrar a barra da Flavia, sem sucesso. Os escândalos, os chutes e as interpretações teatrais de praxe só serviram para iniciá-la na profissão de dublê de dependente química e atriz. Flavia morreu de rir quando expliquei para ela que, para um *gran finale* depois de um ataque, era fundamental bater alguma porta com bastante força. Como eles queriam que algum tratamento funcionasse, se nós mesmos não nos levávamos a sério?

Devo ter herdado o senso de humor do meu pai. Quando ele foi nos buscar numa Mercedes antiga – a nova havia sido roubada –, olhou sério para o enfermeiro Waldiney e perguntou: "Você sabe quem já esteve morta na mala do meu carro?" Diante de um Waldiney assustado, papai respondeu à própria pergunta: "A madame Teffé." A Mercedes antiga que ele comprara havia sido do advogado Leopoldo Heitor, acusado de ter matado a milionária tcheca Dana de Teffé, mas Waldiney não sabia nada disso. "Se o senhor não se contiver vou ser obrigado a levá-lo para o terceiro andar", disse. Não lembro o que meu pai respondeu, mas não duvido que tenha dado uma gargalhada antes de entrar no carro, levando de carona duas dependentes químicas incorrigíveis, Flavia e eu.

Combinamos de nos encontrar mais tarde no NA de Ipanema e, de repente, andar na rua era muito interessante. Numa padaria perto da casa da Flavia, tivemos de perguntar quanto custava uma coca-cola. "Eu, hein, Flavia, parece até que você saiu do Doutor Eiras", eu brincava. A sensação era de que havíamos saído de outro planeta e, de fato, era mais ou menos isso.

A condição imposta pelo meu pai para que eu não fosse para o terceiro andar do Doutor Eiras, a ala dos doentes mentais para onde o enfermeiro Waldiney ameaçou levá-lo, era me internar de novo no dia seguinte. Só que dessa vez eu iria para uma clínica do governo, na zona oeste da cidade. Até então eu só me internara em boas clínicas, o que já era bem difícil, apesar das bagunças que aprontava. Eu não agüentaria um esquema barra-pesada e sem conforto, por isso liguei o botão do "Não, pelo amor de Deus". É claro que não funcionou.

Para evitar que eu fugisse, papai fez questão de me deixar na porta do NA, dizendo que passaria lá depois para me buscar. Se eu quisesse mesmo fugir, fugiria no meio da reunião. Era uma reunião lotada, das maiores que eu já vira. Nós, os expulsos da clínica, sentamos todos juntos, na última fileira. De lá deu para ouvir o Fred, convidado a integrar a mesa de reunião: "Karina, cocaína, tudo termina em ina, foi muito mais fácil largar a cocaína do que essa mulher que termina em ina." "Não sei não, mas acho que ele está falando de você", disse a Flavia. Engraçado, eu também tinha a mesma sensação, mas era melhor ficar quieta.

Continuei quieta ouvindo o sermão do Fred e até o meu pai, que já chegara para me buscar, tentou aliviar o meu lado. Ele gostava do Fred, e eu também. Depois da praga do Juliano, ele foi o namorado de quem mais gostei. Por isso, sentada na escadaria de um banco na Visconde de Pirajá, deixei ele me xingar de piranha e vagabunda até entender que nada de mais acontecera na clínica. "E foi você quem me colocou lá dentro, seu vagabundo", arrematei. Terminamos passando a noite juntos, com a promessa de que, no dia seguinte, o trio seguiria mais uma vez a caminho de uma clínica.

"Meu nome é Ana Karina, sou alcoólatra e toxicômana." Eu já vira esse filme antes. Mas dessa vez, sorte ou azar, a humilhação durou apenas três dias. Pela primeira vez na minha vida, fui desligada sem ter aprontado nada. A norma do Credeq (Centro de Recuperação de Dependência Química) não permitia que um paciente se internasse de novo depois de ter sido desligado pela instituição. Como descobriram que eu já havia sido desligada de um tratamento ambulatorial do Credeq em Copacabana, numa das minhas recaídas com o Luca, disseram que eu não poderia ficar. Eu já gastara minhas fichas e desperdiçara mais uma chance. Acontece que, quando um dependente químico recai, é difícil esperar que ele vá com as próprias pernas para o ambulatório pedir o seu desligamento formal. "Oi, estou drogada, vim me desligar" não me parece uma frase que combine com pré-overdoses e amnésias alcoólicas. De qualquer forma, achei ótimo poder sair daquele lugar, apesar de ter encontrado de cara, como era de praxe, mais de duas pessoas conhecidas. O meu pai não pensava assim, e nem mesmo as pessoas da clínica. Como a maioria dos pacientes era de um nível socioeconômico mais baixo, eu estava ajudando um deles a aprender a ler e já havia feito uma vaquinha para comprar uma escova de dentes para outro. Era boa, além de inédita, a sensação de ver reclamarem a minha presença.

Da clínica fui direto para a casa do Fred e estava decidido, nós agora morávamos juntos, de verdade. Quer dizer, isso quando ele realmente ficava em casa, o que era raro. Trabalhando na Globo, ele mal parava quieto, o que instigava a namorada ciumenta que também morava na minha cabeça. Era duro agüentar a idéia de que ele estava em Angra dos Reis, gravando com mulheres como Vera Fischer, por exemplo. Além disso o irmão dele se drogava e faltava pouco para eu lhe fazer companhia.

Mas o pior de tudo, na verdade, era que o Fred era um xiita do NA. Um dia me pediu para fechar os olhos, dizendo que tinha uma surpresa pra mim. Quando pude olhar, vi em cima da cama um quadro com os 12 passos e as 12 tradições do NA. O que era aquilo, agora, prisão domiciliar? "Você quer que eu me sinta numa clínica até dentro de casa?", falei para um Fred absolutamente desapontado. Nosso quarto parecia mesmo uma sala do NA, com oração da serenidade grudada na parede e uma coleção de literatura especializada na estante.

Olhamos um para a cara do outro e, sem falarmos palavra, começamos a chorar. "Vou te ajudar a arrumar a mala", foi o que ele conseguiu dizer. Nós sabíamos que não dava mais, que não podíamos continuar juntos. Das duas uma: ou eu surtava ou ele recaía. Eu estava colocando a recuperação dele em risco, o que não era nada justo. Quando entrei no táxi, aos prantos, olhei para a janela do apartamento e vi que ele estava chorando também. Foi uma separação muito difícil. Era triste demais deixar para trás uma pessoa que tanto tentara cuidar de mim. De certa forma, era como se eu estivesse sendo desligada de novo. Mas dessa vez eu não estava nem um pouco aliviada.

CAPÍTULO 4

Pêra, uva, maçã e álcool Pring

Como já havia decidido que queria ser psicóloga, prestei vestibular para psicologia. Fui fazer a prova de pretinho básico e salto alto, virada da noite na boate, e passei em 11º lugar. "Se você passou é porque essa faculdade deve ser uma merda", disse o meu pai quando soube da novidade.

Começar uma faculdade, pra mim, era um grande passo. Por isso estava tentando aproveitar a temporada de férias antes do início das aulas. Afinal, eu já podia me considerar uma estudante. Voltei a freqüentar o cabeleireiro tão assiduamente que fiz amizade com outra freguesa fiel, a Kátia. Kátia era do bem e ia passar o Ano-Novo no centro do Santo Daime, em São Conrado. Se eu queria ir junto? Lógico que sim. Disse ao meu pai que estava indo para Saquarema com alguns amigos e, naquela noite de réveillon, serviram o chá do Santo Daime seis vezes.

É claro que eu estava muito mais interessada na onda daquela bebida esquisita do que na doutrina do ayahuasca, mistura consumida para atingir estágios místicos, me explica hoje o dicionário. Enquanto as pessoas entravam na fila para se servir uma vez eu entrava duas, porque aquela porcaria não estava fazendo efeito nenhum, o que tornaria o Ano-Novo muito sem graça. Em vez de tomar seis vezes o preparado, tomei 12, e nada acontecia. Homens para um lado, mulheres para o outro, virgens à parte, comecei a bailar com os fardados, os seguidores do Daime, numa arquibancada de cimento, acompanhando o hinário palavra por palavra. "Desde quando você conhece essas músicas?", me perguntou a Kátia. Eu também não sabia como conseguia acompanhar as letras, como se freqüentasse o espaço há anos. Ainda assim eu continuava sóbria como nunca, até dar meia-noite e sentarmos para a concentração, meditação ou qualquer outro nome que dessem para aquele momento em que falavam alto os tambores.

Estava olhando para estrelas douradas de cartolina penduradas por fios de náilon, quando de repente elas começaram a piscar. "Finalmente a coisa bateu", pensei. Instantes depois o mal-estar foi tão grande que achei que ia desmaiar, o que fez com que me levassem para o vomitódromo das mulheres, porque lá homens e mulheres não se misturam nem na hora de passar mal. Vomitei até quase virar do avesso e pedi para me levarem para o hospital, porque eu devia estar tendo uma overdose. "Você está num hospital", me respondeu uma voz calma de mulher. "Não senhora, eu quero um hospital com estetoscópio e todo mundo vestido de branco", disse, na habitual agressividade que o meu pânico sabia instalar. Na época eu já sofria do que poderia ser denominado síndrome do pânico da overdose.

Sentaram-me numa cadeira, onde comecei a ter o que eles chamam de "miração" e eu chamo de alucinação de ácido, mesmo. Vi Jesus Cristo carregando a cruz e eu chorava muito de culpa porque não o estava ajudando. Em seguida vi cenas do seqüestro, da minha casa, da minha mãe e do meu pai, da minha família, do meu cachorro. Enquanto eu chorava, sentia muita culpa por ter me metido com bandidos como o Gringo. "Como fui má por ter feito todo mundo sofrer tanto", eu pensava. Acho que foi a única vez que chorei de dor, uma dor aguda por tudo o que acontecera na minha vida e na da minha família.

Como eu não melhorava de jeito nenhum, me levaram para um quarto onde estava pendurado, na parede, um retrato de Jesus. Enquanto me davam água para que eu não desidratasse, eu olhava fixamente para o retrato e a tristeza parecia não caber dentro de mim. Além de toda a medicação psiquiátrica que eu tomava naquela época, eu estava vomitando dor em estado puro.

Quando acordei, fui para a casa da Kátia ainda me sentindo zonza e estranha. Este foi o Ano-Novo dos meus 20 anos.

Meu pai, definitivamente, não conseguia mais aceitar a idéia de dividir o mesmo teto comigo. Quando cheguei à casa dele, separada do Fred e malas na mão, ouvi a frase que já estava ficando um tanto repetitiva: "Aqui você não vai poder ficar." O pavor da Mirian de conviver comigo devia ser tão grande que, em poucos dias, papai alugou para mim um apartamento que ficava na esquina da casa dele. Não lembro de a minha mãe ter se manifestado, nem sei dizer por onde ela andava. No entanto, foi ela quem pagou a minha faculdade, mesmo depois de ter perdido todo o seu dinheiro e se mudado para Copacabana com a minha avó. Não tentem entender.

Como eu já disse, as minhas fontes de amizades eram restritas. Quando não eram do NA, meus amigos eram da rua, das noites de Ipanema. Baltazar, por exemplo, o Balta, pessoa adorável e ao mesmo tempo viciado incorrigível, eu conhecia do grupo. Para o meu azar, foi ele a primeira pessoa com quem encontrei na faculdade. Começamos a beber juntos e em pouco tempo ele adquiriria o absurdo e gentil hábito de me levar conhaque em copo de plástico para a sala de aula em horários de prova, ou seja, às sete ou oito da manhã. Para os professores, não me aprovar nas matérias já devia ser uma questão de segurança.

Eu passara para a faculdade, mas a vida universitária não era exatamente diferente da que eu levava no meu colégio de Copacabana. Principalmente porque a faculdade, no Rio Comprido, ficava estrategicamente localizada na frente de um morro onde as bocas pareciam exibir setas luminosas indicando o caminho até elas. Era só sair do prédio, subir o morro e voltar abastecido, dez minutos depois. Pouca coisa mudara na tão sonhada vida universitária. Na verdade, ela marcava o início de um grande desbunde.

A novidade era que eu tomara uma decisão, mesmo sem ter consciência disso: eu não queria mais parar com droga nenhuma. Mais do que isso, eu estava disposta a variar de tema, o que me levou rapidamente para a anfetamina. Agora, além do pó e do álcool, eu também tomava caixas e caixas de Inibex. Enquanto isso eu batia e voltava no NA, como numa partida de pingue-pongue sem vencedores. Tapar o buraco no peito ficava cada vez mais difícil, por isso eu abria espaço para novas emoções. Ou novos problemas, dependendo do ponto de vista.

Deu-se uma fase de muitas confusões e eu estaria mentindo se dissesse que algumas não eram engraçadas. Parecia incrível, mas, no meio de todo o meu ritual de autodestruição que incluía cheirar ainda deitada na cama, às sete da manhã, eu conseguia me divertir de vez em quando. Com as companhias que eu tinha, a minha casa logo virou um verdadeiro hospício. Quando inventei de dar uma festa, por exemplo, o apartamento ficou tão lotado que não sobrou lugar para eu dormir. Inabalável, passei por cima das pessoas que já dormiam espalhadas pelos cômodos e fui dormir na casa da Denise, que também conhecia de Ipanema. Se eu não estivesse em casa, era quase certo me encontrar na casa dela, uma espécie de continuação do morro do Cantagalo, ponto de encontro dos viciados mais *junkies* do bairro.

Um dia, fugido do Pinel, Baltazar chegou na casa da Denise disposto a matar as saudades do pó, depois de dias de privação. De repente, ficou mais branco do que o seu camisolão de internado e começou a gritar "O Pinel me descobriu, o Pinel me achou, me acharam aqui!". Viciados precisam de muito pouco para embarcar em qualquer paranóia, e logo estava instalada a confusão. Os enfermeiros de um hospital ali perto, que também costumavam se drogar com a gente logo depois do trabalho, ainda de uniforme, não entenderam nada. Eles certamente não estavam interessados no Baltazar, que viu neles uma encarnação dos funcionários do Pinel.

Denise tinha duas filhas e não me lembro de ter visto a mais nova comer uma só vez. Banho ela tomava na praça junto com os mendigos, e aos 2 anos já sabia onde comprar seda para a mamãe. Também saberia bater uma carreira, se tivesse oportunidade. Na escola, chamada pela professora, Denise ficou sabendo que sua filha, na hora do almoço, batia no arroz com a faca como se estivesse preparando um teco. Não foi o que a professora disse, mas estava subentendido.

Quando a bagunça da casa ficou muito escancarada, nos sugeriram a invenção de uma senha para evitar que algum convidado subisse acompanhado de um policial. Por isso, quando a barra estivesse suja, a senha para subir era "pão com ovo". O nome, inspirado num caso verídico, era uma homenagem a um suborno feito, literalmente, a pão com ovo. Quando conseguimos que um policial nos liberasse para sair do Cantagalo com a nossa mercadoria, ele perguntou se não teríamos um "agrado" qualquer para lhe dar. Não tínhamos. Cada centavo nosso era gasto com droga. "Acho que lá em casa tem um pão com ovo", disse a Denise. Para a nossa surpresa o convite foi aceito, e o guarda, comprado com ovo e pão velho. Já a senha para os dias em que o caminho estava livre era "pêra, uva, maçã e álcool Pring", dessa vez uma referência às nossas caipirinhas feitas com álcool Pring. Era mais barato e muita gente chegou a elogiar a nossa caipirinha feita com uma cachaça muito especial vinda do Norte. A geladeira da Denise podia não ter água nem comida, mas estava sempre muito bem abastecida de limão e álcool Pring. Um dia olhei bem a embalagem e li: "Possui etanol, em caso de ingestão procurar imediatamente o médico." Foi o que fiz, depois de achar o telefone. "Doutor, estou lendo aqui que em caso de ingestão deste álcool é para procurar imediatamente um médico, e eu acabei de tomar um copo", expliquei, preocupada, querendo saber o que fazer. Ele me perguntou há quanto tempo eu estava tomando aquele produto. "Não sei, há uns seis meses", respondi. "Você precisa de um psiquiatra", disse o médico antes de desligar o telefone na minha cara. Isso eu já sabia, portanto comuniquei a todos que a caipirinha estava liberada. Não foi à toa que o meu fígado virou um pastel. Não morri de cirrose por pura obra divina, o que aconteceu com a Denise, alguns anos depois.

Ninguém podia dizer que eu não tentava ir para a faculdade, mesmo depois de ter ido dormir às cinco horas da manhã. De uma viagem que inventei para o Paraguai com um amigo do NA, trouxe um despertador que era uma locomotiva. Como eu não acordava com nada, aquela maria-fumaça seria perfeita, porque, quanto mais tempo o alarme tocava, mais alto ficava o som. Passei a dormir com o despertador em cima da cama, mas não adiantou. O barulho acordava todo mundo, menos eu. O meu prédio era de dois apartamentos por andar e eu fizera amizade com o vizinho, que morava com o namorado. As portas ficavam abertas e, certo dia, ele me pediu pelo amor de Deus para deixar que ele me acordasse pessoalmente. "Me sinto morando debaixo do metrô com esse trem, não agüento mais", suplicou.

A campanha para me acordar era grande. Meu pai, a Kátia e o Márcio, amigo que me dava carona, me ligavam de manhã cedo. "Ana

Karina, olha o trem, acorda, é o trem", falavam para a secretária eletrônica. Quando o cansaço era muito grande e eu não queria ir de jeito nenhum, gravava na secretária o recado "Fui para a faculdade", abria as janelas de casa para que meu pai, na sua ronda diária, pensasse que eu realmente havia acordado e começado a minha rotina, e voltava para a cama, de onde só saía depois de uma da tarde, linda e loura. Também tinha mania de gravar na secretária toda a minha rotina: "Estou tomando banho", "Estou dormindo, grita que eu acordo", "Não adianta deixar recado porque estou de mau humor e não vou ligar de volta". Um desses recados, sem querer, virou uma espécie de código. Quando eu dizia "Fui tomar um açaí", todo mundo sabia que eu não voltaria em menos de dois dias. Estômago de drogado vê muito pouca comida, e de vez em quando eu lembrava que precisava me alimentar com alguma coisa. Tomar um açaí era uma idéia aceitável na minha cabeça e era literalmente o que eu fazia quando saía de casa. Era um alívio colocar finalmente um alimento saudável na boca, tanto que, tomado o copo, eu me sentia ótima, totalmente refeita e... pronta para outra. Tomar um açaí como aperitivo para uma noite dedicada às drogas não fazia o menor sentido, mas o desespero torna tudo muito coerente.

Nesse ritmo, eu conseguia ir à faculdade, vamos dizer, uma vez por semana. Levando em conta que eu geralmente me drogava antes da primeira aula, era como se eu não fosse nunca. Às vezes eu saía realmente disposta a assistir às aulas, mas no meio do caminho topava com uma proposta mais interessante. "Ana, corre pra cá porque o dono do Bronx tá aqui e vai pagar cocaína pra todo mundo", dizia a Denise, por exemplo. Bronx, aliás, era como chamávamos o conjunto de bares de Copa vizinhos à boate Le Boy.

Um telefonema desses era o suficiente para eu mudar o meu itinerário imediatamente, com forças apenas para protestar que estava sendo levada para o mau caminho, porque no fundo eu preferia, de verdade, estar dentro de uma sala de aula do que a caminho de mais três dias de maluquices. Elas nem sempre eram engraçadas.

Não era bom, por exemplo, ter de vender minhas roupas e meus perfumes em brechós para poder comprar pó, já que meu pai regulava o meu dinheiro para evitar que eu fizesse exatamente o que eu fazia. Também não era agradável entrar numa galeria do Leblon com ferro de passar, batedeira, centrífuga e liquidificador numa sacola e sentir, no comércio local, alguns dedos apontados pra mim. As pessoas não precisariam ser muito atentas para entender o que eu, Baltazar e a irmã dele, Ana Luiza, com quem aprendi a tomar anfetamina, estávamos fazendo. Ao mesmo tempo que posso dizer que não dávamos a mínima, estaria mentindo se dissesse que aquela situação não era desconfortável. Por trás das nossas caras-de-pau apontadas na rua estavam rostos sujos de agonia.

O que acontecia era que, quando não nos lembrávamos disso, tínhamos algum bom humor. Se era para se destruir, que fosse com alguma classe, um estilo, qualquer coisa de charme que disfarçasse o fato de sermos, àquela altura, viciados à beira de overdoses. Além disso, boa aparência começou a ser fundamental na hora de conseguir um dinheiro aqui e uma bebida ali. Eu e a Debora, amiga de Ipanema, por exemplo, usávamos o mesmo uniforme: calça jeans, boné e jaqueta de couro – sem nada por baixo. "Vamos sair que alguém vai sorrir pra mim" era a frase inaugural de noites em que, com nossos figurinos de princesinhas sedutoras, conseguíamos fazer gringos bêbados pagarem a conta do bar duas ou três vezes sem perceber. Minutos depois, dinheiro na mão, dizíamos que íamos ali na esquina um instante e nunca mais voltávamos. Com o lucro da noite, poderíamos ficar em casa por uma semana, devidamente abastecidas de cocaína, álcool e cigarros.

Logo a princesa sedutora começou a fazer coisas horríveis, como furtar um aparelho de som e incensos de um templo Hare Krishna aonde costumávamos ir para comer de graça e desvirtuar um menino do mosteiro de São Bento que queria ser padre. Meu pai, quando soube que eu andava freqüentando templo Hare Krishna e mosteiro, ficou animado com a idéia de eu ter, finalmente, encontrado algum caminho espiritual. Mas o fato é que valia quase tudo para conseguir droga, inclusive esquecer o que era ter escrúpulos, o que não era difícil para quem já não sabia, convenhamos, o que era certo ou errado. Quando eu dizia "Deixa comigo, está tudo sob controle", significava que em breve aconteceriam histórias de suborno, de resgate de amigos do Pinel, de recordes de velocidade no esporte de subir e descer o morro do Cantagalo (onde já tínhamos conta), de verdadeiras lutas para evitar uma internação à revelia ou contornar a informação de que "os bombeiros vieram buscar a sua amiga". Se existia uma coisa da qual tínhamos pavor era da Defesa Civil.

A droga já ocupava tanto espaço na minha vida que não restava muito interesse por namorados. Continuava sendo paquerada, mas queria ficar sozinha, só eu, a cocaína, a anfetamina, o cigarro, o conhaque e o álcool Pring. Eu estava fechada para balanço e demorei para descobrir, na faculdade, que vinha sendo literalmente leiloada pelo Baltazar. Ele procurava os caras interessados e desenrolava a seguinte ladainha: "A Ana está super a fim de você, e você sabe que ela é como se fosse a minha irmã, ela me escuta muito." "O que você quer, Baltazar?", perguntavam os pretendentes. "Faz o seguinte, me dá 20 reais para eu tomar um chope que eu convenço ela a sair com você." Não satisfeito, Baltazar aplicava o mesmo golpe em mais dez caras, até juntar um bom dinheiro e deixar a galera toda da faculdade pensar que eu estava a fim de todo mundo. Deve ter sido também por isso, pelo pouco de vergonha que ainda restava em mim, que larguei as aulas de psicologia e passei a assistir às aulas de educação física, curso do Baltazar. Isso foi antes de desistir de assistir a qualquer aula que fosse e ir à faculdade apenas para encontrar o pessoal disposto a subir o morro.

Em pouco tempo eu seria conhecida como a "loura do cachorro branco", não só porque era loura e tinha um cachorro branco, mas porque também já estava revendendo pó. O cachorro se chamava João, um collie todo branco que tinha uma mancha marrom em formato de coração, simplesmente a coisa mais linda do mundo. Fora um "presente" do Fabio, um garoto que eu conhecia da Farme e também freqüentava a casa da Denise. Era difícil achar alguém, no nosso círculo de amizades suspeitas, que não freqüentasse a casa da Denise.

Fabio estava com problemas. "Pô, estou fudido", disse, entrando no apartamento. Como a mãe dele ainda não enxergara o óbvio, ainda não sabia que seu filho era um drogado. Logo, ficava difícil entender tantas noites passadas fora de casa. Para se livrar da desconfiança, Fabio disse que estava namorando. Seria uma boa desculpa, se a mãe dele não o tivesse intimado a convidar a namorada para almoçar com eles no domingo. A palavra almoço me fez lembrar de que eu devia comer decentemente de vez em quando, e prontamente me ofereci como acompanhante. "É claro que eu não vou estar virada, Fabio, eu vou pra casa, visto uma calça jeans, uma camiseta decente e a gente vai", disse para o meu mais novo namorado. O que me motivava era apenas comer um prato de nhoque de graça, e esse era o trato, mas quando cheguei lá e vi um casal de collies que acabara de ganhar filhotes, o programa ficou muito melhor. Aproveitei que a mãe do Fabio estava se jogando aos pés da namorada do filhinho, lourinha de olhos verdes, bem-educada e que sabia se comportar à mesa como ninguém, e pedi: "Ah, tia, eu amei esse cachorro, você não quer me vender?" "Imagina, que vender o quê, ele é seu", ela disse. Fabio, que iria vender o filhote e usar o dinheiro a gente sabe como, quis me matar, é claro. "Ela não quer", ele disse. "É claro que eu quero, muito obrigada", falei, já me apoderando do filhote. Se ele se atrevesse a desfazer o negócio, eu contaria toda a verdade para a mãezinha dele. "Você falou que queria só o almoço", ele ainda conseguiu falar quando a mãe saiu da sala. "Agora eu quero o almoço e o cachorro, o preço aumentou", respondi.

João Boy Brother Cris Collie de Hortelã era genial, o collie mais inteligente que já tive. Éramos inseparáveis até à noite, quando íamos juntos aos bares de Ipanema e João derrubava o meu copo de bebida porque sabia que ele, o copo, era um sinal de que não voltaríamos para casa tão cedo. João também era conhecido no Baixo Gávea e em todos os lugares que eu freqüentava, e Fabio nunca me perdoou por isso. Principalmente porque, no dia dos namorados, sua mãe sempre o obrigava a me dar um presente.

A mistura de anfetamina com cocaína me deixava cada vez mais ligada. Cheguei a ir e voltar do Arpoador até o Leblon quatro vezes numa noite para gastar toda aquela agitação. No dia seguinte, não conseguia andar. Também bebi perfume mais uma vez no meu apartamento e depois soube que a irmã do Balta, Ana Luiza, a Pink, bebia todos os meus perfumes aos poucos e completava o vidro com água, para eu não perceber. Uma das primeiras mulheres do movimento punk no Brasil, Pink não tinha limites. Eu costumava dizer para ela que queria trocar a cocaína pela anfetamina, achando que faria uma mudança muito saudável – paranóia, ao menos, eu não teria mais. Na verdade, a porcaria de cocaína que eu cheirava já era mais anfetamina e matricária do que qualquer outra coisa, tanta era a mistura.

Poucas vezes na vida cheirei cocaína pura, e é totalmente diferente. A cocaína boa, por exemplo, se é que posso falar assim, não tira a fome. Não era o nosso caso. A única refeição que os nossos estômagos conheciam, nessa fase, era uma sopa de folhas que mais parecia água pura. Era a única coisa que descia. A cocaína pura também mata mais fácil, basta exagerar um pouco na dose. Numa dessas, a Pink quase se foi. Fiquei tão desesperada que até banho e um copo de leite providenciei, achando realmente que ela ia morrer.

Episódios como esse não eram raros, e aos poucos eu ia me acostumando à sensação de ser a próxima da fila. Quando a Bruna, uma das minhas melhores amigas na época, foi encontrada no porta-malas de um táxi, o que ouvi do meu pai foi exatamente: "Você vai morrer."

De fato, era para eu ter morrido junto com ela. Naquele dia, o combinado era sairmos juntas, mas na última hora achei melhor nos dividirmos, já que ela ia ao Vidigal e eu, à Mangueira. "A gente se encontra meia-noite no Bronx", decidi. Bruna, menina de família, morava na Vieira Souto e estava namorando, na época, o dono do Vidigal. Inacreditavelmente, o nome dele também era Gringo. Bruna já tinha dado uma volta de pó nele, mas isso era até perdoável. O problema era que o homem cismara que ela estava dando mole para o dono da Rocinha, e não houve quem o convencesse do contrário. Algumas pessoas chegaram a falar para ela não subir o morro naquele dia — "O cara está puto com você" — mas mesmo assim ela subiu. Acabou morta dentro de um táxi junto com o nosso taxista, que morreu de gaiato sem ter nada a ver com a história. E ainda dizem que, antes de ser assassinada, Bruna foi estuprada por mais de uma dezena de homens. Sim, tudo isso poderia ter acontecido comigo. No entanto, fiquei sabendo de tudo no dia seguinte pelo *RJ-TV*, sã e salva dentro de casa. Quanto mais essas coisas aconteciam e eu continuava viva, mais eu achava que uma proteção qualquer me manteria assim, mesmo que a cada dia eu praticamente suplicasse para morrer. Não é que eu me achasse imortal, eu só não me sentia viva o suficiente para ter medo de morrer.

Talvez eu tivesse tomado gosto pela adrenalina, o que explicaria o fato de ter começado a namorar um ladrão de carros, por exemplo.

Roger morava num apart-hotel de luxo em Copacabana, e o Escort conversível dele não era roubado. Quando nos conhecemos, eu estava na fase de querer ficar limpa. Essas fases se revezavam com aquelas em que a Denise chegava ao cúmulo de ir ao NA para arranjar dinheiro para comprar pó. Nossos valores já estavam completamente invertidos e, enquanto andássemos juntas e nos sabotando nas tentativas de levar o NA a sério, jamais conseguiríamos ficar limpas.

Eu, Denise e sua filha mais velha, Sandra, nos revezávamos nos papéis mais ridículos possíveis. Quando a Sandra voltava para o grupo, Denise e eu nem olhávamos mais para a sua cara, enquanto ela passava a noite lendo o livro do NA em voz alta, só para irritar as "viciadas". Quando eu tentava parar por conta própria, elas eram umas "drogadas imprestáveis". Raramente as três tentavam parar juntas, e é lógico que esse esquema não daria certo nunca. Nossa dinâmica era tão maluca que certa vez decidimos, Sandra e eu, que o nosso problema era a Denise. Se a Denise se internasse, nós conseguiríamos parar. Era sempre muito bom transferir a responsabilidade para quem estivesse por perto. Ligamos para a Defesa Civil e ficamos na rua assistindo à cena em que, faca em punho, Denise gritava com os bombeiros que não iria a lugar nenhum. Foi tão feroz que os bombeiros desistiram da missão, assumindo que o caso da Denise era de internação psiquiátrica, e não de dependência química. Por muito tempo tive medo da vingança dela, achando que seria internada à força a qualquer momento.

Era divertido sair com o Roger e o seu carro vermelho. Quando eu já estava há uma semana sem cheirar, fomos tomar banho de espuma na Circus, boate da moda na época. Quando me vi encharcada do champanhe que Roger jogava para o alto, achei que era o suficiente para decretar uma recaída. "Me dá aqui essa garrafa", e começou tudo de novo apesar dos esforços do Roger, que não usava droga nenhuma, ao menos não comigo. Era um ladrão de carros profissional.

De vez em quando eu pedia a ele para irmos ao "shopping", o que significava escolher uma rua cheia de carros e sair abrindo todos os porta-malas. Vinha de tudo: cadeira de praia, agenda eletrônica, CDs, sacolas de roupas recém-compradas. Também gostava de ir com ele a Nova Iguaçu levar os carros roubados para o desmonte. Era uma viagem arriscada, já que eram carros roubados na noite anterior e que por isso já poderiam estar com suas placas anotadas pela polícia. Porque era esse o esquema do Roger: ele conseguia entrar em um carro, o levava para outra rua, estacionava e deixava lá até o dia seguinte, quando levaria suas "compras" para Nova Iguaçu. Eu me divertia de verdade no desmonte e não parava para pensar no que estava fazendo. Estava ligada na adrenalina, e só.

Quando chegou o Natal, nenhum sino soou na minha cabeça. Minha mãe estava na Europa e meu pai num cruzeiro no Caribe. Eu não queria viajar com ninguém, queria mesmo era continuar me drogando. Na verdade, acho que ninguém também queria a minha companhia, o que era bastante compreensível. Denise e eu até tentamos fazer uma ceia, mas começamos a cheirar antes de colocar a mesa. Roger, nosso convidado, primeiro ficou furioso. Depois, quando desmaiei, ficou apavorado.

Nenhum taxista sensato pára no pé de um morro para levar uma garota desmaiada para o hospital. Por isso Roger, piloto de fuga, pegou seu conversível e voou até o Miguel Couto, entrando pela garagem. Saí do hospital só no dia seguinte e não sei o que fizeram para que eu não morresse. O que eu sabia era que o Roger não era um ladrão de carros, e sim um anjo que salvara a minha vida. E que eu já tivera Natais melhores.

Tempos depois, terminado o namoro, abri a janela de casa e vi, escrito na rua com *colorjet* branco: "Kaká, eu te amo." Meu pai, que morava na mesma rua que eu, não podia ver aquilo de jeito nenhum.

Menos de uma hora depois Denise e eu estávamos na rua, esponja e detergente nas mãos, tentando tirar aquela declaração de amor pública e inconveniente do asfalto. As letras não sumiam e cheguei a pensar em lixar o asfalto, mas acho que também não teria adiantado. No dia seguinte, tiro e queda, meu pai me perguntou que palhaçada era aquela. "Não sei, não tenho nada a ver com isso, ninguém me chama de Kaká", respondi.

Meu pai estava sempre puto da vida com alguma coisa que eu fizera ou deixara de fazer. Ficava tão furioso quando eu estava me drogando quanto quando via minha canga pendurada na varanda, delatando a minha ida à praia. Geralmente, quando eu ia à praia, era porque estava tentando parar. "Isso é cor de vagabundo, de quem não está fazendo nada da vida", ele dizia quando me via bronzeada. "Olha o seu estado, você parece um cadáver, o que as pessoas vão pensar?", ele dizia quando eu estava me drogando. Afinal de contas, por que eu não podia ser como as outras pessoas, que estudam e levam uma vida normal? Era difícil responder.

Nesse ritmo, era até previsível que eu começasse a namorar um dono de morro. O dono da Mangueira, que morava em Ipanema, conheci no Bronx. Quando nos conhecemos, Denise achou que todos os nossos problemas estavam resolvidos para todo o sempre. "Não acredito, conheci o dono do morro", comemorava, feliz como se tivesse acertado na loto. Mal sabia ela que esse cara, que só fumava maconha, não queria que eu cheirasse. Era mais um incauto disposto, sabe-se lá como e por que, a cuidar de mim. Quando íamos à Mangueira, eu tinha que dar muitas voltas para conseguir cocaína. Cercada por quatro vigias, eu pedia para comer um sanduíche no Frango Veloz enquanto ele resolvia os assuntos da comunidade. "Tá, mas vê se não apronta." No meio do caminho, eu aprontava. Ninguém recusa cocaína para a mulher do chefe, e eu pegava o que queria de graça, escondia no bolso e deixava para usar à noite, quando o chefe estivesse dormindo. Também não demorei para descobrir, no apartamento dele, onde ficava o esconderijo da mercadoria que ele sempre mantinha em dia para as visitas ou negócios de última hora.

Apesar disso, por alguma ironia do destino, eu estava pegando mais leve justamente quando praticamente casara com um dono de morro. Eu passava a maior parte do tempo no apartamento dele e passeava com o seu cachorro, o Pacato, quase todos os dias. Era um dogue alemão enorme e eu ouvia muito nas paqueras do calçadão: "A bela e fera." Mal sabiam os garotões que a bela era ele e a fera era eu. Por muitas vezes o Pacato ficou com o João no meu apartamento, enquanto íamos ao Maracanã assistir aos jogos do Flamengo. Naquela época ainda era uma delícia ir ao Maracanã e, se o nosso time ganhasse, a festa na Mangueira era garantida.

Para conseguir cheirar de vez em quando, eu o fazia fumar bastante maconha, que era para ele dormir e parar de me fiscalizar. Às vezes eu pegava o pó e fugia para a casa da Denise, de madrugada. Numa dessas, ele deve ter acordado com o barulho da porta fechando e resolveu me buscar. Não era difícil saber onde eu estava. Quando a campainha da casa da Denise tocou, tratei de fazer logo uma ameaça à minha cúmplice de fuga noturna: "Se você me entregar, o pó vai embora comigo." Eu não poderia ter argumento melhor. Escondida debaixo da cama, escutei a Denise dizendo que eu não estava, imagina, e perguntando se ele não tinha vergonha de aparecer na casa dela àquela hora da madrugada!

Quem não tinha vergonha era eu, que, no dia seguinte, de ressaca e à morte, voltava para a casa dele jurando que nunca mais faria isso e implorando por uma aspirina. "Ana Karina, você não tem jeito, não sei mais o que fazer com você", ele dizia. Ouvir isso de um dono de morro é no mínimo marcante e eu acreditei piamente em todas as suas palavras. Eu realmente não devia ter jeito.

Quando o meu pai descobriu quem era o meu namorado, mandou a polícia direto para a casa dele. Ele só não foi preso porque tinha uma boa reserva financeira em casa, o suficiente para convencer os policiais a esquecerem o assunto. Mas o cerco passou a atormentar a sua vida, e achei melhor me afastar. Eu não queria causar nenhum problema. É cansativo viver causando problemas para os outros.

O término do namoro, no entanto, não significou o fim do livre acesso à cocaína, porque eu não era a única bem relacionada da turma. Na favela Cidade Alta, em Cordovil, nosso esquema também era VIP. Como o dono do espaço era ex-namorado da Flavia, bastava usar o colar de prata dele que a mágica acontecia e podíamos nos fartar de maconha e cocaína de graça, à vontade, e ainda jogar sinuca.

É óbvio que tanta intimidade tinha o seu preço. Quando o tal dono da Cidade Alta me chamou para ir a uma churrascaria, achei que seria um bom programa. Aceitei, com a condição de que ele pagasse um rodízio também para o meu cachorro. Felicíssimo, João ficou do lado de fora da churrascaria preso pela coleira e recebendo, num pratinho, todas as carnes a que tivesse direito.

O cavalheiro tinha uma proposta. Colocando uma grande quantidade de pó na minha mão, disse que eu poderia vendê-lo e ficar com o dinheiro, desde que depois eu retribuísse com, digamos, uma noite íntima. "Tudo bem, mas não pode ser hoje", disse, inventando que estava menstruada. Eu nunca transara por um papel e nem mesmo um saco de pó me faria mudar de idéia. Ele podia me matar, mas eu não transaria com ele. Só que, enquanto os meus neurônios comprometidos pensavam isso, o meu corpo fazia algo completamente diferente. Eu jamais poderia ter aceitado aquele "presente", mas não só aceitei como acabei, é claro, cheirando muito mais do que revendendo. Além disso, nessas horas, ter muitos amigos viciados é sinal certo de prejuízo, porque acabei dando boa parte da mercadoria – como eu poderia vender para quem não tinha mesmo como pagar?

O pouco que sobrou guardei dentro da luminária do meu banheiro. Meu plano era terminar de vender aquilo para fazer algum dinheiro, tentar pagar o cara e convencê-lo a me deixar em paz. Não era um plano muito crível, a julgar pelo recado que ele deixaria na minha secretária eletrônica, dizendo que ia me matar. Cheguei a tentar sair com ele um dia, mas em cima da hora vi que não teria mesmo coragem e apaguei todas as luzes do apartamento para que ele achasse que eu não estava em casa. Foi aí que ele deixou o recado mal-educado: "Você vai ver, eu vou te matar, vai passar um carro aí pra te pegar e te levar lá pro morro e aí não vai ser só comigo, não, vai ser com vários homens", ele dizia, enquanto eu ficava agachada no chão, apavorada, lembrando do que acontecera com a Bruna. No dia seguinte, quando liguei para ele oferecendo algum dinheiro e a secretária eletrônica como pagamento, vi que não teria mesmo saída. "Pode me dar a secretária, a empregada e o mordomo que não adianta", ele respondeu.

Então era isso, eu finalmente ia morrer de verdade. E como ele sabia onde eu morava mesmo, não fazia sentido ficar escondida dentro de casa. Voltei a freqüentar os mesmos lugares de sempre e ter as mesmas ressacas de sempre. Um dia estava curtindo uma dessas rebordosas, à noite, quando o meu pai apareceu. "Você está cheirando cocaína de novo", ele disse. "Não estou nada, pai, não aluga", falei, sem tirar os olhos do Gameboy. "Quer dizer que você não tem cocaína em casa?", perguntou, caminhando para o banheiro.

Parêntesis: inaugurando uma nova tática, a policial, meu pai grampeara meu telefone e ouvira não só as ameaças de morte como o lugar onde a cocaína estava escondida. Eu sabia que o aparelho estava grampeado. Só para irritar, eu costumava pegar o telefone e falar "Ô do grampo, vou fumar um baseado agora". Mas naquele dia, escapou um "está guardado aqui no banheiro, não tem problema, meu pai não vai achar".

Meu pai achou. "O que é isso aqui?", perguntou. "Cocaína", falei, na falta de uma resposta melhor. Devidamente instruído pelo meu terapeuta na época, ele me obrigou a jogar tudo fora. Eu estava sendo obrigada a jogar fora o resto de esperança de não ser estuprada e morta por um dono de morro. "Eu sei o que você está sentindo", disse o meu pai, enquanto eu chorava. Não, ele não sabia.

Acabei contando tudo para ele na mesma noite, numa caminhada pelo quarteirão na qual, me lembro bem, ele me deu uma florzinha roubada de um canteiro. Eu não queria meter o meu pai em mais uma história complicada, muito menos fazê-lo lidar com um dono de morro, mas estava desesperada. Ele chegou a falar em contratar seguranças, mas não foi preciso. Antes disso, o meu pretendente a algoz foi preso. Mas já tivera tempo de ligar para o meu ex-namorado e contar todo o ocorrido. Por sorte não fui responsável por uma guerra de morros. "Sua maluca, você está vendo as confusões em que você se mete?", ouvi pelo telefone do meu ex-namorado que sabia, nos morros, ser mais político do que um diplomata.

Quando contei essa história para o Cacá, aquele ex-namorado soropositivo que estava limpo há um bom tempo, perguntei o que ele achava de toda a situação. Ele respondeu calmamente: "Ah, Ana, acho que você vai morrer de um jeito ou de outro, por overdose ou assassinada." Parecia uma idéia fixa de mau gosto, essa, de que eu ia morrer.

Como a estratégia policial não dera certo, meu pai apelou para a tática da barganha. "Te dou R$ 50 para você ir ao NA". Topo. Aquelas reuniões chatas eram intermináveis para quem já decidira que não queria parar de usar droga e, quando ouvia um "Que bom que você voltou" eu dizia logo, na lata: "Não voltei, não, estou aqui porque o meu pai está me pagando, é puro negócio." Acho que não preciso dizer o que fazia com o dinheiro.

No dia do meu aniversário, resolvi sair. Fui ao Baixo Gávea com uma amiga, a Tatiana, filha da minha manicure que eu convidara para morar comigo depois de saber que ela sofria abuso sexual em casa. Estava com uma garrafa inteira de tequila na cabeça quando resolvi dar uma chance para o Túlio Maluco, um cara que me azarava já há algum tempo. Bebi, cheirei, fumei e fui embora com ele a caminho da minha terceira gravidez. A minha segunda filha, Julia, foi feita na noite do meu aniversário. Talvez por isso eu tenha sentido, mais tarde, que ela era mesmo um presente. Se eu desse a vida a ela, eu pensava, ela traria de volta a minha própria vida.

O meu pai pensava bem diferente. "Estou ligando pra avisar que ou você tira essa criança ou está expulsa de casa. Aliás, você já está expulsa de casa, Ana Karina é um problema resolvido, eu não quero saber qual o tempo de gravidez, o problema é seu, não conte com dinheiro, não conte com ajuda. E eu já troquei a fechadura", ouvi na rua, do celular. Disse que precisava buscar as minhas roupas e ouvi, simplesmente: "Não vai buscar." Para completar falou que ia me pegar à força, me levar para aquele filho-da-puta do Jorge, o psiquiatra (ele não falou assim, o filho-da-puta é por minha conta), me internar e me obrigar a fazer o aborto. Mas não ia mesmo.

Liguei para o dono da Mangueira, contei mais um dos meus grandes problemas e, apesar de se sentir traído, ele prontamente se dispôs a me ajudar. Pegou o carro e me levou para a casa dos pais dele, em São Paulo. No meio do caminho paramos para comprar algumas roupas, porque eu estava só com a roupa do corpo. Nessa escala aproveitei para me drogar e ouvi mais uma bronca. "Eu vou tirar, cara, se liga, eu não quero é que o meu pai faça desse jeito, me internando num hospício e tirando do jeito que ele quiser", expliquei.

Quando achei que as coisas estavam mais calmas, voltei para o Rio. Fui para a casa do Fê, um amigo de Ipanema. Foi ele quem conseguiu resgatar as minhas roupas, que estavam todas enfiadas em sacos de lixo pretos.

Só Deus sabe o que meu pai deve ter encontrado naquele apartamento. Sei que ele viu, por exemplo, fotos minhas e da Denise com roupas de exército. Eram da época em que as Forças Armadas ocuparam os morros do Rio. Para muita gente a operação conferiu uma sensação geral de segurança, mas para nós foi um desespero. Como faríamos para conseguir cocaína, se ninguém subia e ninguém descia?

"Vamos até lá que eu dou um jeito", falei para a Denise. Em alguns momentos as coisas eram, na minha perspectiva, simples assim. Não sei se era malandragem ou pura falta de noção do perigo, o fato é que para mim tudo parecia ter um jeito, uma solução, uma saída – desde que nesse tudo não estivesse incluída a minha própria recuperação. Pegamos uma máquina fotográfica roubada para comprar pó e levamos para o morro. Cheias de charme e estrategicamente vestidas com saias de um palmo de comprimento, começamos a pedir aos soldados para que eles tirassem fotos com a gente. Em pouco tempo estávamos em cima do tanque Urutu fazendo poses, o que os deixou tão animados que logo perguntaram onde nós morávamos. Estávamos indo bem. "Moramos aqui do lado, se vocês quiserem, dêem uma passadinha por lá", falamos, já anotando o número do prédio e do apartamento.

De volta em casa, Denise e eu estávamos roendo as unhas quando a campainha tocou. O que vi pelo olho mágico era uma cena hilária: vestidos de ninjas e grudados nas paredes para que ninguém os visse, os homens das Forças Armadas haviam abandonado os seus postos. Fizemos uma festa. Nossos convidados foram convencidos a tirar as roupas, porque nós queríamos porque queríamos tirar fotos vestidas de soldadas. Em uma das fotos estou com um cinturão de granadas e segurando uma AR-15, devidamente fardada. Enquanto eles ficavam lá de cueca, uma de nós subia o morro e se abastecia. Deu tempo até para fazer um trato com o dono da boca, velho conhecido nosso, que aceitou a nossa proposta de revenda. "Pelo menos dá pra fazer um movimento, tá todo mundo na maior seca lá embaixo", falamos no dialeto dos traficantes, que há muito já virara a nossa língua. "Demorou", ele disse.

Sem dúvida engraçada, essa história parecia muito distante agora, expulsa de casa, sem um tostão, literalmente na rua. Nessa hora era uma sorte ainda estar, de uma forma ou de outra, ligada ao NA. Depois de passar pela casa de dois amigos do grupo, recebi um convite de uma menina que eu mal conhecia, Cristina: "Estou morando com a minha filha em Ipanema, estou fudida mesmo, o pai dela não dá pensão e eu não estou trabalhando, vamos lá pra casa, onde ficam duas ficam três." Comecei a fazer sanduíche natural para vender, mas o dinheiro dava apenas para comprar cigarros e pastilhas de hortelã para tirar o enjôo da gravidez.

Foi a Cristina quem me levou ao hospital para fazer a ultra-sonografia. A idéia era apenas saber o tempo gestacional para então tentar arrumar dinheiro para o aborto. "Aqui está o braço, aqui está a perna", começou a médica. "Olha só, eu não quero saber de nada, só o tempo gestacional." "Cabeça, pé, mão, e aqui tem um coração batendo", continuou a médica, que provavelmente percebera a minha intenção. "Aqui está o coração batendo." Quando ouvi o coração da Maria Julia batendo, mudei de idéia. Saí da sala de exame chorando, enjoada e com mal-estar em todos os cantos do meu corpo, mas decidida. "Não vou tirar, não dá, o coração está batendo", falei para a Cristina. Já tinham me tirado uma filha, não ia deixar que tirassem outra.

CAPÍTULO 5

Doidos do Charcot

Aquele cabelo lourinho e chanel ficou no chão depois da máquina 4. Para radicalizar ainda mais pedi para o Roberto, o cabeleireiro de sempre, mudar a cor. Atravessei a rua e fui para uma reunião do NA ali mesmo em Ipanema, quase em frente ao salão. Dez minutos depois estava de volta. "Roberto, não dá para ficar com essa cor." Trocamos para um dourado que, de novo na sala do grupo, também não me deixou contente. "Faz o seguinte, bota um preto azulado", falei, mais uma vez no salão. Quando voltei para a reunião era uma morena de cabelos curtíssimos. As pessoas não estavam entendendo nada e acharam no mínimo estranho o troca-troca de molduras, mas era muito simples: eu estava tentando ser outra pessoa.

Cristina tinha hábitos estranhos. Passava muitas noites fora, na casa de amigos, era o que dizia, e não raro a via saindo com caras bem mais velhos do que ela. Quando começou a namorar um senhor italiano dono de um dos melhores restaurantes do Rio, tratou de me apresentar o sócio dele. Nos conhecemos na Farme, em Ipanema, e logo estávamos, Cristina e eu, comendo camarão e lagostas de graça. Para quem estava passando fome era ótimo, mas eu achava tudo muito esquisito. É engraçado, mas demorei mais do que deveria para sacar que a minha anfitriã era, na verdade, uma garota de programa.

Como seria de se esperar, o sócio do italiano entendeu que eu trabalhava no mesmo ramo e começou a fazer marcação cerrada. Eu podia ter sido namorada de dono de morro, sim, mas não passaria a prostituta num piscar de olhos, se era o que eles estavam pensando. Quando percebeu o jogo duro, o coroa apelou: "Eu caso com você e registro a criança, pode procurar um apartamento na Vieira Souto." Não, obrigada. No 12º empurrão da Cristina, que insistia para que eu aceitasse o convite, achei melhor procurar outro lugar para ficar. Não podia negar ser viciada, mas puta não era.

Acabei na casa da Luli, outra amiga do NA. Eu, Luli, João e centenas de pulgas que subiam nas paredes e nas pernas de qualquer um que se aventurasse a entrar naquele apartamento. Ela estava tão dura quanto eu, e quando tínhamos algum trocado dividíamos um miojo. Enquanto eu literalmente passava fome nas ruas de Ipanema, via o meu pai passando para lá e para cá no seu Mercedes. Ele também me via, mas fazia questão de não enxergar.

"Estou sabendo que você está grávida e sei que esse filho é meu", falou o Túlio, numa praia de domingo. "Não, não é, não tenho a menor idéia de quem é o pai", respondi. É claro que ele não acreditou. Eu podia trocar muito de namorado, mas daí a não saber de quem era o meu filho já era demais. Nesse aspecto, ao menos, eu era comedida. O que Túlio não sabia era que, naquele domingo, eu ainda não havia decidido ter a criança.

Enquanto isso, Denise e Sandra não estavam mais no Rio, não me perguntem por quê. Minhas ex-parceiras inseparáveis deviam estar internadas ou tentando parar – e desistindo de tentar parar – em outra cidade, como se o grande culpado de todos os nossos males fosse o bairro de Ipanema. Por sorte ou azar, o prédio da Luli era vizinho ao do Túlio, e ele continuou insistindo que o filho era dele e que nós deveríamos ficar juntos. Eu não tinha o que comer, mas não aceitava convite nenhum. De vez em quando ia para a casa da Constança "brincar de filha", como diz hoje a minha grande amiga que, como de costume, conheci no NA. Eu aparecia na casa da Constança bem sem graça, sem jeito, fazia uma ou duas refeições decentes, dormia um pouco e voltava para as minhas pulgas. Luli e eu fazíamos tanto barulho que já chegávamos em casa com a seguinte saudação: "Olá, vizinhança que nos odeia, estamos chegando!" Eu podia estar esfomeada, desamparada e provavelmente anêmica, mas não perdia o bom humor. Era o velho jeito de não ter que lidar com a dor, de mascará-la, de escondê-la debaixo do tapete. Enquanto eu ria das minhas desgraças, ela ficava sob os meus pés, fazendo buracos no chão.

A barriga crescia e eu andava mais sensível do que nunca. Estava difícil segurar a barra, e tudo o que eu queria era que meu pai voltasse a falar comigo. Por sorte, minha mãe continuava pagando o meu plano de saúde e pude fazer direito todo o acompanhamento da gravidez, mas era duro sentir fome e imaginar que a minha filha devia estar sentindo o mesmo. Era duro estar sozinha, enfim, e aconteceu o óbvio: acabei concordando em ficar com um Túlio supercarinhoso e enlouquecido com a idéia de ter uma filha. Eu precisava de um lar e de um colo e aceitei a proposta de ir morar com ele, que decidira parar de se drogar. Logo ele, que já fora apelidado de Túlio Maluco e Túlio Pitbull. Ele e o Helinho, um ex-namorado meu, tinham o hábito de se cortar com uma garrafa de cerveja e beber o próprio sangue. Mas viciado sempre merece mais uma chance quando parece querer se recuperar de verdade.

Durante a gravidez, estive algumas vezes na casa da minha mãe, com quem não falava há um bom tempo. Minha mãe, justamente quem me apresentou o mundo da cocaína, parava de falar comigo sempre que sabia de mais uma internação, uma pré-overdose ou um sumiço de três dias, e não me espantaria se o NA também fosse motivo para cortar relações. Logo, não nos falávamos nunca.

A notícia da minha gravidez no entanto deve ter mexido com ela, que voltou a falar comigo nessa época e a me chamar para almoçar na casa dela de vez em quando. Mas foram as minhas tias Tataia e Auri que, no grito, convenceram o meu pai a alugar mais uma vez um apartamento pra mim, dessa vez em Copacabana, que era para ficar perto da minha mãe. Ele acabou cedendo, mas sem falar comigo. Integrada a um grupo bem-intencionado do NA, eu estava limpa desde o terceiro mês de gravidez.

Acabara de entrar no oitavo mês quando o médico disse que o parto teria de ser antecipado. "Vai ter que ser amanhã", ele disse para uma mãe que não tinha sequer uma fralda no seu enxoval. No mesmo dia as minhas eficientes tias chegaram ao apartamento munidas de roupas, fraldas e tudo mais de que o neném precisaria. No dia seguinte fui para a maternidade, acompanhada de uma pequena multidão. De amigos eram ao menos vinte, jogando gamão e fumando cigarros e charutos.

"Estou ligando para avisar que a sua neta vai nascer hoje", disse um deles para o meu pai. "Minha neta não vai nascer porque eu não tenho filha." Não foi legal saber disso pouco antes de ir para a sala de parto. Minha mãe disse que, quando saí de lá, ainda grogue, eu só perguntava onde estava o meu pai. Mais uma vez pedi anestesia geral, para revolta do pediatra, que ameaçou ir embora se os médicos acatassem a minha exigência. "Então tchau, pode ir, não vou fazer isso acordada e não quero ver criança sujinha, só dormindo", falei. Eu estava morrendo de medo e ninguém parecia perceber. Estava tão apavorada quanto da primeira vez e, quando já estava com metade do corpo na sala de parto, implorei por um trago de cigarro e para que a Lena, uma amiga do NA, entrasse comigo. Mais uma vez, não escolhi o pai da criança para me acompanhar. Eu precisava de alguém que me deixasse segura, e pelo visto os pais não me davam qualquer sensação de segurança nessas horas. Os médicos podiam ter motivos para se irritarem comigo, mas eu também tinha motivos para estar com medo.

Também não me ajudou muito ter ouvido da Tataia que eu deveria dar a criança para adoção. Eu poderia receber cerca de U$ 10 mil, o que para ela, naquele momento, parecia ser um ótimo negócio. Eu sabia que todos me consideravam um caso perdido, mas eles bem que poderiam me poupar de comentários do gênero, especialmente em um hospital. Quando viu o rostinho da Maria Julia, Tataia caiu em si e pediu desculpas, aceitas imediatamente. Sempre por perto, ela era uma pessoa que eu prezava muito e não seria por um deslize que cortaríamos relações. E eu não estava mesmo em condições de ser muito exigente com ninguém.

Ver a Maria Julia foi um choque. Ela era tão parecida comigo que eu tinha a sensação de me ver em outra pessoa. Era toda perfeita, toda rosa, toda olhos azul-turquesa. Quando vi aquele neném lindo, tive a certeza de que estava tendo uma segunda chance. Como uma recompensa por ter nascido, ela me traria, sim, a vida de volta. Eu já podia me considerar uma pessoa diferente, pronta para mudar tudo o que havia de errado comigo.

Não à toa, dessa vez me saí bem como mãe. Talvez porque a minha mãe estivesse do meu lado me incentivando a amamentar, por exemplo, o que fiz até a Maria Júlia completar oito meses. Túlio também se saiu um ótimo pai, sempre presente e carinhoso, desde as primeiras noites que passou no hospital, sentado numa cadeira nada confortável. O primeiro banho foi ele quem preparou, e agora eu também sabia dar banho e trocar fraldas decentemente.

Maria Julia estava crescendo como uma criança muito saudável, que mamava praticamente de hora em hora e não pegava uma gripe sequer. Minha mãe e minha avó preparavam festinhas de aniversário todos os meses, com direito a chapeuzinho, bolo e doces. Maria Julia fazia tanto sucesso na rua que o carrinho andava sempre munido de sal grosso, figa, alho, folha de arruda. Talvez eu tivesse medo de que me tirassem a melhor coisa da minha vida, a chave para uma nova Ana Karina. Enquanto isso, a Mariah continuava sendo assunto proibido. Quando a Flavia, trazia o caso à tona, levava logo uma daquelas patadas que só amigo pode dar.

Não dava para ter tudo de uma vez só, e até do João tive de me desfazer, deixando-o com a Ester, ex-mulher do tio Kiko, que, mesmo depois de separada, continuou muito presente na família. Julia era alérgica e não poderia, tão pequena ainda, conviver com um cachorro. Foi muito triste deixá-lo, mas ao menos eu sabia que ele também seria bem cuidado. João, um senhor que já cruzou e deve ter criado filhotes lindos, vive com a Ester até hoje.

Julia vivia impecável, e estava sendo criada do meu jeito. Assumi que era uma mãe jovem e, como tal, ia continuar levando a minha vida. O que queria dizer continuar indo à praia normalmente e às festinhas na casa da Lena, por exemplo. Era uma espécie de rock'n'roll sem drogas, um ambiente aceitável para um bebê que dormia como um anjo em qualquer lugar. Quando ela entrou na fase da papinha, eu colocava os potinhos na bolsa, passava todos os protetores possíveis na criança e a levava junto comigo para a praia, onde ela ficava na barraca, quietinha. Eu encontrara, dessa vez, uma maneira confortável de ser mãe.

Para coroar a nova e boa fase da vida, fui chamada ao NA para trocar a ficha da Constança, que já estava, então, há dez anos limpa. Trocar ficha é uma maneira de homenagear e incentivar aqueles que conseguem realmente se manter longe das drogas. É quando o dependente químico em recuperação recebe um quadrinho com a inscrição "Limpo e sereno há um ano", por exemplo. No primeiro ano de adesão ao grupo elas são trocadas de mês em mês, depois de ano em ano. Se houvesse alguma recaída no meio do caminho, a contagem recomeçava do zero – o que, aliás, era extremamente frustrante. Para quem estava limpa há quase um ano, era ao mesmo tempo um alento e um estímulo festejar um jejum de dez anos, e fiquei muito feliz pela Constança e por mim.

Só faltava o meu pai querer conhecer a Maria Julia, o que só aconteceu quando ela já completara sete meses de idade. Um dia, quando ela e eu estávamos na casa da Tataia com a Mirian, ele foi convencido pela família de que era um absurdo não conhecer a própria neta e aceitou ir até lá, desde que não me visse. Quando a Mirian desceu para a portaria do prédio com a Maria Julia, o avô dela deve ter sentido a mesma coisa que eu. Era mesmo uma segunda chance. "Você vai me dar muita alegria, não vou deixar acontecer com você o que aconteceu com ela, você não vai ser como ela", ele disse chorando muito, como me contaram depois. Avô e neta nunca mais se desgrudaram. E com ela ele foi capaz de dizer "Julia, eu te amo", assim, com todas as letras.

Nós também nos reaproximamos e, como na nossa relação afeto e dinheiro estavam sempre misturados, ele disse que eu poderia procurar um apartamento maior, se quisesse. Essa era a diferença entre o meu pai e a minha mãe. Eu podia ficar meses e até anos sem falar direito com a minha mãe, do que não tenho hoje nenhum orgulho, mas o fato é que não tinha dúvidas de que ela me amava e, exatamente por isso, não temia perdê-la nem quando parávamos de nos falar. Com o meu pai, o amor não era incondicional. Se eu não preenchesse os requisitos que ele considerava necessários para me aceitar como filha, era como se eu não existisse. Por isso eu vivia, no fundo, tentando agradá-lo sempre que podia, não enfrentá-lo quando não podia e, principalmente, tentando não deixar que ele me abandonasse de novo porque eu ainda não aprendera, infelizmente, a andar com as próprias pernas.

Por isso, quando ele me procurou de novo, respirei aliviada. Mas é claro que havia uma condição: eu deveria me separar do Túlio, que, apesar de bom pai, seria sempre uma ameaça de novas recaídas.

Em mais uma das piadas da vida, essa não seria uma exigência difícil de ser cumprida. O prazo do Túlio, na minha cabeça, já havia mesmo expirado. Sempre fui honesta com ele em relação aos meus sentimentos, e ele sabia que eu nunca o amara de verdade. Eu tinha, sim, uma gratidão enorme por tudo o que ele fizera por mim e por ter me dado o verdadeiro presente que era a Maria Julia, mas não acho que as pessoas devam ficar casadas por gratidão. Estava querendo viver a minha vida e, no fundo, achava que também já o havia ajudado bastante, afinal de contas ele estava limpo há mais de um ano e devia estar pronto para seguir o seu caminho. Disse que ele poderia ver a filha sempre que quisesse, é claro, mas que eu queria me separar. Ele pareceu ter entendido tudo e, dias depois, recolheu todas as suas coisas e foi morar com a mãe, outra fã da Maria Julia.

Não sei bem por que, escolhi o Bairro Peixoto para morar. Os prédios baixos, a praça e o clima tranqüilo me pareciam resumir o bairro ideal para criar uma filha. Finalmente, depois de uma gravidez sofrida, eu começava a respirar de novo, com direito até mesmo a uma babá, a Jô, que ficou comigo por muito tempo, o que na minha família queria dizer mais de seis meses. Na verdade, Jô foi minha babá também. Vivia me dando bronca porque eu não comia direito e fazia até bolinhos de chuva que eram rapidamente devorados pela manhã. Também era ela quem ficava com a Julia nos finais de semana, quando eu queria sair um pouco. Dessa forma, mais uma vez eu repetia os passos da minha mãe, que me deixava na casa da empregada no final de semana e seguia para os seus programas. Mas ninguém é de ferro e eu queria poder curtir aquela fase boa em que me sentia gente, sem sumiços, recaídas e bebedeiras.

De vez em quando recebia uns telefonemas estranhos do Túlio, mas não devia ser nada, pensava. Quando ele me pedia para voltar, eu era firme, dizendo que "não", mas que ele poderia, sempre que quisesse, ver a filha. Quando falei isso pela terceira vez, ouvi um pedido: "Então cuida bem da minha filha." Fiquei um pouco cismada com aquela frase meio enigmática mas não havia de ser nada, pensei mais uma vez. Pelo amor de Deus, não havia de ser nada.

Dias depois, Túlio sumiu. Ninguém sabia de nada, ninguém vira nada. Recebi uma fita cassete dele, com algumas músicas de fossa gravadas no primeiro lado. Não tive coragem de escutar o segundo e me desfiz da fita ou a perdi, não me lembro. Hoje me arrependo de não a ter guardado, porque seria uma lembrança que a minha filha teria do pai. Depois que nos separamos, Túlio soltou o freio de mão. Não só recaiu como procurou confusão num bar onde já havia sido jurado de morte.

Levaram alguns meses para descobrir que a razão do sumiço era assassinato. Até pouco tempo eu dizia para a Julia que o pai dela morrera num acidente de carro. Gostaria de poder manter essa versão, também triste porém não tão pesada, mas hoje ela sabe de tudo. Sabe, principalmente, que é isso que acontece com quem se envolve com drogas.

Mais uma vez, me senti culpada pela morte de um ex. Como eu podia sobreviver a tanta coisa e, ao mesmo tempo, fazer tanta gente sofrer a ponto de buscar a própria morte, como o Márcio lá de trás, suicida a ponto de reagir a um assalto ou apontar uma arma para um traficante? Eu devia ser, mesmo, da pior estirpe.

Quando cheguei ao cemitério, o caixão já havia descido. Melhor assim. Não queria mesmo ver a terra cobrir aquele Túlio carinhoso que tive a oportunidade de conhecer.

Passei a dormir com alguns pertences dele, como a camiseta que ele mais usava e o chaveiro do NA. Eu ainda chorava muito quase todos os dias quando começaram a acontecer coisas estranhas. Certa vez, ao entrar em casa, falei o nome do Túlio e imediatamente uma lâmpada explodiu. A Julia muitas vezes passava horas rindo deitada no berço, como se estivesse vendo alguém. Até o dia em que, janela do quarto fechada e ar-condicionado ligado, a mamadeira dela voou de cima do berço. "Claudia, estou indo pra aí com a Julia", falei apavorada para a minha prima, que me recebeu no meio da noite. Eu, que nunca acreditara em espíritos, estava começando a pensar seriamente no assunto. Quando a minha mãe me deu *Violetas na janela*, um livro de kardecismo, entendi que precisava deixar o Túlio ir embora de verdade. Me desfiz das coisas dele e parei de chorar tanto. Eu não tinha culpa de nada, aquela era a história dele e não havia nada que eu pudesse fazer para mudar o seu final. Só me restava guardar uma boa imagem dele no coração, e foi o que fiz.

Continuei a levar a vida, cuidando da Julia e saindo com o meu irmão Duda, a Claudia e uma amiga dela, a Márcia. Estávamos numa fase de solteirice e era uma delícia se divertir sem as drogas, num espírito leve e um tanto adolescente. Estava me sentindo bem, bonita e feliz, o que já era muito. Gostava de sair à noite para dançar, curtir o bom astral e nada mais. Eu, logo eu, já estava sendo conhecida como "aquela loura que não bebe".

Quando aparecia alguém interessante, eu me apresentava da seguinte maneira: "Tenho uma filha, sou dependente química, freqüento o NA, estou limpa há um ano e não posso beber." Era uma maneira de avisar logo da roubada. Se mesmo assim o sujeito quisesse encarar, tudo bem. Se não, nenhum dos dois perderia seu tempo.

Foi assim que me apresentei ao Daniel, um judeu bem-sucedido, bonito e que nunca tinha chegado perto de nenhuma droga ilícita na vida. Não entendia o que ele poderia querer comigo, mas gostei da idéia de, finalmente, namorar uma pessoa do lado de lá, alguém que não estivesse vinculado ao grupo.

Meu pai, mais uma vez, foi do contra. "Esse cara não serve pra você", ele dizia. Daniel era muito certinho e devagar demais para mim. "Um banana." Pelo visto, eu não tinha permissão para acertar nunca. Uma das várias psicólogas que passaram na minha vida costumava dizer que o meu pai se achava Deus e que, abaixo dele, só eu existia. Ele também invalidava os meus terapeutas: "Você vai enrolar rápido esse cara, vai colocá-lo no bolso", ele dizia. Eu devia ser mesmo um gênio, e acabava de fato enrolando todos eles, tomada pela minha irritante e incontrolável mania de agradar papai. Ao mesmo tempo, eu não prestava para nada, porque não estudava e ainda não aprendera a trabalhar, entre outras coisas. Até minhas roupas eram sempre erradas e meus decotes exagerados. Certa vez ele chegou a picotar com uma tesoura um biquíni que eu adorava. Freud teria bastante trabalho com a gente.

Aos poucos, é evidente, comecei a achar que o meu pai tinha razão em relação ao Daniel. O namoro não estava mais tão divertido e, quando ele dava um gole de uísque, ganhava no mesmo instante um beijo na boca. Ele tentava cortar a brincadeira, mas sem muita firmeza. Tudo o que eu queria era ser uma pessoa normal, que tem a sua própria vida, e nela estão incluídas algumas bebidas, de vez em quando. Por isso não considerei como recaídas os beijos de uísque e não contei para ninguém.

Não era muito fácil ser uma pessoa normal. Quando furtaram o Mercedes prateado que o meu pai estacionara na frente do meu prédio, no Bairro Peixoto, ele ficou muito nervoso. Não por causa do carro, que estava no seguro, mas por causa de documentos importantes que estavam dentro dele. Como o celular também ficara esquecido dentro do carro, liguei de casa para o número do meu pai. "Alô, seu ladrão?", falei. "Pois não." Era um ladrão muito educado. "Você acabou de levar o carro do meu pai, mas será que daria para devolver os documentos?", perguntei. Sem problemas, ele devolveria. Era um ladrão compreensivo. "Mas vai devolver como?", perguntei. "Fica fria, loura, que eu devolvo." Desliguei o telefone no mesmo segundo, apavorada. Era um ladrão que me conhecia.

Em casa de enforcado não se fala de corda e, com medo de seqüestro ou coisa pior, fechei as janelas, tranquei as portas, proibi a Jô de levar a Maria Julia à pracinha e falei para o meu pai que eu precisava sair daquele apartamento o mais rápido possível, porque o ladrão sabia onde eu morava. Naquele dia não consegui dormir em casa e fui para a casa da Tataia, sempre um bom refúgio.

Também era difícil conviver pacificamente, ao mesmo tempo, com a bebida e com um irmão que, passando por uma fase difícil, andava se consolando com o álcool. O quarto do Duda era tão abarrotado de bebidas que vivia trancado e nem mesmo a empregada podia entrar. A profissão de comissário de bordo lhe rendia litros e litros de uísque roubados e acondicionados em garrafas PET de água mineral. Ficavam todas estocadas no quarto, junto com as caixas de uísque compradas no Duty Free.

O caso de Duda com o álcool estava tão grave que, certa vez, acordou ao lado de uma mulher de mais de cem quilos. O que, para o padrão estético do meu irmão, era um absurdo. Disse que levou um susto tão grande que caiu da cama. No dia seguinte chegou desesperado em casa, dizendo que era alcoólatra e precisava ir ao AA. Me fez jurar que não ia rir da história nem contá-la para ninguém, promessas que obviamente não cumpri. Era trágico, mas também era cômico saber que a mulher obesa, pelada e indignada com a reação do Duda, o lembrava das juras de amor da noite anterior. Aquela garota foi uma atração tão fatal na vida do meu irmão que chegou a ligar algumas vezes para o meu pai, chorosa, dizendo que o Duda a havia iludido.

Herdeiro do senso de humor da família do meu pai, Duda tinha seus momentos. Um dia eu estava coordenando uma reunião do grupo e, enquanto organizava as apresentações dos recém-chegados, ouvi, do fundo da sala: "Meu nome é Eduardo, estou limpo há cinco minutos." Na mesma hora a roda inteira olhou para mim. "É seu irmão, não é?", me perguntou alguém enquanto eu acenava discretamente que sim com a cabeça. Meu pai achou essa entrada muito engraçada. "Espirituoso, o Duda, não?", ele comentou quando soube. Apesar de achar o NA uma piada, Duda passou a freqüentar as reuniões. Ficava especialmente assíduo quando se interessava por alguma gatinha recém-chegada.

Estávamos numa fase de andar grudados, Duda e eu. Talvez porque sua então ex-mulher, Cristiana, estivesse internada numa clínica para dependentes químicos. Ela, que sempre tentou me afastar do Duda dizendo que eu era uma drogada, acabou internada graças a mim, que consegui uma vaga na clínica da Constança. Os drogados podem ser muito solidários.

Duda e eu íamos juntos até mesmo buscar a Maria Julia na creche. No dia em que nos atrasamos e a direção da escola não conseguiu falar conosco, topamos já no portão com uma Mirian histérica ao lado do papai. "Você não grita com a minha irmã!", me defendeu o Duda. Eu ganhara um irmão mais velho. Não conheço ninguém que não tenha se atrasado uma vez na vida para buscar o filho na escola, mas pelo visto nós não tínhamos direito a nenhum tropeço. Entre nós quatro – Duda e eu e papai e Mirian –, sempre tinha alguém que não estava falando com outro alguém.

Éramos conhecidos na noite como os irmãos que iam abrir uma pet shop, o que era mesmo o nosso plano, negociado durante quase um ano com o nosso pai. Enquanto a loja não ficava pronta, saíamos quase todas as noites e começamos até a malhar na mesma academia. A idéia não era bem cultivar o corpo, até porque éramos capazes de sair da academia no meio da série de musculação e ir até o McDonald's em frente, para um lanche rápido. "Vocês não têm vergonha, não?", nos disse um dia o professor que, curioso com o nosso sumiço freqüente, resolvera nos seguir. Dedicados cada um ao seu Big Mac, acho que não chegamos a dar qualquer resposta. Não levávamos mesmo o menor jeito para a coisa e eu tinha até nojo daqueles aparelhos que viviam suados, mas precisávamos fazer algo, nem que fosse nos exercitar em casa, às três da manhã. Estávamos sempre precisando baixar a bola, até porque já havíamos adquirido o hábito, na academia, de tomar Riped Full, um comprimido de taurina e efedrina, duas substâncias estimulantes.

Certa vez saímos da academia já de noite e, não sei por que, fomos tomar banho na casa da Tataia antes de sair para uma das várias boates nas quais entrávamos de graça por causa do trabalho do meu pai. Duda estava tão ligado que não conseguia nem mesmo entrar no chuveiro. Por isso começamos a conversar na sala, e o assunto era o novo apartamento que estávamos querendo, já que desde o episódio do furto do Mercedes eu continuava morrendo de medo de continuar no Bairro Peixoto. A idéia era morar com o Duda em Ipanema, mas para isso era preciso, é claro, convencer o meu pai. Tataia, nessas horas, era sempre uma boa intermediária, principalmente porque devia estar louca para se livrar do Duda, hóspede indesejável. Para que nós parássemos de alugar sua paciência, ela estava disposta a fazer meu pai acreditar que poderia alugar, sem sustos, um novo apartamento para nós dois.

"Não, Rui, eles estão ótimos, não vão aprontar nada", ela dizia ao telefone como se estivesse assistindo a uma partida de tênis: Duda e eu, agitadíssimos, nos cruzávamos várias vezes ao andar de um lado para o outro da sala. "Só um minuto", disse a Tataia, colocando a mão no fone. "Vocês querem parar com isso? Estão parecendo dois doidos do Charcot!" Charcot é um hospício em São Paulo onde Tataia ficou internada por um tempo, seguindo uma velha tradição da família. "Você está me chamando de Charcot? Charcot é você!", disse o Duda, que não entendera nada. Quase que o nosso apartamento foi por água abaixo naquela cena de hospício, mas meu pai acabou convencido.

O prédio antigo, na rua Prudente de Morais, parecia uma construção inglesa – não só pela fachada como pela faixa etária dos moradores. Mais tarde seria um problema estar num prédio em que nove entre dez moradores eram idosos, mas àquela altura era uma bênção tamanha tranqüilidade. Os apartamentos eram enormes e pintei logo de amarelo o quarto da Julia, que também ganhou pela primeira vez um quarto de brinquedos. Duda não se mudou logo, devia estar enrolado em algum canto com uma namorada, mas suas malas chegaram alguns meses depois.

Eu estava, finalmente, levando uma vida de gente grande. Quando a nossa pet shop finalmente abriu, no Norte Shopping, passei a trabalhar de 10h às 22h, todos os dias. Acordava cedo, dava um beijo na Julia e saía. Descobri que era obcecada com qualquer coisa. Se era para me drogar, que eu me drogasse direito; se era para trabalhar, que fosse para fazer tudo à perfeição. Fora assim também alguns meses antes, na Gaia, produtora que a Graça Mota abriu no meu prédio. Assim que nos conhecemos, papo vai papo vem, fui chamada para trabalhar lá. Resolvi experimentar e, em um mês, passei de assistente de produção a assistente de direção depois de aprender tudo virando noites. Diz a Graça que, quando começávamos a filmar, baixava em mim um caboclo de pé descalço: a primeira coisa que eu fazia era tirar os sapatos, prender os cabelos e amarrar uns panos pelo corpo. Deveriam ter alguma utilidade, aqueles panos, porque eu os amarrava nas pernas, nos troncos e nos braços. Eu devia ser uma figura muito excêntrica nas externas, mas eficiente, a julgar pelos convites de trabalho que continuei recebendo depois de abrir a pet shop. Aquele era um trabalho que eu teria feito direito na vida, se tivesse levado uma vida direita.

Na loja, eu não precisava olhar para as prateleiras para saber quando um casaco de cachorro fora vendido, porque tinha na cabeça, de cor e salteado, todo o estoque. Era capaz de me meter na venda de um cachorro, de limpar cocô e arrumar a vitrine quase ao mesmo tempo. Enquanto isso, meu sócio não era nem de longe tão aplicado. Quando chegava na loja e via o Duda com os pés em cima do balcão, queria matá-lo. Aquilo não era uma mercearia. Quando eu precisava ir embora e ele chegava atrasado para a troca de turno, tinha tanta vontade de bater nele como quando ele fazia as mesmas compras que eu por pura preguiça de conferir o caderno de anotações. Em suma, nossa parceria precisava continuar restrita às boates e à academia. Eu não tinha mais tempo de freqüentar nenhum deles, mas preferia manter as coisas em ordem, mesmo sem tirar dele a sociedade. Eu pagava para ele não me atrapalhar, literalmente. Para ele, era um ótimo negócio.

Com isso fiquei com menos tempo livre ainda, e não demorou para eu terminar o namoro com o Daniel, aquele cara que era "certinho demais". Talvez eu também estivesse tentando ser certinha demais, o que fazia com que as noites chegassem carregadas de tédio e solidão, mistura que parecia enorme sob a lente de aumento da lucidez. Fiz o que eu sabia fazer nessas horas: adotei um cachorro. Na verdade, uma cadela, a Leopolda. Em seguida adotei também a irmã dela, e eram as rottweilers Leopoldas que me faziam companhia à noite, na praia, quando eu tomava duas ou três cervejas mexicanas com limão. Tinha de haver alguma recompensa, depois de um dia tão longo de trabalho.

Pela primeira vez na vida, eu podia ir ao supermercado com o meu dinheiro e encher a Julia de presentes no Natal. Numa época em que as pet shops ainda não brotavam em qualquer esquina, a loja faturava alto, e não era difícil ver uma fila se formar na porta. Até jóias pude comprar pra mim, e era uma delícia a sensação de ter a minha independência. Mas, como insistia em me lembrar o terapeuta da época (eu jamais ficava sem um), quem mandava e desmandava ainda era o meu pai, o verdadeiro bicho da loja É o Bicho. Eu devia ter levado esse aviso mais a sério. De fato, pouco tempo depois, meu pai soube que eu estava bebendo. As duas ou três cervejas diárias foram suficientes para que ele assumisse que eu também voltara para a cocaína.

A loja estava fechada. O fato de ela ser um sucesso, não dar nenhum prejuízo e me sustentar era só um detalhe. Enquanto eu desmontava as prateleiras e encaixotava os produtos do estoque, sentia escapar pelos dedos mais uma chance. Foi muito triste me despedir dos bichos, dos funcionários, dos amigos feitos no shopping e da vida decente que eu conseguira ter.

No meio de mais essa odisséia, voltei às minhas confusões com namorados. Eu bem que tentava dar um tempo, ficar sozinha pra variar, mas de uma forma ou de outra eles acabavam sempre reaparecendo. Antes de terminar com o Daniel, o cara "normal", já havia me interessado pelo Rafael, um músico que conhecera no NA e, exatamente por isso, parecia estar muito mais à minha altura. Não era uma lógica muito fácil de entender, mas talvez eu não me sentisse interessante o suficiente fora das fronteiras do grupo. Rafael falava a minha língua e era doce e talentoso. Mas ainda tinha o Zé Lúcio, também do grupo e que vivia recaindo. Então tínhamos um cara normal, um dependente químico interessante e em recuperação e um dependente químico que parecia não querer se recuperar tão cedo. Entre um e outro, ainda encontrei tempo para um caso rápido com um cara casado. Mas não estava muito interessada e cortei logo a história, dizendo que não ficaria com um homem casado. No dia seguinte ele tocou no meu apartamento, malas nas mãos, dizendo que saíra de casa. Mandei-o de volta. Poucos dias antes havíamos ido ao motel e acabei esquecendo, no quarto, um relógio do Mickey que eu adorava. Dei-me ao trabalho de voltar ao motel com a Cris só para recuperá-lo. Eu havia, como disse o meu terapeuta, perdido literalmente o meu tempo.

Eu também estava perdendo o meu tempo quando engravidei do Zé Lúcio. Ter mais um filho era uma idéia que me dava arrepios. A fábrica estava definitivamente fechada, e eu não teria esse filho nem por decreto. Dessa vez, recorri a um pai-de-santo.

Carlinhos, que recebia o Marabô, conheci quando ainda morava no Bairro Peixoto. Foi a ele, num terreiro na zona norte, depois do Norte Shopping, que perguntei se a pet shop abriria ou não. Ele me garantiu que sim, que abriria, só não me disse que duraria tão pouco. Acabamos nos aproximando, e passei a levar vários amigos ao terreiro (não sei como eu conseguia convencer as pessoas a irem até lá) e também a recebê-lo em casa, onde Duda e eu deixávamos o quarto de empregada abastecido com todas as bebidas que ele pedia. Ele costumava dizer que Julia e eu éramos protegidas dele, e era bom saber que eu era protegida por alguém. Quando contei da gravidez indesejada, Marabô me recomendou um banho de rosas brancas.

Terminei com o Zé Lucio imediatamente, sem contar nada. Apaixonado e louco para ter filhos, ele seria mais um problema do que uma solução. Ao mesmo tempo, não me sentia preparada para ficar sozinha e, numa decisão fria e até um tanto burocrática, decidi ficar com o Rafael, que eu considerava um cara de bom caráter e apto a ficar perto da minha filha, de quem eu não costumava deixar as pessoas se aproximarem muito.

Gravando o seu primeiro CD, Rafa andava numa boa fase. Quando soube da gravidez, disse que assumiria o filho se eu quisesse. "Nem morta." Nesse dia saí com a Jô para levar a Julia ao posto de vacinação e, quando voltei, estava sentindo uma cólica tão forte que não conseguia ficar em pé. Chamei o Rafael e corremos para o hospital. Antes de conseguir vencer a burocracia do plano de saúde, fui ao banheiro. Lá desceu inteiro, ploft, e a dor passou imediatamente. "Agora não precisa mais de ultra-sonografia, porque eu já perdi, está lá no banheiro", gritei, fazendo um escândalo.

É uma coisa maluca, a nossa cabeça. Acontecera exatamente o que eu queria e ao que tudo indicava o banho de rosas funcionara, mas na hora fiquei triste e revoltada com o péssimo atendimento médico. Eu queria tirar e não queria tirar, sei lá o que eu queria. A única coisa que eu sabia era que a minha cota de problemas já estava esgotada.

Decidiram que eu ainda devia, sim, fazer uma ultra para avaliar a necessidade de uma curetagem, e enquanto eu chorava na sala de espera uma senhora passou por nós: "Não fica assim não, vocês são jovens, vão poder ter outro filho", ela disse. Deve ter se sentido mal com a sua tentativa frustrada de consolo, porque depois dessa comecei a chorar mais ainda.

Rafael se mudou para a minha casa, e logo a Julia o estava chamando de "papai Afa". Papai Afa era tão atencioso que até violão tocava para ela dormir. Julia era muito boazinha, e antes de completar 2 anos já caminhava sozinha para o quarto na hora de dormir. "Pai Afa, canta pra mim?", ela pedia, às vezes. É claro que de vez em quando aprontava, como quando cismava de passar gelatina e Hipoglós na Leopolda, ou jogar coisas pela janela dizendo "Tau, bola!", "Tau, travesseiro!", enquanto a bola e o travesseiro caíam na área interna do prédio. Um dia ela acordou antes de mim e, enquanto eu ainda estava na cama, escutei um "Tau, Polda!". Levantei correndo a tempo e, por sorte, rottweiler é um cão muito pesado para uma criança de menos de 2 anos.

 Era muito bom quando a vida funcionava assim, na mais sagrada tranqüilidade. Seria melhor ainda se o meu irmão, que ainda morava comigo, não levasse para casa uma mulher diferente a cada dia. Naquele apartamento vivia um bebê, e eu odiava aquele entra-e-sai de mulheres. Também seria ótimo se eu não ficasse tão aflita para a Julia ir logo dormir e chegar a hora em que eu poderia tomar os dois copos de conhaque que o Rafael descia para comprar, religiosamente, todos os dias. Olhando no relógio de cinco em cinco minutos, eu mal conseguia controlar a irritação que só sumiria com o conhaque, que funcionava como um estabilizador. Só depois daqueles dois copos era permitido falar qualquer coisa comigo de novo. Rafael também estava bebendo e fumando maconha, por isso parara de freqüentar o NA. No entanto, a quem perguntasse dizíamos que estávamos limpos, porque andava difícil aceitar a incômoda idéia da recaída. Ela não entrava mesmo na minha cabeça, afinal de contas eu não estava cheirando cocaína nem subindo morros, então estava tudo sob controle. Não estava fazendo nada de mais desde a fase da loja, quando eu podia ter uma ou outra ressaca, mas não deixava, nunca, de cumprir as minhas responsabilidades. Porra, quem nunca teve uma ressaca na vida?

 Por isso tudo, fui tomada pelo ódio quando o Rafael e o Duda cheiraram de novo. Em casa. A mesma em que estava a minha filha, quietinha no quarto. Fiquei histérica e não tinha nem com quem me queixar, já que o meu pai estava nos EUA e a minha mãe provavelmente na Europa.

A idéia não era essa, a idéia era ter uma vida normal, fosse lá o que isso significasse. Por acaso o meu pai ligou no dia seguinte, perguntando se estava tudo bem. Não deu para engolir o choro. Quando contei a novidade ele ficou furioso e, de volta ao Brasil, baixou lá em casa para tirar satisfação. Rafael foi excluído da conversa e Duda negou tudo até a morte. Disse que estava fingindo cheirar só para me testar. Papai acreditou nele até o corredor do nosso andar, de onde escutou o Eduardo rindo enquanto eu gritava que ele era um filho-da-puta.

Duda e eu não éramos mais inseparáveis. Depois dessa ele foi expulso de casa pelo meu pai, e a família passou a ser só Rafael, Maria Julia e eu. Isso até o Carlinhos, não o pai-de-santo, mas um amigo nosso do grupo, pedir para alugar o nosso enorme quarto de empregada que até janela tinha. Depois de decorado, o quarto ficou uma graça, recheado de revistas *G Magazine*. Carlinhos era gay e adorava saudar o meu pai com um "Papai, papai!", enquanto o abraçava como um filho carinhoso. Ou melhor, uma filha: "O senhor vai ter tanto orgulho de mim, sua filha virou uma cabeleireira, eu agora vou ser uma cabeleireira famosa, papai!", ele dizia, em plena Visconde de Pirajá. Meu pai morria de vergonha, mas no fundo gostava do Carlinhos.

Era uma casa engraçada, a nossa. Os vizinhos não deviam achar o mesmo, porque o Rafael passou a fazer lá todos os ensaios da banda dele, Pinel da Babilônia – e como o nome indicava, as músicas não eram nada leves. Só para se ter uma idéia, uma das músicas dizia "Não preciso de tratamento, não vou me internar". Num dia em que o Rafael ia cantar na televisão, o convenci a trocar a letra para "Não preciso de tratamento, não vou para o NA". Tenho a impressão de que o produtor dele me odeia até hoje.

Na época, passava na televisão a minissérie *Hilda Furacão*, e Carlinhos adorava se vestir de Hilda. Também gostava de surpreender o Rafael no banho. Ele batia na porta do banheiro, me fazia dizer "Sou eu" e botava a cara para dentro, ao que o Rafael corria para fechar a porta de novo.

Também gostávamos muito de jogar War com o namorado do Carlinhos. Foi num desses jogos que descobrimos que estávamos todos recaídos. Até então o Carlinhos fumava maconha escondido do Rafael, que fumava escondido do Carlinhos, que não sabia que eu guardava meus copos de conhaque dentro do armário do banheiro. Quando o namorado do Carlinhos o entregou sem querer, "O Carlinhos quando fuma fica muito engraçado", deu-se a deixa para várias confissões. "Há quanto tempo vocês namoram?", perguntei. "Há seis meses." Bingo, então não era verdade que o Carlinhos estava limpo há um ano. "Tá bom, eu confesso, estou fumando maconha e até roubei um pouco da maconha do Rafael", falou o Carlinhos. "Então vou confessar também, eu estou bebendo", falei. Depois de meses tentando nos enganar, fumando e bebendo escondidos no banheiro, passamos, felizes, a não ter mais segredos.

Enquanto isso, o Rafael sóbrio era de uma doçura que eu até então não conhecia. Um dos seus CDs fora praticamente feito pra mim, com várias músicas lindas. Ele ria de tudo o que eu fazia, era sensível como eu não sabia que um homem podia ser e ainda um ótimo pai. Quando a Cris me visitou e ouviu algumas das músicas dedicadas a mim, ficou muito surpresa. "Estou com inveja de você assim, tão feliz, com um marido maravilhoso que te ama e uma filha linda." Estava tudo lindo mesmo, desde que ele fumasse a maconha dele e eu bebesse o meu conhaque para, entre outras coisas, esquecer que o marido maravilhoso também era uma ameaça.

Talvez eu estivesse me sentindo sem rumo depois do fechamento da loja, talvez o ócio fosse mesmo casa do diabo, talvez eu tivesse me sentido traída pelo meu irmão e pelo Rafael, talvez eu simplesmente não soubesse fazer diferente.

Estávamos rodando à noite de carro, já um pouco bêbados, quando convenci o Rafael a cheirar. Fomos até o bom e velho Bronx e, em menos de uma hora, enterrei quase três anos de trégua da cocaína. Nessa mesma noite todo o nosso dinheiro foi embora junto com a minitelevisão que ficava acoplada ao painel do carro. Chegamos em casa às dez da manhã, e só me lembro de ter vomitado praticamente a casa toda.

Temporada em Mauá, com 17 anos. Muito ácido, chá de cogumelo e maconha. No colo, o filhote de pastor Bagana Maria, motivo de uma das várias brigas movidas a drogas com o namorado Juliano.

Grávida da primeira filha, Mariah, com Zoltan, mais um de seus cachorros.

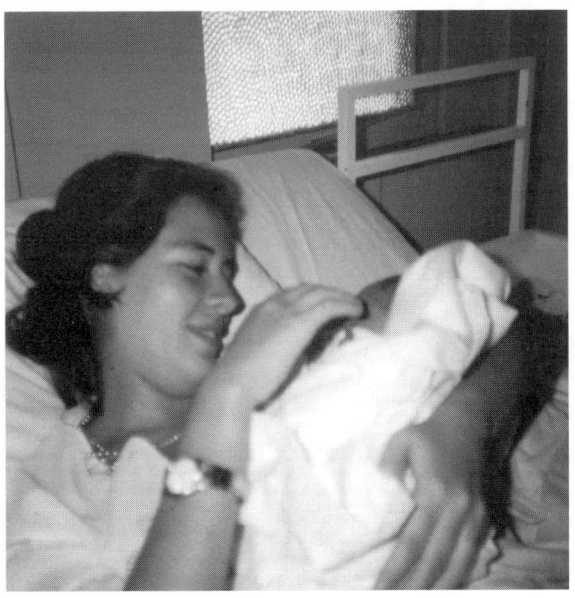

Ainda no hospital, com a primeira filha, Mariah.

"Tenho uma filha, sou dependente química, freqüento o NA, estou limpa há um ano e não posso beber." Com Maria Julia no colo.

Comemoração de três meses de vida de Maria Julia (na foto, com a bisavó e a avó).

Com a grande amiga Flavia. Juntas nos melhores e nos piores momentos.

A paixão por cães resultou no pet shop É o Bicho, mas o sucesso não sustentou a loja aberta por muito tempo. O pai fechou o negócio quando suspeitou que a filha tinha recaído. Ana Karina está à direita na foto.

Drogada, pescando com a filha na Festa Junina da escola.
"Não conseguia nem pensar em tirar os óculos escuros da cara.
Era como se eu pudesse me esconder atrás deles."

CAPÍTULO 6

Com os dentes na ferida

Era uma cachaça de maçã, uma caipirinha e um chope ao mesmo tempo. Como os goles eram dados em ordem, em sentido horário, os copos não podiam mudar de posição. Richard, sentado à minha frente, cumpria o mesmo ritual. Rafael era o único da mesa a ficar só com o chope, e não parava de falar que éramos malucos. Depois dos aperitivos, comemos frutos do mar e saímos para cheirar, evento que durou a noite inteira. De manhã voltamos para casa levando o Richard, que pouco tempo depois disse que estava enjoado. "Acho que vou vomitar", avisou, ao que o mandei ir direto para o tanque da área de serviço. Era um tanque grande e fundo de apartamento antigo que, por azar, estava entupido. Quando o Rafael chegou para tentar ajudar o Richard e viu aquele vômito parado no tanque, tratou de também botar para fora boa parte do que consumira na noite. Na minha vez de tentar ajudar, completei a nojeira coletiva vomitando até a alma. Naquele tanque tinha meio metro de vômito, só um elefante vomitaria tanto. "Não vou limpar isso nem morta", disse horas mais tarde a empregada, quando aquela eca já estava até dura.

Tudo o que eu queria era beber sem culpa, mas ela, a culpa, parecia vir misturada à cachaça. O álcool descia e, junto com ele, levava uma frase que mais parecia uma maldição do NA: "O álcool faz mal ao nariz." Era uma variação do lema "Se beber, vai cheirar", que continuava tatuado no meu cérebro, assim como a máxima "Autopiedade leva à primeira dose". No entanto, Rafael e eu decidimos não fazer uma tempestade da nossa recaída. Não voltaríamos para o NA por causa daquela noite porque conseguiríamos ficar limpos mais uma vez. Era só não usar de novo, muito simples, e tudo já estaria resolvido. Na verdade, eu não agüentava mais aquele lugar. Fizera amigos preciosos por lá, mas também era obrigada a conviver com pessoas com as quais jamais me relacionaria não fossem algumas incômodas afinidades em relação ao uso de drogas.

Eu queria ter liberdade e já achava que ela não combinava com mandamentos, regras, fichas, chaveiros e adesivos para carro. Bom mesmo devia ser conseguir levar a vida adiante sem virar um soldado do NA, que era sim um lugar mágico, mas que devia ser usado mais como um CTI do que como um clube. Estar limpo e aprisionado simplesmente não me parecia uma boa oferta.

Queria ser como o Richard, artista plástico consagrado que não fazia concessões, não dava satisfação a ninguém e não tinha compromisso com nada além da sua arte. Ainda por cima era bonito, inteligente, culto e educado. Não fora à toa que, quando nos conhecemos no NA, anos antes, quando eu ainda nem engravidara da Julia, me apaixonei por ele mesmo sabendo que era gay. Eu adorava ver como ele transgredia o mundo, como andava de madrugada por cima dos capôs dos carros e como falava de Nova York, cidade onde morava e trabalhava.

Não diminuía a figura saber que Richard vinha ao Brasil para fazer desintoxicação de heroína, e por algumas madrugadas estive ao lado dele para ajudar nas crises de abstinência. Nessa época falávamos para todo mundo que éramos namorados, mas nunca transamos.

Anos depois, num reencontro em Ipanema, retomamos não o namoro de fachada, mas a parceria de drogadição. Ela teria durado mais não fosse uma briga feia com o Rafael, quando o Richard quebrou um violão dele e, para revidar, Rafael amassou um quadro que o Richard havia me dado. O motivo da briga não era tão grave, mas já tínhamos tido tempo suficiente para ficarmos violentos. Eu mesma passei a bater no Rafael freqüentemente. A minha sorte é que ele nunca revidava.

Tínhamos um jeito de nos drogar muito próprio, Rafael e eu. Ficávamos rodando a noite inteira de carro, falando pouco, ouvindo música e parando de vez em quando em algum botequim para o meu conhaque com mel. Ficávamos muito sozinhos e, quando marcávamos algum programa, era com poucas pessoas. Isso não ficava muito claro, mas já devíamos ter horror a andar em bando.

Foi nesta época que reencontrei com a Flavia, que, como eu, também estava recaída. E se não estivesse, não faria a menor diferença. Nunca deixamos de nos falar e sairmos juntas porque eu estava me drogando e ela não ou vice-versa. Esta era outra regra irritante: ela era minha amiga e ponto final, não interessava o que ela estava fazendo ou deixando de fazer. Não me conformava com a idéia de, limpa ou recaída, ter de abrir mão dessa ou daquela amizade. Ao mesmo tempo, concordava ser difícil, quase impossível, manter a linha quando alguns dos seus melhores amigos resolvem cheirar na sua frente, então ficava tudo muito confuso. Para esquecer tudo isso, eu me drogava.

Flavia estava interessada num cara chamado Cláudio, por isso armei uma saída a quatro. Marcamos de sair juntos para beber, sabendo que da bebida passaríamos à cocaína, mas isso a gente não precisava falar. Estávamos já há algum tempo cheirando quando decidimos que queríamos mais. Falei para o Rafael ir junto com a

Flavia comprar mais, enquanto Cláudio e eu esperaríamos por eles. É claro que seria bem mais lógico eu subir com o Rafael e deixar os pombinhos sozinhos, mas não era assim que eu funcionava. Eu podia não conseguir nem pensar em sexo quando estava pancada porque sentia que a droga me dava um barato melhor, mas sempre me divertia com a arte da sedução. Queria seduzir o Cláudio por pura farra. Como ele ainda não era namorado da Flavia, estavam resolvidas as questões éticas. E mesmo que já fosse, qual era o problema de fazer um test-drive? Estávamos em família, afinal de contas.

Flavia sabia a amiga que tinha e, já no morro, adiantou a vingança: cheirou todo o pó com o Rafael sem guardar nada pra mim e para o Cláudio, que ficamos horas esperando por eles. Quando eles desceram de mãos vazias, virei um urso faminto. Imediatamente comecei a bater no Rafael e gritar para irmos comprar mais, "Vamos comprar mais, vamos comprar mais!" Eu ainda não parara de dar socos no Rafael quando entramos no carro e fomos até o Bronx. Já eram oito horas da manhã, o sol estava forte e as pessoas passavam de chinelo a caminho da praia, mas eu não parava de gritar e bater no Rafael. Estava tão descontrolada que, na hora, lembrei do dono de uma lavanderia em frente ao Bronx que vivia dizendo pra todo mundo que tinha saído comigo. Adriano, esse cara que, surpresa, era do grupo, nunca sequer encostara a mão em mim. Naquela hora resolvi acertar contas, fui até a lavanderia e, enquanto jogava roupa para tudo quanto era lado, gritava para o irmão do Adriano que ele, Adriano, era um filho-da-puta viciado.

De volta ao Bronx e às unhadas que eu também cravava no Rafael, encontramos um traficante conhecido que acabara de sair da cadeia e o convencemos a ir com a gente até a Cruzada, onde ele morava e poderia resolver o nosso problema, que era não conseguir parar de cheirar nunca. Cheiramos ainda mais. Rafael e eu largamos o traficante, a Flavia e o Cláudio em algum lugar e fomos para casa. Nosso porteiro, que já vira de tudo, mais uma vez testemunhou o Rafael chegar num estado deplorável, todo rasgado, com marcas de arranhões e sangrando, do mesmo jeito que, dois minutos depois de entrar no apartamento, desceu de novo para buscar mais um conhaque pra mim.

É claro que um escândalo daquele no meio da rua, às oito da manhã, não passaria despercebido. No meio das porradas, dos gritos e dos xingamentos, não seria difícil perceber que aquele era um grupo de drogados em ação. Deve ter sido o que disseram para a mãe do Rafael.

Negamos tudo, mas no dia seguinte, além da ressaca, da angústia e da tristeza por não saber o que estava acontecendo com a gente, o que mais nos apavorava era o telefone. Quando ele tocava, tínhamos a sensação de que o meu pai ou a mãe do Rafael sairia pelo fone e veria de perto o nosso estado miserável. Nosso medo não era de polícia, era de pai e mãe. Ao mesmo tempo, eu sabia que se ninguém atendesse aquele telefone eles iriam até lá não necessariamente para uma visita, o que seria ainda pior. Por isso, quando não ficávamos empurrando a bomba um para o outro, pedíamos para a empregada atender e dizer que havíamos saído.

No dia seguinte voltamos ao NA. Assim que saímos da reunião, voltamos a usar.

Era uma fase em que, literalmente, eu não conseguia digerir mais nada. Certa vez, de carro com o Rafael, vomitei do Leme até Ipanema, pela janela. Rafael, que era um doce, me perguntou se eu queria que ele parasse. "Não, pode ir andando", falei, enquanto ia deixando meu rastro de decadência pela orla.

Drogada, eu era um homem de dois metros de altura. Não tinha medo de nada nem ninguém a não ser do meu pai, e estava impermeabilizada como nunca. Eu me sentia dentro de uma das letras de músicas do Rafael: "Me drogo, não penso em nada, não existe amor, não falo, não sinto nada mas perdi meu valor, não vejo luz na minha vida, arranco com os dentes a minha ferida." Era o que eu sentia, que era um nada, um vazio, um oco. Era bom estar anestesiada e não pensar em nada, não lembrar de nada. Pena que a cocaína tivesse vida própria. Conheço algumas pessoas que não viraram dependentes químicas quando a conheceram, mas no dia em que experimentaram cheiraram sem parar por pura compulsão. Depois de passado completamente o efeito juraram nunca mais usar, e cumpriram – pelo menos é o que dizem. Estaria mentindo se dissesse que não tinha inveja dessas pessoas.

Adoraria não precisar contar os minutos para um show do Rafael acabar e podermos gastar todo o cachê em pó, adoraria ter coragem de encostar um dedo que fosse na minha filha quando chegasse em casa, adoraria não ter de sentar no meio-fio debaixo de sol, pingando de suor e exalando cheiro de cocaína, para esperar o banco abrir e o Rafael descontar um cheque que seria imediatamente gasto da mesma forma que o cachê da noite anterior. Ah, sim, também adoraria não ter tanta amnésia alcoólica, porque estava cansada de saber o que eu fizera na noite anterior pelos telefonemas religiosos da Flavia, que não perdia a chance de ser a minha memória de aluguel e contar todos os meus podres.

Eu não sabia onde fora parar aquela vida linda que a Cris vira na minha casa. E como desgraça gosta de companhia, sempre que podia arrastava o Rafael e a Flavia para o meu abismo. Rafael e eu chegamos ao cúmulo de buscar a Flavia no NA antes de sairmos para cheirar. Fora uma idéia como tantas outras que começavam em casa, quando a gente rolava de um lado para o outro na cama de tanta culpa e, para não pensar mais nela, naquela culpa grudenta, inventava alguma coisa para fazer, como "dar uma volta". Pegar a Flavia e ir até a Mangueira era uma idéia disfarçada de "Vamos passar lá no NA só para ver como a Flavia está".

"Oi, vocês não vão voltar para o grupo não?", perguntou a Flavia, nos vendo chegar no finalzinho da reunião. "Não, na verdade a gente está indo para a Mangueira." Antes de ela conseguir raciocinar direito já estava no carro com a gente, a caminho de tudo aquilo do que ela estava tentando se afastar. No dia seguinte, às seis da manhã, Flavia colocava seu uniforme de guarda municipal e ia trabalhar.

Como sempre, é claro que, além de cheirarmos juntos, também tentávamos parar juntos. Um dia Flavia e eu decidimos ir à praia, que era a atitude mais saudável que poderíamos imaginar naquele momento. Quando o Rafael soube disso, morreu de rir. "Vocês não conseguem olhar uma para a cara da outra sem pensar em pó, o que vocês vão fazer na praia?", perguntou. "Nós vamos ficar limpas, Rafael", respondi.

Nunca fora tão desconfortável estar na praia. "Está quente, né, Flavia?" "É." "Muita areia, né, Flavia?" "Muita areia." "Mar poluído, né?" "É, e muita onda, detesto onda." "Também detesto." "Pois é, que horas são?" "Três horas." "Tive uma idéia." "Qual?" "E se a gente desse um teco?" "Um só?" "Um só, a gente vai no Jacaré e compra um papel, depois a gente pára." "Está bom, vamos?"

Quando estávamos saindo da praia, vimos o Rafael correndo na nossa direção. "Eu sabia que ia dar tempo de pegar vocês ainda, vamos?" Que a gente não ia sair dali para tomar um sorvete no Chaika, qualquer um sabia.

Enquanto uma dessas tentativas ridículas de parar não dava certo, eu tentava usar o que ainda me restava de lucidez para procurar algum trabalho interessante. Certo dia, fazendo um lanche na cozinha do meu pai, li uma matéria sobre o Perfeito Fortuna, que na época estava reabrindo o Circo Voador. "Vou trabalhar com esse cara", falei. "E você sabe fazer o quê?", perguntou o meu pai. Era uma dessas perguntas que não mereciam resposta, e liguei para o 102 para pedir o telefone da Fundição Progresso. "Posso falar com o Perfeito?" "Quem quer falar?" "Ana Karina.". Devo ter falado com tanta naturalidade que fui passando pelos intermediários até finalmente conseguir chegar a ele. "Olha só, estava lendo aqui a sua reportagem e queria trabalhar com você", falei quando ele atendeu. "O que você sabe fazer?", ele perguntou. Dessa vez eu precisava responder, e disse a verdade: nada. "Mas trabalhei um tempo com a Graça Mota e aprendo muito rápido", emendei. Quando nos encontramos pessoalmente, ele foi muito sincero. "O que me impressionou foi o fato de você ter conseguido falar comigo, você deve ser mesmo competente", disse, acreditando que alguma coisa eu devia saber fazer.

Infelizmente, o que eu sabia fazer mesmo era me drogar, porque não tenho a menor idéia do que fiz naquela Fundição Progresso. Estava drogada demais para tomar conhecimento de qualquer coisa. Na verdade, estar lá fisicamente era o máximo que eu conseguia fazer, e isso quando o Rafael não me ligava dizendo que ia me pegar e que estava com cinco gramas no carro. "Rafael, estou tentando trabalhar, se é que isso importa", eu ainda dizia, sem forças. Eu gostava de estar na Fundição e me sentia bem por isso, mas talvez não tivesse nascido para ser uma pessoa produtiva. Ou era o que eu pensava na tentativa de me consolar.

No dia seguinte, é claro, eu nem aparecia no que chamava de trabalho. Perfeito ainda sugeriu que eu fizesse um tratamento com um grupo do Santo Daime, mas essa eu já conhecia. Havia também alguns índios que poderiam me ajudar. "Não vai funcionar pra mim, esquece."

Já mudei várias vezes de opinião sobre os relacionamentos entre dependentes químicos. Por um lado ele é positivo porque, quando dois estão dispostos a parar, são duas pessoas que se incentivam entre si, não bebem e têm gravada na cabeça a mesma programação do NA, o que torna a vida mais fácil. Por outro lado, juntar dois recaídos é sinal de desgraça na certa. Às vezes um recai e o outro vai junto não necessariamente por vontade, mas por ciúme e um desejo cego de tentar controlar a situação. Nesse tipo de casal, quando um mexe com fogo o outro quase sempre se queima, com raríssimas exceções.

Eu já havia construído, com o Rafael, o pior acordo de destruição da minha vida. Por isso, quando a mãe dele nos deu uma casa na Ilha Primeira, na Lagoa da Tijuca, eu jamais poderia ter aceitado me mudar. Ela sabia de tudo, porque sexto sentido de mãe sempre sabe de tudo, principalmente quando alguns telefonemas anônimos colaboram, e aquela era mais uma tentativa de nos afastar do bairro, dos amigos, do meio musical, como se isso fosse suficiente para nos deixar limpos, como se a tentação já não estivesse alojada nos ossos.

No apartamento de Ipanema, que era razoavelmente meu – o que queria dizer que era meu até que o meu pai provasse o contrário me botando para fora de casa –, eu teria mais chances de me controlar. Era o meu território, onde me sentia mais ou menos segura, onde poderia ficar sozinha se quisesse ou precisasse e de onde poderia facilmente ir para o Pinel com as minhas próprias pernas, o que fiz em vários momentos da vida. Era uma maneira de saber que eu não morreria ao menos naquela noite e, no dia seguinte, quando acordasse grogue, mas limpa, poderia tentar dar um jeito em mim.

Depois passei a buscar medicação mesmo, quando precisava ter sempre à mão um remédio para dormir se não quisesse cheirar mais até o dia seguinte. Não sei dizer se eu estava tentando me salvar ou me matar logo de vez ao misturar cocaína com Rivotril e flertar com a idéia de uma parada cardíaca.

Numa dessas visitas ao Pinel, me chamaram para fazer terapia, e topei na hora. É claro que também não deu certo, mas eu adorava a minha carteirinha. Era azul, e em cima dos meus horários de terapia ficavam o meu nome e a inscrição Instituto Philippe Pinel. Eu me divertia falando para todo mundo que não poderia ir presa se matasse alguém porque, afinal de contas, era uma louca do Pinel.

A louca não teve nervos nem para olhar a televisão, o computador e o resto da mudança serem colocados num barco para cruzar a Lagoa. No fundo, numa daquelas camadas de consciência que eu não acessava há tempos, sabia que estava fazendo uma das maiores burradas da minha vida. A casa, de dois andares, era toda envidraçada. Não há nada pior para um drogado do que ver a claridade do dia entrar em casa sem dó nem piedade e não poder se esconder em algum ambiente escuro, de preferência num buraco. Ouvir um galo cantar então é de bater pino, e não sei como podia haver tantos galos no Rio de Janeiro. Até no Pinel já escutei um galo cantando e, antes de eu achar que finalmente enlouquecera de vez, me disseram que existia um galo na rua Lauro Müller, bem perto dali. Parecia uma perseguição. Talvez eles fossem um efeito colateral, jamais vou saber. O fato é que Rafael e eu já havíamos virado dois vampiros, e era muita ingenuidade achar que a máxima "casa nova, vida nova" teria alguma influência na nossa vida. Mas dizem que a esperança é a última que morre, e também devíamos acreditar nesse lema.

A vida de um drogado é uma grande variação do mesmo tema. É uma repetição bem idiota: ele usa para não sentir dor e, quando a dor passa, usa para não sentir culpa, antes de usar de novo para não sentir os dois que não param de aumentar e, por isso, usar mais uma vez que é para não ter de lidar com esse crescimento exponencial de dor e culpa, culpa e dor. Além disso, qual o dependente químico que nunca disse, ao descer o morro, que estava na casa da lavadeira ou da diarista? Ou "Não tenho mais nada, já está tudo na cabeça", ao receber uma dura da polícia na saída da favela? São pessoas que, literalmente, perderam a imaginação. Daí o disco arranhado do acorda, usa, jura que nunca mais vai usar, dorme um dia inteiro dois dias depois e usa de novo.

 Portanto, vocês já sabem o que aconteceu naquela casa. Quando o dia clareava era um inferno e eu não entendia por que a noite não podia ser eterna. A luz do sol inclemente não me deixava ter dúvidas de que aquela criança que assistia às brigas nas quais eu quebrava a casa toda e vivia largada aos cuidados da empregada era, sim, a Maria Julia. "Dona Ana, acabou o miojo", eu ouvia, e então lembrava que a Julia, ao contrário de mim, ainda devia sentir fome, aquele buraco no estômago que eu não sabia mais o que era. O buraco era eu, inteira, e o estômago que se virasse sozinho. Para quem já ficou dez dias sem dormir, à base de cocaína, sentir fome era quase uma piada. Quando eu conseguia pensar em comer ia com o Rafael ao supermercado e, lá mesmo, comia algumas torradas com pastinhas. Era quando eu chorava, dizia que não agüentava mais e ouvia "Come, a gente vai ficar bem".

 Eu não sabia, mas já estava com menos de 40 quilos. Achava que estava bem, mas não só não me olhava mais nos espelhos de casa nem quando escovava os dentes como fazia questão de cobri-los com lençóis. Só não descia do salto, nunca. Meus sapatos de salto alto me faziam sentir um pouco gente e eu vivia com eles, pra cima e pra baixo de morro, entrando e saindo da balsa. "Nossa, é impressionante como você consegue se equilibrar nesse salto e ainda não derramar nada do seu copo", chegou a me dizer um dos balseiros, enquanto eu, em pé e segurando o meu conhaque, atravessava com ele a Lagoa.

 A cada banho, chorando, eu rezava para conseguir tirar toda aquela sujeira do corpo, para lavar a alma junto e ficar limpa de verdade, para fazer evaporar toda aquela cocaína e conseguir depois me olhar no espelho sem sustos. Daí eu me secava, trocava de roupa e ia para um motel cheirar em paz. Às vezes, arrependida, jogava o pó todo no chão e, arrependida mais uma vez, me agachava no carpete e tentava recuperar tudo com uma gilete. Foi assim que começou uma nova paranóia, porque a única coisa que vive mudando na vida de um viciado em pó é sua paranóia.

Nessa época acreditava que o meu pai havia mandado colocar pêlo na minha cocaína, que era para eu parar de cheirar. Eu começava a sufocar assim que vinha a sensação de pêlo no nariz. Então eu ia para o banheiro com um litro de soro nas mãos e, entre uma carreira e outra, enchia as narinas de soro. Passei noites inteiras assim.

Às vezes a agonia diária começava quando eu vestia uma calça jeans, colocava a mão no bolso e descobria um papel, escondido em algum final de noite sem registro na memória. Como todos os finais de noite eram assim, as surpresas nos bolsos e nos sutiãs não eram raras, assim como não era raro eu cheirar antes mesmo de me vestir, apesar de ter decidido, ao acordar, que naquele dia eu tentaria ficar limpa.

O casamento já havia dado seu último suspiro há tempos, mas quando voltei para casa depois de quatro dias de sumiço, Rafael tratou de oficializar a nossa separação. Eu disse que não mexeria um dedo, afinal largara o meu apartamento para ir para aquela ilha de doidões e, apesar de odiar aquela casa, não sairia de lá de jeito nenhum. "Não tem problema, a gente continua aqui mas fica cada um no seu quarto", disse o meu então ex-marido e, o que era bem pior, meu ex-parceiro de drogadição. Dentro da minha lógica sentimental nonsense, eu estava sendo traída. E as noites todas que passamos nos drogando, afinal, não valiam nada?

Valiam, infelizmente valiam. Depois de passar uma semana fora, Rafael voltou a ser o companheiro não de casa, mas das noitadas.

Numa delas, de madrugada, eu estava indócil. Precisava sair para comprar mais se não quisessem que eu quebrasse todos os vidros daquela casa. Como estávamos sem babá, peguei a Maria Julia, que estava dormindo, joguei em cima dela um casaco e a levei junto para a Rocinha. O sereno da travessia da balsa era o de menos. Uma boca de fumo não é exatamente o melhor lugar para levar um bebê no meio da noite, mesmo que ele fique dormindo no banco de trás do carro com o pai postiço ao volante. Eu podia passar noites e noites na Rocinha jogando sinuca com os vapores, mas não precisava levar a minha filha. Não satisfeita, quando cheguei em casa ainda consegui errar o remédio que eu devia dar a ela. Por sorte a Julia melhorou depois de vomitar tudo. Eu poderia, naquela noite, ter matado a minha filha. Pra completar, troquei todas as jóias que ela ganhara desde bebê por provavelmente uma mixaria de papel. Já me desfiz de um Rolex na Cruzada por 15 papéis, o que era a mesma coisa que trocar um carro por uma banana. Quando me perguntavam onde estava o meu relógio, dizia sempre que havia sido assaltada. Eu era assaltada mais ou menos uma vez por semana.

Não demorou para a casa também começar a ser assaltada. Quando eu dizia que queria cheirar e o Rafael respondia "Não vou", eu imediatamente pegava o microondas, a torradeira ou o que estivesse mais à mão e saía para fazer as minhas transações. Videocassetes vendidos foram mais de dez. Na época, o que os traficantes mais gostavam eram de walkman e relógio, mas também aceitavam qualquer coisa quando viam uma mulher magra como um fiapo, cheia de hematomas, sangrando pelo nariz e obviamente desesperada e disposta a dar uma jóia por meio papel que fosse. Era uma troca nada justa, mas também não era justo tudo o que eu estava fazendo com a minha filha, não era justo o Rafael querer me largar, não era justo viver numa casa envidraçada, não era justo sofrer tanto e não conseguir fazer nada a respeito a não ser carregar junto para o poço quem estivesse por perto, inclusive uma criança que mal aprendera a falar.

Quando me obrigaram a ir à festa junina no colégio da Julia, a minha culpa parecia exalar cheiro. Rafael e eu estávamos completamente drogados, era final de tarde e eu não conseguia nem pensar em tirar os óculos escuros da cara. Era como se eu pudesse me esconder atrás deles, mas, enquanto brincava de pescar com a minha filha, tinha certeza de que qualquer um perceberia o meu estado. Quando voltamos da festa, senti que uma missão estava cumprida e fui buscar a minha recompensa. Devo ter feito o mesmo depois do enterro da bisavó Laudimia num cemitério que ficava nos confins do inferno. A minha mãe me obrigou a ir e achei que não pegava bem usar como contra-argumento o fato de ter passado a noite fora me drogando. Por sorte estavam todos muito preocupados com o corpo da falecida para reparar no meu estado. Quando acabou tudo e eu pingava de suor e nervoso, pensei: "Pronto, vamos para a próxima."

"Tia, não estou agüentando, preciso me internar", falei para a Tataia. Ela sempre me dizia para eu ir para a casa dela quando tivesse vontade de usar, e várias vezes segui o seu conselho. "Por que eu não consigo parar?", eu perguntava, chorando, antes de pedir um remédio para dormir. No dia seguinte o alívio era tão grande que eu realmente acreditava que conseguiria parar sozinha. Mas eu sempre ia para a próxima. Não conseguiria parar sozinha nunca se continuasse naquele ritmo. Dessa vez, eu iria me internar por livre e espontânea vontade, se é que a minha vontade ainda tinha algo de livre e espontânea.

"Quer saber de um negócio? Eu vou me internar, vocês todos estão loucos, eu vou para uma clínica porque sei que nós estamos morrendo e eu não quero morrer, eu tenho uma filha", falei para o Rafael, o Cláudio e a Flavia, que, às seis da manhã, dia claro, ainda estavam com cocaína na minha casa, no meu quarto mais exatamente, onde eu fritava na cama tentando dormir. Nem se eu quisesse poderia cheirar mais, simplesmente porque não conseguia, porque o meu organismo já havia pedido misericórdia há mais tempo do que eu era capaz de lembrar.

Já estávamos há dias na rua cheirando quando, naquela madrugada, eu resolvera acabar com a palhaçada. "Nós vamos embora para casa e não quero mais ver a cara de vocês dois", falei para o Cláudio e a Flavia, agarrando o Rafael pelo braço. Meia hora depois de chegar em casa, "Oiê!", eles apareceram de novo – e reabastecidos. "Assim não dá, eu vim pra cá para fugir de vocês, não quero mais cheirar, isso não é normal", eu dizia para três surdos.

Já havia amanhecido quando comecei a falar que deveríamos voltar para o grupo. "Vamos, mas deixa acabar o pó", disse a Flavia, antes de pedir para alguém abrir o seu leite em caixinha. Nunca vira alguém tomar leite como ela, parecia um bezerro. "Deixa que eu abro", falei no meio daquela conversa pancada, em que ninguém escutava ninguém. "Gente, vamos jogar isso fora, vamos voltar para o grupo", eu dizia. "Vamos, sim, a gente vai voltar", eles respondiam, cheirando sem parar. "E o meu leite?". "Porra, me dá aqui que eu abro", disse o Rafael, tirando a caixinha da minha mão. "Eu não vou ficar aqui vendo esse hospício, eu vou me internar", falei. "É, acho que você precisa se internar, sim", disse o Cláudio, depois de mais um teco. "Preciso do meu leite", insistiu a Flavia. "Porra, Flavia, eu vou abrir", falou o Cláudio, pegando a caixinha da mão do Rafael, que, completamente alterado, pegou o telefone para pedir internação para mim. "Ela está muito mal, não pára de cheirar", falava o Rafael. Enquanto eu começava a ficar sóbria e olhava aquela cena maluca, ainda ouvi a Flavia implorando para alguém abrir o seu leite. "Toma aqui esse conhaque e não enche o saco", ela escutou de um dos incapazes de abrir uma simples caixinha de leite.

Por incrível que pareça, um dos malucos da casa conseguiu uma vaga para mim na clínica Fazenda Vale São José, em Teresópolis. Eu deveria estar lá no dia seguinte, que, por uma ironia cruel, era aniversário da Maria Julia. Quando a cocaína finalmente acabou e o povo foi embora, comecei a tentar convencer o Rafael a se internar também. "A gente vai cada um para uma clínica, se trata e depois recupera a nossa família, vamos voltar a ser uma família normal e criar essa criança numa boa", eu dizia de várias maneiras diferentes, até ele ser fisgado. Pode parecer difícil dobrar um viciado, mas não é impossível convencer um desesperado a salvar sua pele. Rendido, Rafael ligou para a mãe: "Preciso conversar com você." Quando ele voltou chorando para fazer as malas – "Estou indo para a clínica hoje" –, sua mãe já não queria mais me ver. Nunca entendi nem perdoei essa raiva repentina. Talvez ela não soubesse que o filho dela poderia ter morrido nessa época com a quantidade de cocaína que estava usando, talvez ela não lembrasse que eu mesma já saíra muitas vezes de madrugada atrás dele, de motel em motel, perguntando se alguém vira um cara com essas e aquelas características, entre elas uma cara indisfarçável de drogado. Então a culpa da desgraça do filho dela era minha, e eu que me danasse. Fiquei tão magoada e decepcionada com ela, sempre tão querida comigo e com a Maria Julia, que não pedi ajuda para mais ninguém. Não liguei para o meu pai, nem para a minha mãe, nem para a Tataia. A idéia de passar uma noite sozinha naquela casa antes de me internar era tão dura que melhor era nem falar sobre isso, porque o coração parecia querer arrebentar.

Por melhor que ela seja, ir para uma clínica é sempre um desespero. Primeiro por não saber o que se vai encontrar pela frente e, ao mesmo tempo, saber que vários sentimentos serão remexidos, levantando a água podre que estava parada debaixo de muita lama. Depois, por ter de assumir a missão de largar a vida anterior, o que dá um luto filho-da-puta. Uma das tarefas mais dolorosas que já cumpri em clínica, por exemplo, foi escrever uma carta de despedida da cocaína. Eu soluçava em cima do papel e não consegui lê-la na terapia de grupo, o que me rendeu muita bronca dos psicólogos. Quebrar o laço com a droga é muito doloroso e, numa mistura de luto, medo e esperança, isso é tudo o que um dependente químico quer.

A última pessoa com quem eu queria falar na vida naquele momento era o meu pai, por isso liguei para a minha amiga Márcia e pedi para que ela fosse, no dia seguinte, ao aniversário da Maria Julia no colégio. Que ela resolvesse o que fosse preciso para a festinha e ficasse com ela, por favor. Depois disso, a dor de arrumar a mala e o silêncio daquela casa ficaram maiores. Olhar para aquelas manchas de sangue nas paredes me fazia lembrar das brigas, das drogas, das reconciliações, das paranóias, do desespero, daquela criança que precisava de uma mãe, mas ela, a mãe, é que estava precisando urgentemente de um abraço materno. Também não sei o que a minha mãe poderia fazer naquele momento, acho que seria capaz de ela falar "Vamos dar um teco que isso passa", ou ficar com raiva de mim, como ficava a cada internação.

Na ilha em frente morava o pai de um conhecido meu que trazia não sei de onde vários objetos importados, entre eles bonecas Barbie. Fui até lá comprar uma boneca para a Julia com o pouco dinheiro que ainda tinha e voltei para levá-la até a condução do colégio. Ela estava linda na balsa, tão pequena, de maria-chiquinha e mochila nas costas, toda feliz porque era o seu aniversário. "Julia, este é o meu presente de aniversário pra você". "Você não vai na minha festa?", ela perguntou, antes de sequer olhar para o pacote. Aos prantos, expliquei que mamãe estava muito doente, mamãe precisava se tratar. "Você volta quando?". "Não sei, a mamãe está muito doente e precisa ir para o hospital, mas eu vou voltar", eu disse para aquela coisinha pequenininha que eu não sabia quando poderia ver de novo e passaria o aniversário de 3 anos sem a mãe. Logo um dos aniversários da infância que me marcaram tanto, graças ao capricho da minha mãe e da minha avó. A Maria Julia teria uma lembrança bem diferente das suas festinhas.

Acho que não precisaria dizer que chorei a viagem inteira em todos os ônibus em que entrei. Chorei. Quando finalmente cheguei, depois de passar por uma estrada de terra que parecia não ter fim, a primeira providência que tomaram foi cortar a minha comunicação com o Rafael, além de me informarem que, com 38 quilos, eu devia estar anoréxica.

O que não me disseram é que, se eu estava mesmo anoréxica, aquela não era uma clínica muito entendida no assunto. De três em três horas, estivesse eu onde estivesse, comecei a ser chamada para tomar um copo de vitamina com leite condensado. Não é bem assim que se trata um distúrbio alimentar. O fato de parar de cheirar e lembrar que as pessoas costumam fazer de duas a três refeições por dia já seria o suficiente para que eu engordasse naturalmente. Com medo de virar uma bola e enjoada com todo aquele doce, comecei a vomitar – prática, aliás, que já conhecia muito bem.

Um dependente químico internado pode ser, nos primeiros dias, muito cordato e pacífico, praticamente um poodle educado. Com o passar dos dias e a lembrança do que é sofrer na mão da cocaína, o personagem vai se tornando mais irreverente. Se me perguntassem, naquela maldita casa de vidro, se eu estaria disposta a fazer tai chi chuan às sete da manhã para me curar, diria que sim. Bem instalada naquela clínica confortável e me sentindo melhor depois de alguns dias de trégua da droga, eu tinha raiva só de pensar na idéia de sair naquele frio, naquela neblina e naquele horário de mau gosto para fazer qualquer tipo de exercício.

Também precisei apenas de alguns dias para me engraçar com um dos pacientes. Quando soube que o cara era dono de um morro em

Jacarepaguá, pensei logo: "Esse é dos meus." Não era para ser nada sério e eu não queria arrumar encrenca, só não sabia mais ficar sozinha e precisava preencher aquele oco que latejava na minha cabeça. Mas clínica é clínica e, mais uma vez, fui desligada por envolvimento emocional. Menos de um mês depois de chegar, voltei de malas nas mãos à estrada onde não passava nenhum tipo de transporte público. "Você pode pedir um táxi pra mim?", perguntei para o rapaz que me acompanhara até a saída. "Não". Devia ser uma espécie de punição idiota, aquela. Ainda perguntei pelo meu paquera e ouvi "Não interessa". Além de não entenderem nada de anorexia eles também não eram nem um pouco gentis.

Eu não sabia nem para que lado deveria ir naquela porcaria de estrada, mas por sorte acabei encontrando com o tal carinha de quem não me lembro o nome e voltamos juntos para o Rio. Fui direto para a casa dele, em Jacarepaguá. Nesse meio-tempo, avisado do meu estado e do meu desligamento, meu pai enxergou o óbvio: eu precisava seguir imediatamente para outra clínica. Deve ter percebido o nível do drama quando a mãe do Rafael lhe entregou a Maria Julia, contrariando o único pedido que eu lhe havia feito. Deve ter levado um susto razoável quando, recém-chegado de viagem, recebeu uma visita inesperada da Eliane, que deve ter dito algo como "A sua filha e o meu filho estão internados cada um em uma clínica, toma aqui a sua neta". Imagino que tenha ficado preocupado, mas não o suficiente para falar comigo diretamente. Foi a Márcia quem me ligou dizendo que eu poderia ir para o Solar do Rio, clínica da Constança. O fato é que, sempre que pôde, meu pai delegou a responsabilidade, como se não quisesse sujar as mãos. Era um direito dele não se envolver tanto, não passar a mão no telefone e me perguntar o que acontecera, ficar cansado de tanta confusão. Mas foi assim que, desde cedo, começamos a nos afastar.

Quando a Márcia chegou a Jacarepaguá disposta a me convencer a seguir para a clínica da Constança, o meu namorado instantâneo ficou desesperado. Eu não podia fazer isso, afinal a gente estava limpo e ia ficar bem, não era preciso um se afastar do outro etc. Dessa vez, no entanto, venci a chantagem e aceitei que a Márcia me levasse até a clínica, em Santa Teresa. Eu queria a minha filha de volta e queria ser uma pessoa normal mais uma vez, se ainda soubesse o que era isso.

Quando o Tito, terapeuta que eu já conhecia há anos, abriu a porta, eu já não conseguia parar de chorar. Chegar ao Solar do Rio era como voltar para casa. Por causa da minha amizade com a Constança, eu vira aquela clínica ser construída, pintada e decorada com bom gosto. Até o cardápio ajudei a fazer e, não fossem as minhas constantes recaídas, talvez eu tivesse me tornado uma terapeuta da casa, tirando proveito dos cursos que fizera ainda grávida da Julia. Naquela hora, o meu choro era de alívio.

No entanto, quando me disseram que o meu tratamento seria de um ano, quando sabia que as internações costumavam levar no máximo três meses, levei um susto. Um ano? "Depois de seis meses você vai poder começar a sair, passar o dia fora e voltar para a clínica", me explicaram. "Beleza, eu topo." Naquela clínica por onde vários famosos já haviam passado, o meu quarto era uma graça. Era como se eu estivesse voltando à minha infância, em que a casa era sempre grande como a própria família, bonita e com toda a infra-estrutura a que se tem direito. Depois de tanto tempo freqüentando os piores lugares do Rio de Janeiro, era um alento estar bem instalada num ambiente onde as coisas funcionavam, a comida era boa e eu tinha até hora para dormir.

Com exceção daquela vez em que Fred e meu pai me internaram à força, nunca resisti muito às internações. Nas outras vezes, não precisava ouvir muito mais do que a palavra "clínica" para arrumar as minhas malas na mesma hora, como uma criança obediente. Todas as clínicas, na verdade, funcionaram para mim como o Stella Maris lá dos meus 15 anos. Nelas, como recompensa por cumprir regras, eu era cuidada e protegida. Era tudo o que eu queria, no fundo. Melhor só se eu tivesse coragem de ligar para a minha mãe e pudesse ver a Maria Julia.

Lá eles entendiam o que era anorexia. Cortar açúcar e farinha brancos da minha dieta foi uma medida emergencial, porque eles sabiam que a compulsão estava na outra ponta do meu distúrbio alimentar. Minhas refeições eram equilibradas e vigiadas tanto quanto eu, que era proibida de entrar no banheiro sozinha se tivesse comido qualquer coisa há menos de uma hora e meia. Se quisesse escovar os dentes depois do almoço, por exemplo, era obrigada a levar o enfermeiro junto.

Em pouco tempo, no entanto, comecei a reduzir bastante a quantidade de comida no meu prato só para poder comer os doces incríveis que a cozinheira fazia. Para se ter uma idéia, uma das sobremesas era pavê de paçoca. Como, sem cocaína, eu podia lutar contra um pavê de paçoca? Com isso perdi o direito de fazer o meu próprio prato e de ter acesso esporádico às sobremesas, o que me irritava tanto quanto a obrigação, a cada terapia familiar, de me apresentar dizendo "Meu nome é Ana Karina, sou alcoólatra, toxicômana, anoréxica e bulímica em recuperação". Além de me sentir mais doente do que qualquer um naquele salão enorme com lustres de cristais e obras de arte, ficava imaginando o que a minha mãe diria se ouvisse mais essa.

Aos poucos ganhei algumas regalias, como um leite condensado que a cozinheira de vez em quando me dava escondido e o passe livre para o escritório, onde ficava de fofoca com a Constança e a Claudia, amiga que também trabalhava na administração. Havia ainda um closet enorme no meu quarto, onde coloquei todas as roupas que o meu pai, mais uma vez, enfiara em sacos de lixo pretos. Eu estava na melhor suíte da clínica e ela só tinha um defeito: a quantidade desconcertante de espelhos. Para quem não conseguia ter espelhos dentro de casa, aquele quarto e aquele banheiro espelhados eram a morte. Cheguei a pensar em me matar jogando um secador de cabelos dentro da banheira, achando que o choque ia me detonar rápido como numa cadeira elétrica, mas a Constança não era boba: todas as tomadas que ficavam perto da banheira estavam desligadas. Foi no Solar que vi, pela primeira vez, a Constança em ação numa terapia de grupo. Fiquei impressionadíssima com a sua competência. Infelizmente, por ser minha madrinha e por isso muito suspeita, ela não podia ser minha terapeuta.

Era o Tito quem segurava a onda das depressões que insistiam em me assombrar passando por cima de todos os quilos da minha bela medicação: remédio para dormir, vitaminas, complexo B, antidepressivos e outros comprimidos que eu já não perguntava mais para que serviam. Foi ele quem teve a paciência monástica de tentar me tirar do closet, onde fiquei deitada com as minhas roupas e de onde, me sentindo acolhida como num útero, não queria sair de jeito nenhum. Depois de várias tentativas frustradas de outros funcionários ao longo do dia, chamaram o Tito para me tirar de lá. "Maria Julia, sai já daí!", ele dizia. Como eu continuava firme na minha recusa, ele apelou para o Téo, um poodle que era a sua paixão e a quem, é claro, eu também havia me apegado. Como dependente químico costuma ter ódio do seu terapeuta, alguns dos internos descontavam a raiva no pobre do cachorro jogando-o na piscina ou colocando-o no alto de uma estante, por exemplo, onde o Téo, ganindo, ficava esperando alguém levá-lo de volta ao chão. Geralmente, era eu que tentava proteger o coitado dos malucos a sua volta. Muito grato, provavelmente, ele também me adotou. "O Téo está aqui te esperando", falava o Tito. "Já fora daí, Maria Julia!". Tito era engraçadíssimo e eu, metida dentro daquele armário, ridícula como costumam ser as pessoas que sofrem de carência crônica.

Enquanto vários dos meus amigos do grupo iam me visitar nos finais de semana, o que fazia com que eu me sentisse ainda mais amparada, eu continuava sem notícias do Rafael e ainda não vira a Maria Julia. Meus pais também não me visitaram, mas com isso eu já estava acostumada. Dessa vez, ao menos, consegui falar com a minha mãe ao telefone em ótimos termos, ocasião em que ela me disse para ficar na clínica e me cuidar. Já era um avanço. Nessas horas eu ficava realmente feliz e, em outros momentos, eufórica. Então sabia que em breve estaria deprimida, se os efeitos colaterais dos meus remédios não tivessem mudado. Daí seria impensável, por exemplo, fazer tai chi chuan. Por que todas as clínicas tinham que empurrar aquele tai chi para cima da gente? Sempre odiei aquele balé desengonçado em câmera lenta e, dessa vez, por transferência, também odiei imediatamente a professora. "O que você está sentindo?", ela perguntava, provavelmente incomodada com o meu mau humor mais do que visível. "Cansaço". "Como assim?". "Respirar me cansa". "Mas você respira o tempo inteiro". "Mas aqui o ar é muito diferente". Não foi exatamente uma surpresa quando eu soube que não precisaria mais freqüentar aquela aula. Na hidroginástica, tive a sorte de pisar num azulejo rachado assim que entrei na água, o que bastou para que eu saísse gritando que o meu dedo estava sangrando e que nunca mais entraria naquela piscina. Já da ginástica convencional eu só não conseguia me livrar quando o Tito estava na clínica. Estivesse eu onde estivesse, ele mandava me buscar. Num desses dias desci de jeans, salto alto, óculos escuros e cigarro na mão para pedalar na bicicleta ergométrica. "Vai colocar um tênis imediatamente", ele me disse, sem acreditar no que estava vendo. O nosso *personal*, por sua vez, lavou as mãos: "Eu tentei, Tito, não adianta." "Não tenho tênis, só sapato de salto", falei. Era a mais pura verdade. Para fazer a tal da ginástica, tive que pegar com a Claudinha um tênis emprestado depois de ouvir alguns gritos do Tito, morrer de medo e subir correndo para trocar de roupa.

Em dois meses, com alguns quilos a mais, eu já era uma figura bem mais decente. Estava pronta para ver a minha filha, com quem já vinha falando pelo telefone de vez em quando. No dia da visita, tinha certeza de que ela ia me rejeitar. Afinal, agora ela estava numa casa decente, com banho todos os dias, comida gostosa, roupas limpas e provavelmente muitos brinquedos, vida que ela esquecera que existia naquela fatídica casa da ilha. Por isso custei a acreditar naquela menina de vestidinho azul-marinho e branco de princesa, rabo-de-cavalo e braços abertos correndo pelo jardim na minha direção. "Mamãe!", ela gritou enquanto corria, literalmente, para o meu abraço. Nunca me esqueci daquela cena nem do alívio que ela me trouxe. A partir daquele dia, passamos a nos falar todos os dias pelo telefone.

Eu já conquistara autonomia para pegar o Téo e ir com um acompanhante à locadora, vez ou outra, além de falar ao celular, o que era uma delícia. Também ia acompanhada ao cabeleireiro e, em alguns momentos de suprema felicidade, saía para ir ao shopping. Certa vez, no Fashion Mall, feliz da vida, comprei várias peças de roupas para o meu colega Paulo Marcelo, que me ligava da clínica fazendo encomendas. O cartão de crédito que eu estava usando era dele e as roupas compradas também, mas eu estava adorando o programa. Era uma maneira de a Constança nos socializar, de certa forma, e fazer com que a gente voltasse a dar valor às pequenas e boas coisas da chamada vida normal.

Não dava para dizer que aquela vida de clínica não tinha um quê de divertida. Como a minha estada era muito mais longa do que a maioria das internações, eu via entrar e sair personagens que, não fossem tragédias personificadas, seriam engraçadíssimas. Quando chegava algum novo "detento", como eu falava (e posso dizer que esse jargão pegou em algumas clínicas do Rio de Janeiro), eu ia até a administração e perguntava logo: "E aí, é *arco* ou *tarco*?", querendo saber se o novo colega era viciado em álcool ou pó ("talco").

Clóvis, psiquiatra, dono de clínica de dependência química, cabelos grisalhos e tão fofo que parecia o ursinho da coca-cola, era viciado em *tarco*. Demorei para confirmar essa suspeita, porque na noite em que ele chegou na clínica bem na hora do jantar ele estava, aparentemente, mais bêbado do que qualquer outra coisa. No dia seguinte, quando perguntei qual era o problema dele, ele tentou confirmar: "Não tenho problema nenhum, só tomei um drinque". "Você cheira?". "Eu não cheiro cocaína". Mas aquela cara de cheirador não me enganava, e dias depois, na sessão de terapia, ele deixou escapar a irrecuperável frase "Naquele dia eu tinha cheirado". "Mas você não disse que não cheirava?". Era ótimo poder cair na pele de outros viciados. Mas Clóvis estava tão mal que precisou ir ao hospital fazer uma desintoxicação antes de ficar na clínica de vez, por isso levamos um cartão lindo no dia de visita, dizendo que estávamos todos esperando que ele voltasse logo. Apesar das agressões verbais que sempre acontecem em qualquer casa onde várias doenças se juntam numa mesma sala, aquele era o grupo de recuperação mais unido que eu já tivera oportunidade de freqüentar. Talvez porque aquele estivesse sendo o meu recorde na categoria internação. Gostei de verdade de várias pessoas daquela casa, e até hoje me lembro do Clóvis tentando trocar comprimidos comigo: "Se você me der o seu Efexor te dou o meu Rivotril." É claro que a enfermagem sempre estragava os seus planos, mas é melhor lembrar esse Clóvis engraçado do que aquele que morreu de overdose.

Maria Inês também era uma figura. Chegou descendo as escadas tão bêbada que, dessa vez, não tive dúvidas de qual era o seu time. Principalmente porque também chegou com os dentes da frente quebrados, graças a um tombo do qual ela, provavelmente, não se lembrava. "Aceito um drinque, sim, pode ser uma caipirinha", ela disse quando lhe perguntaram se queria beber alguma coisa. "Pode trazer duas, que eu também aceito", falei. Se ela podia beber porque estava bêbada eu também queria, ora. Alguns olhares incrédulos voltaram-se pra mim e disseram: "Você está numa clínica, aqui não tem caipirinha." Era o que eu suspeitava.

Com o tempo, até ir à igreja com a Constança era um ótimo programa. Ela devia achar que estava me convertendo, mas o que eu queria era sair para qualquer lugar que fosse. De igreja a velório, passando por reuniões do NA, estava achando tudo o máximo. Constança estava me dando uma outra chance em vários sentidos. Não só como profissional da clínica, mas também como amiga que ainda sentia raiva quando lembrava que o Cartier que ela me dera de presente tinha sido trocado por droga em algum morro do Rio de Janeiro, por exemplo.

Foi numa dessas saídas ao NA de Ipanema que conheci o Marcelo. Ele era forte, tinha a pele dourada, olhos azuis e parecia uma versão mais máscula do Rick Martin. Foi simplesmente um dos homens mais bonitos que conheci. Eu também já era uma versão mais bonita da Ana Karina: ganhara corpo, estava em paz com o cabeleireiro e com as minhas roupas e, principalmente, podia dizer que voltara a ter cara de gente. Deve ter sido por isso que, ao final da reunião, ele veio falar comigo. "Estou internada", falei logo, incomodada com o enfermeiro que não saía da minha cola. "Você vai sair quando?". "Bom, pelas minhas contas, acho que faltam pelo menos oito meses". Na falta de outras possibilidades, trocamos telefone e eu disse para ele ir me visitar. "Vou sim." Dois dias depois ele estava na clínica, para o ódio mortal da Carol, terapeuta por quem eu não morria de amores. Anos depois eu teria motivos para agradecê-la, mas naquela época eu simplesmente não a suportava. Recebendo o Marcelo eu estava, segundo ela, colocando a integridade da clínica em risco. Ela queria era encher o meu saco, porque ele não estava recaído e podia, sim, me visitar por algumas horas. O resultado daquela recepção nada amistosa foi que, ali, eu pude ver quem realmente era o Marcelo.

"Olha aqui, minha filha, você não está falando com qualquer um não, eu sou um doutor, está pensando que está falando com quem, garota?", gritou ele, batendo com o cinzeiro na mesa. Naquele momento eu podia ter desistido daquele dentista que se achava um deus e cheirava a encrenca, mas vocês já me conhecem. Para organizar a história, Constança peitou o rapaz e estabeleceu uma condição: ele poderia me visitar desde que freqüentasse, semanalmente, as sessões de terapia familiar. Marcelo não só topou como também passou a me visitar todos os finais de semana.

Por isso, quando fui desligada por uma semana por envolvimento emocional com um menino de 18 anos – Junior, que conhecera antes do Marcelo e não rendera mais do que um namorico bobo de clínica –, achei ótimo. Eu poderia finalmente ficar com o Marcelo fora dos limites da clínica, e aquela idéia me soava como tirar férias, como ir para Búzios em alto verão. Se eu ficasse limpa durante essa semana, poderia voltar para a clínica. Se recaísse, estaria desligada. "Ana Karina, essa decisão está doendo muito mais em mim do que em você", dizia o Tito no meu quarto, enquanto eu arrumava a minha mala. "Não fica assim não que eu volto, semana que vem estou aí", respondi, felicíssima por dentro. Eu continuava sem notícias do Rafael e, embora ainda não tivesse consciência disso, já não acreditava mais que pudéssemos voltar a ser uma família.

Fomos para a casa da Marli, minha colega de internação e primeira pessoa que conheci com dependência de coca-cola light. Não, não era por causa do refrigerante que ela estava internada. Marli era codependente, não me perguntem o que é isso, e o hábito de tomar cerca de vinte latas de coca light por dia era o menor dos seus problemas. Mas foi generosa ao nos emprestar a sua casa. Marcelo e eu ficamos com um quarto tão bom que até sauna tinha – foi o suficiente para que ficássemos lá a semana toda, sem botar os pés na rua.

Quando cheguei de volta à clínica, bem-humorada e com uma pele ótima, Tito deve ter ficado com ódio de mim. Já havia, da parte dele, uma pressão velada para que eu voltasse para o Rafael. Para o meu terapeuta, eu devia ficar com o pai substituto da minha filha se quisesse reconstruir a minha vida. Não interessava se a linha que dividia a sua abstinência da droga era tão tênue quanto a minha, nem se ainda gostava dele ou não e muito menos se estava apaixonada pelo Marcelo a ponto de falar com ele ao telefone o tempo inteiro. Chegamos a fazer a mesma tatuagem horrorosa, que era uma cobra enrolada num punhal. A dele tinha olhos verdes, e a minha, azuis. Lembrem-se, o cara era um doutor.

Ao mesmo tempo, quando sentia que voltar para o Rafael poderia significar a recuperação da tão falada família, ficava confusa. Achei que ter notícias dele poderia me ajudar de alguma forma, e consegui falar com a Vila Serena, onde ele estava internado. "O Rafael? Ele foi embora ontem", ouvi. Antes de desligar o telefone eu já estava em prantos. "Esse tempo todo tentei falar com o terapeuta do Rafael porque achei que era importante que vocês conversassem, mas eles proibiram o contato e o Rafael já teve alta", me explicou o Tito. Rafael era bom aluno, sempre saía de alta em todas as internações.

Mais uma vez me senti traída, com raiva daquela clínica que não parecia ter entendido que quem quis se tratar fui eu, e que fui eu quem convencera o Rafael a fazer o mesmo. Se os meus terapeutas me proibissem de falar com ele eu entenderia, mas não o contrário. Não era esse o combinado. Nós deveríamos sair juntos, ou ao menos nos falarmos quando a alta estivesse próxima. Eu podia não ter mais certeza dos meus sentimentos por ele, mas não havia esquecido dos nossos planos. E estava cansada de ser sempre a vilã. Não fora eu quem recomeçara a cheirar na ilustre companhia do meu irmão, lá naquele apartamento em Ipanema.

Foi nesse dia que entendi, por linhas um tanto tortas, o significado da palavra respeito. Enquanto eu chorava olhando por uma grade aquela vista linda de Santa Teresa, Tito ficou em pé ao meu lado, em silêncio. Estava ali só para dizer, sem palavras, que eu poderia contar com ele para qualquer coisa, mas que ele respeitava a minha dor e, por isso, me deixaria chorar em paz. É estranho, mas apesar de toda a tristeza que aquele momento carregava lembro dele quase com carinho. Deve ser porque a vida é mesmo cheia de paradoxos.

Ao mesmo tempo que queria ficar com o Marcelo, me sentia traída pelo Rafael e me doía muito a idéia de vê-lo escapulindo pelos dedos, solto numa vida que eu não poderia ter tão cedo lá fora, naquele mundo exterior do qual eu já não tomava mais muito conhecimento. Eu não queria voltar para o Rafael, mas ele era a minha história, enquanto o Marcelo era uma paixão recente. Os dois tinham dificuldade para ficarem limpos, mas o primeiro era o pai substituto da minha filha, mesmo que não me atraísse mais como companheiro. Por isso, quando ele me procurou e participou de uma reunião da clínica, tive de, aos prantos, terminar com o Marcelo. Era isso ou sair da clínica, me disse o Tito, e tudo o que eu queria era levar aquele tratamento até o final. Mesmo tendo mais seguido uma ordem do que tomado uma decisão de verdade, eu não sabia se havia feito o que era certo e não saberia nunca, porque, tivesse feito o contrário, provavelmente teria a mesma sensação.

Nessas horas, quando me via pressionada a tomar alguma decisão importante, o banheiro era sempre um lugar muito perigoso. Eu sentia que já havia errado tanto que, a cada nova encruzilhada, era como se não tivesse mais o direito de escolher a rua errada. Eu não podia vacilar mais uma vez, não de novo, não agora. Fui até a enfermaria e, dando uma volta na profissional que me vigiava e por isso levava o apelido de "carcereira", peguei uma gilete. Consegui me trancar no banheiro antes de a carcereira me alcançar, mas, como dá para perceber, não fui eficiente o bastante para conseguir me suicidar.

Do mesmo jeito que, aos 14 anos, não tinha noção da gravidade que a idéia de um seqüestro denotava, também demorei muito, praticamente a vida inteira, para entender a seriedade de um suicídio. Só depois de muito tempo de terapia entendi que o suicídio não era bem a forma mais indicada para agredir quem estava me agredindo. Não que eu não quisesse, sim, morrer de verdade e ter um alívio de toda aquela dor que insistia em me ocupar inteira, mas o que eu mais desejava, na verdade, era que as pessoas se sentissem irremediavelmente culpadas pela minha morte. Muitas vezes voltei a usar drogas por isso, para deixar mais alguém com dor na consciência além de mim.

Nas vezes que me cortei com gilete, deixei escapar o gás do banheiro, tomei Valium de meia em meia hora enquanto assistia televisão, misturei cocaína com os mais variados tarjas pretas e quantidades industriais de álcool, me joguei em cima de carro, era a mim que eu estava agredindo. Simples, não? Mas o fato é que passei a vida inteira me sacaneando para sacanear o outro, sem parar para pensar que morrer era perder qualquer outra chance de ser algo mais do que um porta-retratos na estante. Na frente dele de vez em quando depositariam alguma rosa, como a minha avó fazia com a foto da minha tia Ana, e só. Finalmente, o que era pior: nada me garantia que eu poderia, ao menos, assistir de camarote ao sofrimento da minha família e de alguns dos meus maridos.

Quando completei seis meses de clínica, fui liberada para sair com o Rafael e voltar no dia seguinte. No dia seguinte eu já tinha certeza de que a nossa história acabara e que o que eu queria mesmo era ficar com o Marcelo. Mas também tinha certeza de que não queria ser desligada e nunca mais conseguir ver a minha filha, logo não tinha certeza de nada.

Tomei a atitude mais fácil, que era namorar o Marcelo escondido. Num dos finais de semana em que eu podia sair para ficar com o Rafael, marquei com ele no final do dia no meu cabeleireiro, quando já teria encontrado o Marcelo num grupo do NA na Glória, perto da clínica, e passado o dia inteiro com ele num motel, apaixonadíssima. Não sentia que estava traindo o Rafael porque ele já havia se transformado num marido burocrático. Eu ainda tinha carinho por ele, é claro, mas ficar do seu lado me parecia mais um exercício de grupoterapia do que uma opção pessoal.

Quando ele foi me buscar na porta do cabeleireiro, no entanto, não era mais nem um marido burocrático nem uma pessoa por quem eu ainda tinha carinho. "Estou com mil dólares aqui, o que vamos fazer?", ele disse. Era o sr. Diabo em carne e dentes. "Cara, estou internada e você acabou de ter alta", falei, antes de pedir para ele me levar de volta para a clínica.

O que o meu terapeuta não entendia é que o Rafael, para mim, deixara de ser uma pessoa. Ele era a encarnação da cocaína, e não há nada menos humano do que isso. Uma pessoa não me levaria a pedir, antes de subir a ladeira que levava à clínica, para parar em um dos botequins da Glória. Uma pessoa talvez conseguisse enxergar em mim outra pessoa que toma decisões na vida que merecem, no mínimo, alguma reverência. Uma pessoa de verdade talvez não me atormentasse daquele jeito, jogando a isca e depois fingindo que a decisão era só minha, tocando na ferida de quem acabara de tentar o suicídio porque, entre outras coisas como estar longe da filha, era obrigada a ficar com um marido do qual não queria mais sequer um beijo. Quando pedi para parar num botequim, ele me perguntou para quê. Ele sabia muito bem o que eu fazia dentro de um botequim. "Não, é melhor não", disse o santinho do pau oco. Queria que a mãe dele visse aquela cara sonsa e deslavada. "Me dá um conhaque duplo." Era como se um bicho estivesse se mexendo dentro de mim, arranhando o meu peito e comendo todas as células do corpo. "Agora vamos cheirar."

Seis meses de jejum são o suficiente para secar a esponja e fazer com que o reencontro com a cocaína seja bem intenso. Ela volta à tona com carga total e é preciso beber muito para continuar cheirando muito. Fiz tudo isso e acabei apertando no meu celular, sem perceber, o botão de discagem rápida para o Marcelo, que ouviu tudo que estava se passando na casa da Flavia. Deve ter ficado um bom tempo na escuta, porque conseguiu entender onde eu estava e se escondeu na portaria do prédio – no NA, não havia quem não conhecesse o prédio da Flavia. Quando desci com o Rafael, me lembro de ter visto um pé voando no peito dele.

Depois de alguns socos os dois resolveram me segurar, cada um de um lado. "Solta a minha mulher", gritava o Rafael. "Sua mulher nada, ela passou a tarde inteira comigo", gritava o Marcelo. Seu Arnaldo, porteiro da Flavia, assistia à cena sem saber o que fazer. Aquele homem nunca poderia imaginar as coisas que veria naquela portaria: já presenciara meu pai dando tiros para o alto e eu aos berros com a Flavia, dizendo que queria o último teco que resolvera deixar com ela e, no percurso do primeiro andar para o térreo, me arrependera completamente. "Eu quero o último teco, me dá o meu teco, me dá o meu pó!", eu gritava para a janela do primeiro andar. Seu Arnaldo sabia das coisas.

No meio daqueles dois homens se digladiando por mim, o que senti não podia ser chamado de vaidade. Só conseguia pensar que de um lado estava o pó, e de outro um cara por quem eu estava apaixonada. Não era uma decisão fácil. Acabei indo embora com o Marcelo, mas o convenci a comprar para mim um último teco, sempre tem um último teco. Ele, que estava limpo, se meteu em algum buraco de Copacabana para comprar o meu pó, reforçou a mercadoria com uma garrafa de vinho e me levou para um motel, onde apaguei depois de beber a garrafa toda.

Quando abri os olhos, não havia na minha cabeça a menor pista de onde eu estava. "Vamos, vou te levar para a clínica", ouvi o Marcelo dizer, e a lembrança do que acontecera na noite anterior baixou na minha cabeça como um espírito ruim. Àquela altura, a clínica inteira já sabia que eu recaíra. É incrível como as notícias correm rápido entre os sóbrios. Quando vi que as minhas malas já estavam separadas na porta do quarto junto com o meu saco de medicação, percebi que não teria conversa. Era mais um desligamento para a minha coleção de fracassos. Eu estava na rua de novo, sem paz e sem a minha filha.

capítulo 7

Da macumba ao Pinel

Eu sabia muito pouco sobre o Marcelo. Sabia que era dentista, bonito e esquentado. Uma pessoa sensata não consideraria isso suficiente para juntar as escovas de dentes, mas eu não era uma dessas pessoas. Além do mais, na minha lógica de dependente, Marcelo havia se tornado o meu salvador. Fora um ato heróico, afinal, me tirar de perto do Rafael, com quem eu teria emburacado em mais uma série de dias regados a álcool e cocaína e correria mais do que nunca o risco de morrer de overdose, depois de seis meses limpa. No posto de protetor, portanto, Marcelo era mais um louco tão disposto a cuidar de mim que fez questão de avaliar todas as minhas receitas médicas. Era o roto que se achava médico falando do rasgado que dizia ser seu paciente, mas o que valia em toda a maluquice era a boa intenção.

Alugamos um apartamento em Ipanema, já que seria inviável ficar na casa dos pais dele. O pai do Marcelo, uma das pessoas mais rudes que já conheci, era daqueles que acham que homem que é homem não usa xampu. Quando conheci a figura, aliás, entendi um pouco melhor o temperamento agressivo do Marcelo, capaz de bater com a cabeça no volante ou jogar o carro no poste numa briga. Na verdade, Marcelo era bem parecido com o Juliano, e eu começava a repetir as minhas historinhas: conhece um cara do grupo, se apaixona, vai morar junto, faz pacto de não cheirar mais, ganha um cachorro, volta a cheirar, briga, separa, volta, se interna, briga, separa, volta. Cumpri esse ritual várias vezes na minha vida, antes e depois dos 20 anos. Os personagens eram sempre muito parecidos, só mudavam os nomes, o contexto e os endereços.

Marcelo, como o Fred, por exemplo, também tentou dar uma de bombeiro. Quando bebi pela primeira vez depois de ser desligada, apareceu no botequim para me buscar. Eram um tanto óbvios os lugares que eu costumava freqüentar. Na segunda vez ele fez a mesma coisa e na terceira resolveram me internar de novo, antes que a coisa toda degringolasse ainda mais. Acabei em Petrópolis na clínica do Clóvis, aquele psiquiatra que conhecera no Solar do Rio e que era tão dependente quanto eu. Ainda assim, era melhor estar lá do que na rua, perto dos botequins que insistiam em ficar perto dos morros.

O nome da clínica era Pousada das Bromélias, e ela parecia mesmo uma pousada. Todos os quartos tinham telefone e os enfermeiros eram todos muito gentis. Ninguém regulava um Valium, era só pedir. Boa parte dos pacientes era alcoólatra e a outra era doente mental, mas os doidos eram bem mais calmos do que os do Pinel, o que já era uma vantagem. Lá encontrei a Ester, uma menina que conhecia desde os tempos da Urca, na minha infância, e que pelo visto fora abandonada pela família naquela "pousada" há tempos. "Me leva embora, eu quero ir para a Urca, você tem ido na murada?", ela me dizia, enquanto um horror de pena daquela mulher roída por anos de medicação pesada me assolava. Eu também poderia acabar os meus dias daquele jeito, era só continuar me entupindo de remédios como já estava fazendo.

A clínica também era light no quesito segurança. Quando enjoei de ficar lá vendo televisão, desenhando e tomando Valium, pedi para o Marcelo me buscar. Saímos pela porta da frente. Na segunda vez que me internei saí exatamente do mesmo jeito, mas antes ao menos me comprometi a iniciar uma terapia semanal na clínica. Era só o que me faltava, fazer terapia em Petrópolis morando em Ipanema. Aceitei o programa de índio, no entanto, porque já perdera a noção do que era ou não uma roubada.

Subir a serra para fazer terapia, aliás, era o menor dos dramas. Pior era o meu novo marido não aparecer para me buscar porque, provavelmente, estava tão fora de ar quanto o seu celular. Demorei tanto para conseguir falar com ele que deu tempo para pedir mais um Valium. "Vem me buscar, seu filho-da-puta, eu estou numa clínica e você está aí se drogando", falei, quando finalmente consegui um contato nada sóbrio. Não sei como o Marcelo conseguiu chegar até lá dirigindo nem como continuou no volante rodando por Petrópolis, onde passei do Valium para o conhaque, do conhaque para etc. O dinheiro acabou tão rápido que Marcelo quis vender o rádio do carro num bar de viciados, mas não deixei. Não que eu também não quisesse mais pó, o que eu queria era dar algum formato à minha raiva por ele, Marcelo.

Viciado tem muita facilidade para conhecer pessoas, e conhecemos algumas nessa noite. Espero sinceramente que nenhuma delas se lembre de nós. De madrugada nosso estado já era tão deplorável que decidi que voltaríamos para a clínica. Lembro que nos deram um banho e colocaram nas nossas veias uma mistura de soro com Diazepan. Serviu bem para nos derrubar, mas quando acordamos, de manhã, continuamos brigando e fomos embora em direção ao Rio sem nem mesmo pagar a conta, que tive de acertar anos depois.

Eu já não queria mais ficar sob o mesmo teto que aquele Marcelo obsessivo, ciumento e doente que estava por trás do Marcelo que até então era só dentista, bonito e esquentado. Peguei todas as minhas coisas e voltei para a casa do meu pai, que obviamente já tivera tempo para odiar o Marcelo. Ao menos, dessa vez, tentei poupar a Julia, que continuava aos cuidados do meu pai e esteve com o Marcelo apenas duas vezes. Não chegamos a nos separar de vez, apenas voltamos a ser namorados que saem juntos quase todos os dias.

As pessoas perdem um tempo muito grande na vida mergulhadas na ilusão de que podem mudar ou controlar o outro. A gente não muda nem controla ninguém, e as pessoas só mudam quando querem mudar. É uma regra irritante, concordo, mas inviolável. O meu pai ainda não sabia disso e voltou a me obrigar a acordar cedo. Dessa vez não era a praia o meu ponto obrigatório, era a academia. Eu acordava cedo com um mau humor infernal, pegava um tênis da Mirian emprestado e ia para a academia me sentir como um peixe fora d'água. Enquanto isso, Marcelo e eu tivemos o mau gosto de ficar noivos. Se aliança de noivado já é um mico, que dirá uma fileira delas, como era o meu caso. Até do rapaz de quem não me lembro o nome, com quem me envolvi na clínica Fazenda Vale São José, lá em Teresópolis, também havia ficado noiva, de aliança e tudo. Não contei antes por vergonha, mas aí está: até os pais dele chegaram a ir à clínica para me conhecer. Não é que eu não gostasse dos meus noivos, mas eu não precisava ficar noiva assim, como quem marca um cinema.

Já andava tão desesperada para ficar limpa de vez que estava topando de tudo, de macumba a processos de recuperação de dependência química nada convencionais como o Fisher Hoffman – uma terapia maluca que nos fazia matar simbolicamente nossos pais e todos os padrões destrutivos adquiridos através deles. Éramos orientados a escrever em alguns papéis tudo que ouvíramos de negativo dos nossos pais e colocá-los num saco (não os pais, os papéis) que seria espancado no jardim com uma espécie de cassetete. Não, não é brincadeira. É manipulação psicológica, mesmo, de quinta categoria. "Vai, bate naquele que te causou dor, que te abandonou", gritavam os terapeutas em volta de uma turma de loucos batendo em seus sacos de lamúrias. Tinha um dia da mãe e outro do pai, que era para as pancadas serem bem direcionadas. Não satisfeitos, eles também matavam os nossos pais, dizendo para fecharmos os olhos e imaginarmos que eles estavam entre a vida e a morte no hospital. O que gostaríamos de falar para eles naquele momento? Depois eles morriam, e cada um tinha uma florzinha para colocar no túmulo e rezar. Acho que não valia dar pancada no túmulo.

Não comprei por um só minuto aquela enganação, principalmente porque o Marcelo não parava de ligar para o meu celular. Sim, os celulares eram proibidos naquele psicodrama, mas estar acessível fora condição imposta pelo Marcelo para me deixar matar meus pais de brincadeirinha em paz.

Na verdade, o que eu queria com mais essa tentativa de me curar, indo até Itaipava para cumprir aquela encenação constrangedora, era me livrar do Marcelo, da mesma forma que fui para o resort para me livrar do Juliano. Os homens possessivos e ciumentos pareciam ser uma sina na minha vida e, além da cocaína, eu também precisava me livrar deles e de toda a lengalenga de termina e volta dos nossos, ai, noivados. Eu gostava do Marcelo, mas ele também já virara uma doença da qual eu precisava me curar e não conseguia. Quem eu queria matar era ele, não os meus pais.

Enquanto o Marcelo recaía dia sim, dia não, e criava a cada dia um problema diferente, eu tentava segurar a onda na casa do meu pai. Porque até os viciados podem ter bom senso de vez em quando: como eu via que o Marcelo estava de novo mais do que recaído, me mantinha limpa para poder segurar a barra e tentar consertar as confusões que ele criava. Dentre as várias dinâmicas de casais de dependentes químicos, aquela me parecia até muito saudável.

Como de praxe, a tal dinâmica saudável durou pouco. Depois de uma das nossas incontáveis brigas, saí da casa dele direto para um botequim de Copacabana. Conhaque, conhaque, conhaque, e mandei os meus saltos altos subirem o morro do Pavão. De lá fui para a casa da Flavia, e hoje acho que aquele apartamento era uma espécie de central de informações. Quando eu baixava por lá, não raro alguém me descobria. Dessa vez foi por meu próprio intermédio, porque liguei para uma amiga que estava limpa e, sorte ou azar, conhecia o Tito, que foi devidamente avisado. Quando o meu pai ligou para a casa da Flavia e perguntou se eu estava lá, ela não teve coragem de mentir. Talvez porque pudesse vê-lo pela janela, em pé em frente à portaria do seu prédio e com uma arma na mão.

"Eu vou dar tiros pra cima se não descer todo mundo", gritava o meu pai, lá de baixo. Lá em cima estavam a Flavia, um traficante que era seu namorado e a Rilna, uma amiga do NA. Rendida, desci as escadas ainda com cocaína no bolso. Rilna, com a perna quebrada e completamente drogada, desceu alguns minutos depois. "Estou limpa há sete anos, deixa que eu cuido dela", disse para o meu pai. "Não, obrigado, pode deixar comigo." Ele já aprendera alguma coisa sobre os dependentes químicos.

"Preciso de mais um conhaque e de um remédio para dormir", falei, já no carro com o meu pai e o Tito. Estava difícil conseguir o remédio sem receita, e meu pai resolveu então garantir o conhaque, parando em frente a um bar do qual não lembro nem o cheiro, mas lembro que dei um teco no banheiro antes de beber mais uma dose. Já de volta no carro, senti que precisava beber mais, e meu pai parou em outro bar. "Deixa que eu vou lá comprar", disse. "Dose dupla". Enquanto esperava sentada no banco da frente, achei que era uma boa hora para dar o último teco. "Sua louca, você quer que todo mundo aqui vá preso?", disse o Tito, dando um tapa na minha mão e derrubando todo o pó. Eu havia esquecido completamente do Tito no banco de trás, mas naquele momento voltei a estar mais do que ciente da sua presença desagradável. "Você não fez uma coisa dessas, era o meu último teco!", gritei. Eu queria matá-lo, mas estava muito ocupada tentando lamber o banco de couro. Quando meu pai chegou e começou a gritar comigo, quis matá-lo também, mas já não estava escutando mais nada, só queria meus últimos gramas de volta.

Quando desisti de recuperar todo o pó, sugeri que me levassem para o Pinel, "Lá vou ter remédio pra dormir e terapeuta." Quando chegamos lá, conversei civilizadamente com um médico por cerca de cinco minutos, quando ele concordou em me medicar e me liberar em seguida, desde que o Tito se responsabilizasse. No sexto minuto de conversa, não sei bem como nem por que, virei a mesa em cima do médico, literalmente, decerto revoltada porque o que eu queria mesmo era cheirar mais.

Virar uma mesa em cima do médico não é o melhor a se fazer dentro do Pinel, e eu, que até carteirinha da instituição tinha, deveria saber bem disso. Quando o médico me segurou pelos braços, vi que as minhas chances de ir embora com o Tito estavam zeradas. Não satisfeita, quando cheguei ao andar de cima e engoli um remédio qualquer, continuei azucrinando. "Ah, é? Vocês vão me deixar aqui? Então vou acordar todo mundo!", gritei, caminhando para a ala psiquiátrica, que era onde eu deveria estar mesmo, com toda aquela mistura de álcool, pó e calmante na cabeça. "A gente vai ter que te conter", falou o enfermeiro. Perto dos 25 anos, eu já passara por muita coisa na vida. Mas ainda não havia sido amarrada numa cama do Pinel.

No dia seguinte, às sete da manhã, meu pai e o Tito apareceram para me buscar. Quando me desamarraram e pude me levantar, desmaiei na mesma hora. Eu já estava de novo com menos de 40 quilos e, no colo do Tito, como disse o próprio, parecia uma pluma.

Ele também me disse que nunca vira o meu pai tão desesperado, com um olhar tão cheio de medo de me ver morrer. Deve ter sido porque os médicos ficavam dizendo que eu ia entrar em coma. Por isso me puseram rápido de novo no soro, e tome mais medicação. Resolveram me amarrar de novo não porque eu ainda estivesse alterada, mas por causa do meu pânico de agulhas.

"Dá para me desamarrar, por favor?", falei assim que acordei, como se os loucos fossem eles e não eu. Liguei para o meu pai pedindo para que ele me buscasse, conforme o combinado, e enquanto ele não chegava resolvi dar uma volta. Precisei apenas de alguns passos para ouvir uma voz conhecida. Era a Rilna, de calcinha e sutiã, gesso na perna e bebendo água da torneira da pia. "Rilna, que cena patética, a que ponto você chegou", falei. "Ana Karina, há cinco minutos você estava amarrada numa cama, quem é mais patética aqui?" Que coisa louca, eu precisava ir embora daquele lugar antes que me internassem de vez.

"Aquela não era a sua amiga que disse que ia tomar conta de você?", perguntou o meu pai quando viu a Rilna exatamente do jeito que acabei de descrever. "É, pai, deixa pra lá, vamos embora." Cada vez que o meu pai entrava no Pinel ou em alguma clínica e via algum conhecido meu, suas esperanças minguavam mais um pouco. Ao mesmo tempo, cenas como aquela iam se tornando cada vez mais normais nas nossas vidas.

De volta à casa do meu pai, fui atendida pela psiquiatra Magda Weisman, recebi uma medicação pesadíssima e a verdadeira junta médica que já me atendia convenceu o meu pai de que eu deveria ir para Londres. "O negócio é o seguinte, vamos colocar ela de pé para levar embora do país", disse o Tito. Cocaína em Londres é caro e difícil de conseguir, portanto aquela era uma maneira de me afastar das drogas e, de quebra, mas não menos importante, de amigas como a

Rilna e principalmente do Marcelo, que soube de todo o ocorrido no Pinel e não se dignou nem mesmo a me dar um telefonema. Como as clínicas pareciam não surtir efeito e eu não queria voltar para o NA de jeito nenhum, estava decidido: não bastava mais sair de Ipanema, eu precisava sair do Brasil. Era parar de vez ou morrer de vez, já que o fantasma da overdose final chegava cada vez mais perto. E como naquele momento eu não tinha condições de ir nem até a esquina, eles antes teriam que cuidar do meu preparo físico.

Foi quando tiveram uma idéia brilhante para, como disse o Tito, me colocar de pé. Como a Mirian não devia mais suportar a idéia de me ter dentro de casa, me levaram para aquele maldito apartamento do Rio Comprido, que até então estava vazio. Fizeram algumas compras de supermercado, juntaram algumas roupas, inúmeros remédios e me deixaram lá, sozinha, no mesmo lugar onde eu já tentara me matar, de onde fugira e onde me lembrava do Juliano cada vez que olhava para a janela – a mesma de onde, sentada e tremendo feito vara verde, liguei para a psiquiatra pronta para pular. Eu não estava agüentando os efeitos colaterais de tantos remédios, comecei a emagrecer mais ainda porque não conseguia comer nada e poderia apostar, naquela hora, que estava com uma respeitável síndrome do pânico. Eu tinha certeza de que ia morrer e, entre morrer de efeito colateral ou pulando pela janela, eu preferia a segunda opção.

Deve ter sido por desespero, horror àquele apartamento e às lembranças do Juliano que acabei voltando para o Marcelo, escondida do meu pai. Foi ele quem passou comigo algumas noites de pânico, sem deixar de reclamar daquele apartamento. "Olha só o que você conseguiu fazer, de uma cobertura em Ipanema com toda mordomia veio parar aqui", ele me disse. Não me senti muito melhor depois disso, mas lembro de ter olhado para ele e pensado que era o homem mais bonito que eu conhecia.

Quando meu avô e a Marilza apareceram para me visitar e darmos uma volta, percebi que não estava nem conseguindo andar. Consegui dar alguns passos com o corpo apoiado nos dois, que ficaram, com razão, horrorizados com o meu estado. A dificuldade de comer e os efeitos colaterais resultavam numa mistura de fraqueza, tremedeira e tontura que, naquele apartamento, era quase insuportável.

Não lembro no que pensei para conseguir resistir, mas o fato é que os dias foram passando, a medicação se ajustando e eu parecia estar pronta para mais uma das minhas fugas geográficas. Mais um exílio, e dessa vez um senhor exílio. Um dia antes da minha viagem, Marcelo me levou a um apartamento da zona sul: "Eu alugo agora se você gostar, pelo amor de Deus não vai embora." Mas alguma coisa me dizia que eu tinha mesmo de ir. Eu não queria, mas no fundo sabia que, se continuasse com ele, toda a maluquice que era a nossa vida também continuaria. Eu sabia o mal que ele estava me fazendo e vice-versa. Meu relacionamento com ele, assim com a maioria dos meus relacionamentos, era bem parecido com a maneira que eu tinha de lidar com a droga: no começo era uma maravilha, depois era legal, em seguida já não sabia mais se era tão legal assim, mas continuava até sentir horror àquilo tudo, não querer mais, mas não conseguir cair fora.

"Vai ser muita sorte se você conseguir entrar na Inglaterra do jeito que está, vão achar que você é viciada em heroína", disse a minha mãe, no aeroporto. De fato, a minha figura não era das melhores, com a minha esqualidez e brancura evidenciadas por calça jeans preta, camisa de gola alta preta e, nas mãos, dobrado, um sobretudo preto. "Mãe, pelo amor de Deus, eu não quero ir", eu soluçava. Poucas vezes abracei a minha mãe daquele jeito para pedir alguma coisa. "Não deixa o meu pai fazer isso comigo", eu dizia, chorando sem parar. O acordo era que eu não poderia voltar em menos de um ano. Se voltasse antes, que não contasse mais com a ajuda dele. "Não liga para o que o seu pai está falando, vai lá e tenta. Se você não conseguir, não interessa quanto tempo depois, pode voltar que estou aqui", disse a minha mãe. Fiquei bem mais tranqüila ao ouvir isso, porque, bem ou mal, ela realmente estava sempre do meu lado. Do jeito dela, mas do meu lado. Ela não fazia ameaças e eu tinha certeza de que ela não me abandonaria nunca. Ao menos era no que eu acreditava profundamente naquele momento, pouco antes de entrar no avião acompanhada do meu irmão, porque, para o meu pai, todo cuidado era pouco e eu poderia fugir a qualquer minuto. Tudo indicava que dessa vez ele estava realmente preocupado com a minha recuperação, disposto a investir alto numa viagem como aquela. O que não combinava com a declaração feita para o meu irmão Duda, que tratou de repassá-la aos meus ouvidos muitos anos depois: "Tomara que ela cheire todas por lá e morra logo de uma vez."

Por sorte eu não ouvira essa frase mas de fato pensei em fugir enquanto fazia, não sei como no meio do turbilhão de remédios que balançavam na minha cabeça, a conexão em São Paulo. Mas em vez disso entrei debulhada em choro no avião, para a consternação da comissária, que não parava de me perguntar se estava tudo bem. "O que você acha? Que estou chorando porque este avião levantou vôo? É óbvio que não está tudo bem, mas você não pode me ajudar, portanto me deixa chorar em paz", falei quando ela me abordou pela décima vez. Também fiz de tudo para ser barrada na imigração. "Nunca trabalhei na vida, não faço nada, vim fazer shopping", respondi quando me perguntaram o que eu fazia da vida e o que eu pretendia fazer na Inglaterra. "E você vive de quê?", perguntou uma mulher, olhando para as minhas compridas unhas douradas (sim, eu usava unhas douradas) e minhas jóias de ouro. "Eu tenho pai, você não tem?" Depois de mais alguns desaforos, o tiro mais uma vez saiu pela culatra. Devem ter achado, por algum motivo, que eu não ficaria mesmo na Inglaterra por muito tempo e decidiram me liberar. Vai fazer o seu shopping, mulher louca.

Para uma pessoa em boas condições psíquicas, chegar a Londres no inverno já não é das coisas mais animadoras da vida. Para quem estava deprimida como eu e cujo inglês se resumia ao *the book is on the table*, aquela chegada era um massacre psicológico. Ao mesmo tempo, era impressionante olhar aquilo tudo em volta e me dar conta de como o mundo fica restrito quando se usa droga. Há muito o meu mundo se resumira à zona sul e aos morros do Rio de Janeiro, onde eu nem lembrava que aeroportos existiam.

Eu ficaria na casa da Bete, uma pessoa que conhecera no tal processo Fisher Hoffman e com a qual não tinha a menor intimidade, mas ela era prima do Tito e, teórica e afetivamente, estávamos todos em família. Bete morava com o Xande e o Didier, que eram namorados. Depois de instalada e de ter gastado algumas boas libras em ligações telefônicas para o Marcelo, percebi que o melhor que eu poderia fazer era ir ao grupo de dependentes químicos que haviam me indicado. Nesse mesmo dia Xande ia ao cinema com o Didier e, segundo ele, a sessão do filme acabaria na mesma hora que terminaria a minha reunião, e os endereços eram bem próximos. "Por que não nos encontramos depois?" Eu não sabia nem para que lado olhar na rua, mas topei.

É claro que, no grupo, não consegui entender nada além do fato de aquelas pessoas estarem ali pelo mesmo motivo que eu. Quando pediram para que eu me apresentasse, disse que só poderia falar em francês. Um homem se ofereceu para traduzir e pude falar que estava desesperada, que acabara de vir de uma recaída e de quinhentas internações, que estava assustada porque não sabia falar inglês e, portanto, não sabia como ia me virar naquela cidade. Foi bom ter esvaziado um pouco da pressão e, depois de falar, me senti um pouco aliviada. De lá fui encontrar o Xande no cinema, mas, quando cheguei à bilheteria, vi que a sessão não terminava junto com a minha reunião coisa nenhuma e que eu simplesmente não tinha o endereço de casa. Bonito, eu estava perdida numa cidade onde não entendia uma palavra sequer. A única coisa que eu tinha no meu bolso era o cartão profissional da Bete, então chef de cozinha de um restaurante famoso em Hammersmith.

Enquanto eu andava de um lado para o outro sem saber o que fazer, meu anjo da guarda deu sinal de vida. O mesmo cara que havia servido de intérprete para o meu desabafo no grupo passou por mim e, vendo o meu desespero, perguntou se eu não precisava de ajuda. Disse que precisava ir para o tal restaurante e ele prontamente se ofereceu para me levar até lá. Quando entramos no carro e o vi consultando um mapa, torci para que o meu anjo da guarda continuasse por perto. Eu estava em Londres, no carro de um gringo drogado ou ex-drogado, indo para um lugar que eu não tinha a menor idéia de onde ficava. No Rio, entrar no carro de um desconhecido do NA era correr o sério risco de ir parar num morro ou em algum apartamento de drogados. Eu estava fazendo a mesma coisa, com o agravante de estar em Londres.

"Obrigada, muito obrigada mesmo, thank you so much", eu dizia na porta do restaurante da Bete para o gringo que acabara de me provar que, além de muito solícito, também era um dependente químico recuperado. Essa foi a minha primeira noite em Londres. Passei todo o mês que se seguiu trancada em casa, chorando e olhando para aquele céu vermelho de inverno e para o cemitério que ficava, inacreditavelmente, bem debaixo da minha janela.

CAPÍTULO 8

Morangos de primeira

O meu primeiro guia em Londres foi o Conrad. Os donos da casa acharam por bem torná-lo meu cicerone antes que os azulejos do banheiro ficassem completamente tortos. Conrad era o encarregado da obra do banheiro e, enquanto eu passava o dia inteiro de biquíni na banheira de água quente, escutando música e fumando cigarros, ele tentava colar os azulejos. Para um polonês como ele, que nunca vira uma mulher de biquíni, prestar atenção ao rejuntamento era uma tarefa bem difícil.

Mudar para a banheira daquele apartamento gelado fora uma saída desesperada para agüentar aquele fim de inverno, aquela televisão que falava uma língua indecifrável, a notícia de que o Marcelo recaíra e a total falta de noção do que fazer naquela cidade.

Com o meu guia turístico polonês, comecei a arriscar algumas palavras em inglês e, o que era mais importante, a sair de casa. Fizemos juntos alguns passeios e saímos para pescar algumas vezes, o que foi suficiente para que eu tomasse coragem de dar passos maiores. Pedi para a Bete me matricular numa escola de inglês para estrangeiros e logo estava andando sozinha por Hammersmith. Também foi muito fácil fazer amigos na escola lotada de brasileiros que, depois da aula, iam para o *pub* com os professores.

A essa altura eu já voltara a beber, depois de reduzir em muito os meus remédios. Eu não me sentia bem com eles e estava tentando, aos poucos, deixar de ser a garota tarja preta. Quando batia a depressão, eu chorava em frente ao rio Tâmisa. Ou passava horas andando sozinha, de walkman, com saudades da vida que podia ter vivido no Brasil. A sorte era que, se a vida de viciada me trouxera alguma vantagem, era a facilidade de fazer amigos. Fosse no NA, nos morros ou na rua, eu estava sempre me relacionando com pessoas novas. Em péssimas condições, em geral, mas sempre que podia fazia uma piada ou dava um sorriso. Além disso, para conseguir droga, seduzir tornara-se um trabalho quase obrigatório. Talvez tenha sido por isso que, em plena Londres, num bairro conhecido pela prostituição e freqüência de árabes ricos, consegui fazer amizade com um grupo de búlgaros bem-intencionados. Eu estava na rua e acabara de conhecer as lojas mais bonitas do mundo depois da Harrods, quando um cara simpático se aproximou e, vendo que eu não era local, me convidou para tomar um drinque com uns amigos dele. Deus protege os distraídos, porque nem parei para pensar que aquele poderia ser um convite perigoso. Não era. O grupo, basicamente de mulheres, não tinha nenhum vínculo com drogas ou prostituição. Acho difícil que houvesse alguma segunda intenção naquela amizade espontânea, porque foram todos muito legais comigo, por muito tempo. Eram empenhados até mesmo em me fazer comer, já que eu continuava com o meu peso de faquir. Um dia comentei que gostava de comida japonesa e, quando cheguei na casa de um deles, a mesa estava posta com uma farta combinação de sushis e sashimis.

Eu já estava enturmada, mas foi através da Bete que conheci aquela que viria a ser a minha verdadeira família londrina, que faria até mesmo com que eu me mudasse da casa dela para outro lar, doce lar. Ricardo falava acelerado e, quando a Bete o apresentou a mim, também fui rápida: "Que droga foi essa que você usou?" Ele me achou muito metida, e por isso mesmo foi com a minha cara. O paulista acelerado me convidou para sair junto com um amigo dele, o Felipe, e fomos para um *pub* tão lotado e animado que as pessoas subiam em cima do balcão para dançar. Quando Ricardo e eu começamos a nos agarrar, depois de sem querer derrubarmos um no outro um drinque vermelho e esquisito, o *pub* parou. Aquela não era uma cena que os ingleses viam todos os dias, e estávamos nos beijando sob uma salva de palmas.

Fiquei bem empolgada com o Ricardo. O namoro com ele me fez esquecer o Marcelo e a idéia fixa de voltar para o Brasil. Decidi experimentar aquela cidade que não julgava ninguém e onde eu podia voltar dos *pubs* sozinha, à noite, cantando alto pelas ruas, brincar de mendiga ("Change, please!") na calçada, ver todos os carros freando para que eu atravessasse a rua e parar para tirar uma foto. Para uma pessoa que gostava de transgredir, Londres era o lugar mais perfeito do mundo. Além disso, a Bete estava sendo uma ótima amiga, sempre me dando força e me ajudando a descobrir aquela vida tão diferente. Só mesmo com a ajuda de pessoas queridas para enfrentar aquele frio e a barra de estar longe da Julia, mais uma filha que eu não conseguia criar. Quando chegou o aniversário dela, liguei para o Brasil de um orelhão. Eu não acreditava que estava perdendo mais um aniversário e só consegui, no meio do choro, balbuciar a frase "Eu te amo, a mamãe te ama!". Quando desliguei o telefone e desabei de vez, Ricardo estava lá para me amparar. Fui tão acolhida que senti até mesmo ter ganhado, de repente, amigos de infância. Fui apresentada ao grupo de amigos do Ricardo, que se conheciam desde o colégio e decidiram ir juntos para Londres. Era delicioso ter de novo um lar organizado, uma família com direito a almoços de domingo e um grupo de amigos que não procura você só quando quer comprar pó ou encher a cara, ou só quando precisa não comprar pó nem encher a cara, mas ir urgentemente ao NA. Com eles eu me sentia segura, sensação que o Rio de Janeiro que eu conhecia já havia me roubado há eras. Era ótimo, para variar, andar com pessoas não viciadas. É claro que rolava um ecstasy aqui e ali, mas tudo muito normal em comparação com o meu histórico.

Para quem estava acostumada a pular de galho em galho como eu, aquele apartamento era mais do que um lar, doce lar. Naquele sala-e-quarto do amigo Henry onde oficialmente moravam cinco mas sempre havia espaço para os agregados, eu me sentia bem como nunca poderia ter imaginado no Brasil. Era uma casa com regras, onde cada um tinha suas tarefas domésticas e, duas vezes por semana, nos reuníamos para assistir a um filme legendado em inglês e assim treinar o idioma. Cheguei até mesmo a ajudar na cozinha picando cebola, fazendo macarrão e pastinha de atum, a minha mãe ficaria orgulhosa se visse. Ricardo, Henry, Oscar, Gil e eu éramos, ainda, ótimos anfitriões. Vivíamos recebendo visitas, que passavam por lá quase todas as noites para um haxixe comunitário. Alguns acabavam dormindo por lá, em sacos de dormir, e era tanta gente que às vezes era preciso passar por cima de um para chegar até o banheiro. Mas não era uma espelunca. Havia respeito entre o grupo e deixávamos tudo sempre limpo, organizado e até enfeitado com velas.

De repente eu estava tão feliz que resolvi, um dia, convidar o Ricardo para tomar champanhe na casa de um amigo nosso da escola, casado com um inglês tão rico que no apartamento dele tinha até máquina de bronzeamento artificial. Foi lá, entre uma e outra taça de champanhe, que transamos pela primeira vez. Beber sem cheirar era bem mais romântico. Foi uma tarde linda e livre, na qual não pensei em cocaína um só minuto. Eu já estava, em tempo recorde, bem perto do que considerava ser uma pessoa normal.

Para o meu próprio espanto, estava sobrevivendo a Londres. E, dizem, quem sobrevive a Londres sobrevive a tudo. Quando o verão chegou, eu não tinha mais dúvidas de que a vida podia ser boa. Enquanto andava na rua deliciada por estar de short e chinelos, via as pessoas felizes, pegando sol, fazendo piqueniques e jogando frescobol, coisas que também vim a fazer. Londres foi a adolescência que eu gostaria de ter tido: saudável, com amigos, bebida moderada e, principalmente, longe de hospitais e clínicas de recuperação.

Fiquei tão corajosa que decidi começar a trabalhar. Todo mundo por lá se virava, por que eu não faria a mesma coisa? Seria ótimo não precisar mais do dinheiro do meu pai, com quem não conseguia falar uma vez por semana como fazia com a minha mãe. Quando ligava para a casa dele, não por acaso, era sempre num horário em que a Julia estava e ele não. Bastava dar um beijo na minha filha e pronto, não sentia falta de mais nada.

Estava tão determinada que, folheando uma revista, não tive dúvidas quando bati o olho numa oferta de trabalho de férias de verão. Colheita de morangos, era isso, era isso o que eu ia fazer. Eu, que chegara em Londres tão emperiquitada que até o e-mail que me arrumaram tinha o *username* "Perua2000", que lavava os cabelos com Evian para não ressecar os fios com aquela água cheia de calcário, que vivia em cima do salto, ia trabalhar de peão de colheita numa fazenda. Na escola, chegaram a organizar um bolão para ver quem acertava o tempo que eu levaria para desistir. Ninguém ganharia dinheiro às minhas custas, mas é claro que eu não ia encarar aquele programa de índio sozinha. Como já disse, eu tinha uma família. Convenci os meninos a irem também e logo estávamos, Felipe, Ricardo e eu, no trem que nos levaria até a fazenda, numa região bem afastada de Londres.

Depois de nos perdermos, passarmos uma noite num hotel, nos perdermos de novo e encontrarmos um taxista que salvou a nossa vida, chegamos na tal fazenda. A hospedagem, bem, a hospedagem não era a de um hotel cinco estrelas. Quando nos pediram para levar sacos de dormir, entendemos que nosso destino não era nenhum spa. Mas nunca poderíamos imaginar, quando disseram que cada um teria a sua própria casa, que estavam se referindo à "caravana", ou seja, a um trailer imundo e sem banheiro. Por alguns longos minutos achei que seria assassinada pela minha querida família adotiva naquela fazenda, e ninguém nunca saberia do meu paradeiro.

Quando senti que os olhares do Ricardo e do Felipe não pareciam mais querer fuzilar a minha nuca, disse que a única solução seria limpar o trailer e torná-lo habitável. Fomos até o mercado, compramos uma coleção de produtos de limpeza e começamos a faxina, numa prévia do trabalho braçal que teríamos pela frente.

Depois de conseguirmos nos livrar da sujeira, o toque final: recortamos fotos de ondas gigantes das milhares de revistas de surfe do Ricardo, que as folheava sem parar quando batia aquela saudade incontrolável do Brasil. Foram todas coladas no teto, que era para onde olhávamos no final do dia, deitados no sofá, exaustos e com disposição suficiente apenas para fumar haxixe. Às vezes ficávamos deitados por horas a fio, calados, mas em profunda comunhão. De vez em quando alguém ria de alguma coisa que acontecera no dia, e voltávamos a nos curtir em silêncio.

Ricardo e eu ficamos com o quarto de casal do nosso trailer de luxo, enquanto Felipe decidiu que dormiria no sofá da sala porque o outro quarto o deixava sufocado ou qualquer outra esquisitice. Montamos uma mesa com alguns caixotes de morango, onde pusemos algumas velas. O trailer virara uma casa tão decente que compramos um vinho para comemorar. Estávamos prontos para pegar no batente junto com os outros jovens e malucos estrangeiros que chegaram depois de nós. Força não me faltaria, porque eu não estava mais com peso de modelo anoréxica. Na verdade, eu começara a comer descontroladamente e, da mesma forma que colara no haxixe, apesar de nunca ter gostado muito de maconha, também viciara no chocolate.

Existem três categorias de morangos. Há os de primeira, enormes, vermelhíssimos e tão doces que você só pára de comer quando vai para o hospital tratar sua intoxicação alimentar. Depois há os de segunda, menores, meio tortos, que são empacotados em caixinhas transparentes e vendidos nos supermercados. Já os ruins, deformados, são jogados num grande balde, na categoria lixo. São esses os morangos importados que comemos aqui no Brasil. Os que ficam lá são usados para fazer geléia.

Depois de um dia de colheita, a dor nas costas é algo inacreditável. Até a alma doía e, deitados no chão, chorando, chegamos a achar que não agüentaríamos o tranco. Mas pegamos o jeito bem rápido, e logo nos primeiros dias já sabíamos como arrancar os morangos da maneira correta, protegendo os caules, e como dispor as caixas e as bandejas nos lugares certos para acelerar a colheita. Ganhávamos um *pound* por caixa de morangos, e é claro que também aprendemos a fazer os morangos renderem. Era só arrumá-los de forma que parecesse que a caixa estava cheia. Às vezes o Ben, supervisor da colheita, nos mandava refazer as caixas, mas isso era só quando já estávamos abusando. Quando empilhávamos as caixas e ele nos perguntava quantas havíamos fechado, também sempre empurrávamos o número para cima. Isso acho até que ele sabia, mas deixava passar.

Com o dinheiro da colheita, a idéia era passar seis meses em Bali sem fazer absolutamente nada além de fugir do inverno de Londres e se hospedar em bons hotéis, onde eu poderia receber massagens enquanto os meninos estivessem surfando. Para quem estava maltratando as costas como eu, era uma excelente idéia.

Apesar da canseira de começar a labuta às sete da manhã, o trabalho era divertido e incluía até mesmo algumas guerras de morangos e um fundo musical proporcionado pelo rádio do carro do Ben, um furgão velho que ele estacionava perto da plantação. No meio da tarde parávamos para tomar o café-com-leite mais gostoso que já provei na vida. Tentei recuperar aquele sabor várias vezes depois, comprando leite em pó no Brasil. Nunca foi a mesma coisa. Aquele trabalho tinha um gosto único. Ao longo do dia eu ia tirando os casacos e ficava de short e biquíni, reforçando o bronzeado. Quando parava para descansar e olhava o horizonte daquela fazenda, era como se estivesse tendo uma visão. O mundo era bem maior, mais claro, mais saboroso e cheio de aromas diferentes quando não se resumia ao preto e branco da droga, ao escuro da noite. Era como se eu estivesse num cinema, usando um daqueles óculos coloridos de três dimensões.

Sexta era dia de festa, quando eu me chocava com a quantidade de bebida que os sul-africanos tomavam. O ponche deles, verdadeira bomba, era preparado literalmente num balde. Eu não estava bebendo muito, no máximo um vinho, mas, em compensação, não parava de fumar haxixe. Não consegui mandar uma só foto para o Brasil por causa dos meus olhos constantemente vermelhos. Não ia dar essa bandeira para os meus pais. Ao contrário, a minha estada na fazenda foi só motivo de orgulho. Estava trabalhando, não precisava do dinheiro do meu pai e consegui até mesmo fazer exame de sangue sozinha, feito que mereceu uma ligação internacional. Mais uma vez eu fizera teste de aids e, mais uma vez, respirara aliviada – eu já havia decidido que, se o exame desse positivo, ficaria em Londres para o resto da vida. Deus era bom e Ricardo e eu estávamos felizes. Só brigamos uma vez, quando ele entrou na onda do ecstasy. Fiquei com ódio mortal dele naquele momento, mas os meus sentimentos continuavam sendo um tanto incoerentes porque eu mesma, tempos depois, tomei o mesmo comprimido em uma das nossas festinhas de trailer. Durante a briga, no entanto, as pessoas devem ter achado que eu trocara o Ricardo pelo Felipe, porque passei a andar só com ele. Nossa relação era de irmãos, tão bonita e sem maldade que eu podia sentar no colo dele, pedir para passar protetor solar nas minhas costas, disputar para ver quem ficava mais bronzeado e dormir junto sem que nada acontecesse. Era boa a sensação de ter alguém interessado em mim por pura amizade, e não por pó ou sexo. Eu estava aprendendo o que era poder confiar nas pessoas, e era uma delícia poder confiar nas pessoas. Acho que foi por isso que, pela primeira vez, gostei de fumar haxixe. Eu, que até então sempre sentira necessidade de ficar alerta, vi que podia, finalmente, relaxar.

O chato era que aquele trabalho continuava me matando e, já no final da colheita, o cansaço falou mais alto. Eu não acordava mais nem com os socos que o dono da fazenda dava no nosso trailer, às sete da manhã. Por isso, quando surgiu um caroço no meu seio, que depois vi ser apenas um cisto sem importância, aproveitei para pedir que me trocassem de área. Fui para o Raspberry, a colheita de framboesa, que de tão fácil era privilégio das inglesas. Foi lá que ouvi o dono da fazenda dizer que estava precisando de alguém para o canil. O trabalho do canil era ainda mais tranqüilo do que o das framboesas: o funcionário é que marcava as horas trabalhadas e ainda ganhava bem. Para mim, que amo cachorro, a idéia era ótima. Para o dono da fazenda, que se pudesse não tratava com nenhum ser humano que não fosse inglês, a idéia não parecia tão boa assim.

"Você não é inglesa", ele me respondeu, quando eu disse que poderia tentar fazer o trabalho. Os cachorros não sabiam disso. "Tem que ter inglês fluente." Vontade de mandar o cara para a puta que pariu. "Vamos combinar o seguinte: eu trabalho por um dia. Se você gostar eu fico, mas se não gostar não precisa me pagar nada", sugeri. Ele achou ótimo, pelo menos um dia de trabalho estava garantido.

Aquele velho devia realmente me odiar. Não bastasse o fato de eu não falar o mesmo inglês que ele, eu ainda o chamava de Mr. Cock. Era o que eu achava ser realmente o seu nome, antes de descobrir que estava chamando-o de Mr. Caralho. A sorte é que inglês nunca perde a pose. Ele pode estar querendo te dar uma facada e perguntar: "Aceita um chá?"

Era um hotel para cachorros. O meu trabalho era basicamente dar ração, mas aproveitei para encher os bolsos da minha calça com biscoitos de cachorro e, enquanto passava por eles assobiando, dava um biscoito para cada um. Rapidamente eles me associaram ao biscoito e, quando o Mr. Inglês viu como eles faziam festa para mim, não teve outra alternativa a não ser me contratar. Eu adorava aqueles cachorros. Alguns não podiam ser soltos junto com os outros, então eu fazia um revezamento para brincar com todos eles. Geralmente terminava rápido o trabalho e ainda ia cuidar das framboesas, depois de puxar para cima o número de horas trabalhadas no canil. Bali me esperava.

Fui feliz naquela fazenda, feliz de verdade. Fui feliz em Londres, onde andava de ônibus porque não tinha nervos para os alarmes de bomba no metrô, e, justamente por isso, conheci a cidade como poucos. Fui feliz indo aos *pubs*, comendo morangos, saindo de casa de pijama para ir à lojinha do indiano e até fumando haxixe. Não é a mesma coisa que fumar maconha no Brasil. Quando, fumando sentada numa calçada, vi um policial se aproximando, suei frio. Pensei em engolir o cigarro, mas só deu tempo de olhar para ele e pedir desculpas. "It's ok", ele disse antes de continuar a sua ronda. Eu estava no melhor lugar do mundo, num país onde eu podia fumar à vontade e ainda comprar haxixe na própria fazenda. E fumar sem culpa, sem pensar em tráfico e balas perdidas, é outra história, é outra viagem. Aquela foi uma liberdade que eu, provavelmente, nunca mais vou ter de volta. Mas ela valeu cada segundo, cada *pound* ganho e cada *pound* gasto, cada morango colhido, cada pôr-do-sol e cada noite passada no campo, olhando para o céu.

Talvez tenha sido essa liberdade que me ensinou a mudar de idéia sem culpa, a não me aferrar a opiniões irredutíveis. Foi durante aquela temporada na colheita que, pela primeira vez, depois de desligar o telefone na cara da minha mãe por causa de uma discussão, consegui ligar imediatamente de volta e consertar a situação. "Vamos deixar de bobagem, eu amo você", disse. Não era uma atitude típica da Ana Karina. Mas, naquela fazenda, o mundo ficara mais amplo. Eu nunca mais comeria morangos do mesmo jeito. Sempre que olhar para um morango, vou pensar que em algum lugar da Inglaterra um grupo se divertiu, brigou, fez festa, jogou *cricket*, fez guerra de morango e juntou dinheiro para outras aventuras. A temporada podia estar acabando, mas aquela experiência ficaria comigo pra sempre, me lembrando de como a vida pode ser mais leve, mais simples, mais viva. Mais bonita mesmo, como um morango de primeira classe.

De volta à casa da Bete e às minhas malas que não paravam de crescer, começamos a pensar o que faríamos dali em diante. Foi quando o meu pai sugeriu que fôssemos para Portugal. Um amigo dele era dono de vários restaurantes por lá e, como lhe devia favores, arrumaria emprego para nós três. Era a nossa chance de aproveitar mais um pouco do verão europeu, juntar mais dinheiro e, quem sabe, passar mais tempo ainda em Bali surfando e recebendo massagens.

Eu devia ter desconfiado da idéia brilhante do meu pai. Quando seu amigo chegou acompanhado de um capanga, a camisa aberta e um cordão de ouro pendurado no pescoço, senti o corpo gelar apesar do calor de 40 graus que fazia em Portugal. Sentados no banco de trás do carro, começamos a suspeitar que, dessa vez, a colheita não seria boa para nós. Quando perguntei no que poderia trabalhar, ele foi objetivo: "Dança." "Dança?" "É, mulher aqui dança em boate." "Vou matar o meu pai" pensei, antes de pensar em matar aquele homem. "Mas esse tipo de coisa eu não faço." "Se você quiser ganhar dinheiro, só fazendo isso." Eu já havia entendido. Aquela era uma maneira lusitana de dizer que eu teria de trabalhar como puta. Que sina, a minha.

No escritório dele, improvisado em uma garagem, tomamos um guaraná enquanto esperávamos por alguma decisão. Depois de sumir por quase duas horas, nosso homem do cordão de ouro fez a sua proposta. Eu poderia ir para um dos apartamentos disponíveis para os seus funcionários, enquanto o Ricardo e o Felipe iriam para uma pensão. Nem pensar. Quase uma dezena de telefonemas depois, o chefão continuava irredutível. A proposta era aquela, se a gente não aceitasse, ele não poderia fazer nada por nenhum dos três.

Já que ele não podia ajudar em nada perguntei se poderia, ao menos, nos conseguir um hotel. O português era tão mau-caráter que nos largou no Baixo Lisboa, um bairro barra-pesada onde viciados em pico e prostitutas dividem as ruas com homens que vendem drogas acintosamente, "haxe, haxe, heroína, haxe". Então estávamos em Portugal, na Pensão Alegria, sem nenhum conhecido para contatar e nenhuma idéia do que fazer. Saudades do nosso trailer.

Mal instalados, a primeira coisa que passou pela nossa cabeça foi, finalmente, fazer uma refeição decente. Depois de três meses vivendo de macarrão, sanduíches de *tahine* e morangos para fugir da comida impraticável da fazenda, poderíamos tirar a barriga da miséria com um belo bacalhau e frutos do mar. Também poderíamos ir à praia, para variar. Nosso dinheiro parecia uma fortuna perto dos desvalorizados escudos daqueles anos 90 e, nos primeiros dias, tentamos relaxar. Eu já havia avisado meu pai da encrenca na qual ele nos metera e estava com esperanças de que ele pudesse, de alguma forma, consertar a situação.

Ele não podia. E nosso rico dinheirinho, na verdade, começou a acabar antes que pudéssemos nos dar conta. Perdidos na conversão do euro para o escudo e caídos de pára-quedas no país depois de uma longa temporada numa fazenda no interior de Londres, o que era mais ou menos o mesmo que se exilar em Marte, acabamos gastando mais do que deveríamos nos primeiros dias e, para tentar economizar, resolvemos mudar de quarto. Num prédio sem elevador, os andares de cima são mais baratos do que os de baixo, numa lógica portuguesa e esperta. Nosso novo quarto era tão lamentável que o banheiro ficava do lado de fora, no corredor, e o chuveiro ocupava literalmente o meio do quarto, improvisado com meia parede e uma cortina de plástico.

Voltar para o Brasil era a última opção. Nós ficaríamos juntos onde quer que fosse, mas ninguém queria voltar para o Brasil. Eu estava com a minha passagem garantida, mas os meninos ainda precisavam, além de tudo, guardar o dinheiro da passagem deles. Naturalmente, o desespero começou a bater. Podíamos nos distrair com o Zé do Cabo Verde, negro de cabelo rastafári que tocava tambor na praia e acabou nos oferecendo um mais do que bem-vindo haxixe, podíamos ir a um restaurante em Estoril com a Vanessa, amiga de Londres que acabamos encontrando por lá, podíamos tentar entrar no cassino de chinelos e podíamos até fazer algumas comprinhas, mas o medo ficava sempre lá, no fundo do peito.

Quando vimos que o dinheiro ia acabar de vez e que o hotel cinco estrelas em Bali já estava fora do nosso alcance, decidimos voltar para Londres antes que ficássemos sem um tostão e fôssemos presos por vadiagem. O combinado era que, se um dos três fosse impedido de entrar de novo na Inglaterra, iríamos todos juntos para o Brasil. Éramos uma família.

"Usa o cartão do seu pai, pelo amor de Deus", me dizia o Ricardo, desesperado para conseguir comprar logo uma passagem. "Não, a gente vai sair dessa confusão sem o dinheiro dele." Para mim, era como se aquele cartão de crédito não existisse. Depois de rodar dezenas de agências atrás de passagens que pudéssemos pagar, finalmente conseguimos. Mais dois ou três dias e, se tudo desse certo, estaríamos em Londres novamente. Podíamos ir à praia tranqüilos, esperando o dia da viagem.

Ainda de biquíni, deitei na cama para descansar um pouco enquanto esperava o nosso chuveiro de luxo ser liberado. De repente, não consegui sentir nenhum alívio no meu corpo por ter resolvido o nosso fardo português. Na verdade, comecei a me sentir tão mal que tinha certeza de que ia morrer. A minha dor no peito e a sensação de desmaio gastaram o resto da nossa grana num táxi, a caminho do hospital. Era uma síndrome do pânico, disse a médica, antes de receitar, para a minha suprema felicidade, um Valium. Eu tinha uma relação quase afetiva com esse remédio. Fora apresentada a ele aos 13 anos, quando fui assaltada num ônibus e, para me acalmarem, minha mãe e minha avó decidiram me iniciar no mundo dos ansiolíticos.

Recuperada, entendi tudo. Aquele fora um aniversário muito tenso. Apesar de comemorado no McDonald's com alegria ao lado do Felipe e do Ricardo, tão queridos, ele trazia uma carga de suspense. Quando tudo se resolveu e eu finalmente relaxei, a adrenalina, todo-poderosa, tomou conta da festa. Fazia tempos que, tolhida pela cocaína, ela não encontrava chances de dar as caras. Eu não lembraria de Lisboa com o mesmo carinho dos morangos. Dos meus 28 anos, aquele era mais um episódio pouco agradável.

Foi bom demais chegar de novo a Londres. A gente nunca valoriza o lugar em que está, mas a felicidade é mesmo o aqui e o agora. Chegar a Londres foi realmente voltar para casa, e nunca fiquei tão feliz ao ser liberada pela Imigração. Nem as minhas malas, que pareciam se multiplicar a cada viagem, tiraram o meu bom humor.

Até pedras de Brightone, cidade que eu conhecera durante a estada na fazenda, carreguei sem problemas. Daquelas pedras eu não abria mão e elas foram comigo também para a casa do Henry, que depois daquela confusão parecia ainda mais acolhedora. Aquele era um dos apartamentos mais fofos que eu já tinha visto. Era tudo limpo, arrumado, decorado e com direito até a computador, um luxo que poucos brasileiros conseguiam ter por lá.

Ricardo voltou a trabalhar numa empresa que vendia sanduíches, Felipe recuperou seu emprego num *pub* em Hammersmith e eu também entrei na onda dos sanduíches. Depois de uma aventura deliciosa e de um susto, estava tudo em ordem mais uma vez, ou ao menos era o que parecia.

Enquanto eu engatava na rotina de sair de casa às cinco da manhã para trabalhar (se alguém falasse comigo eu mordia), voltar às 11h e geralmente passar o resto do dia em casa, conversando, brincando, jogando Playstation, fumando haxixe e me dando conta de que eu, logo eu, estava de fato tão viciada em haxe que até a piquenique de maconha no Hyde Park fui, engajada na luta pela liberação do baseado, a minha mãe ficava cada vez mais estranha ao telefone. Também era curioso o meu pai começar a me ligar, perguntando se eu não queria ir ao Brasil. Não, eu não queria ir ao Brasil. "Vem pra cá, parece que a sua mãe está com um probleminha de coluna", insistiu o meu pai. Não, eu não estava a fim. Se fosse para gastar dinheiro para viajar seria para passar o Natal com a Julia, e para isso ainda faltavam alguns meses. "Sua mãe não está bem, acho bom você vir." Depois de ouvir isso, fiz o que eu costumava fazer normalmente: não tomei conhecimento da situação. Afinal de contas, com o Ricardo do meu lado, tão carinhoso e diferente de tanta gente que eu havia conhecido, eu me sentia amparada e tinha certeza de que estava tudo bem. Não era possível que alguma coisa de ruim estivesse acontecendo, simplesmente não era.

"Acho bom você vir porque é muito sério e é na cabeça", entregou a Mirian, depois de eu tomar coragem e perguntar, finalmente, o que estava acontecendo. Puta que pariu. "Tudo bem, eu vou, mas vou para ficar uma semana e voltar." Na minha bagagem de mão eu levaria pouco mais do que presentes para a Julia. Eu precisava ter certeza de que a minha casa, agora, era Londres, para onde eu gostaria de levar a minha filha algum dia.

"Não tive dúvidas quando bati o olho numa oferta de trabalho de férias de verão. Colheita de morangos, era isso o que eu ia fazer."

Na fazenda, próxima a Londres, convenceu o dono a trocá-la de área:
da colheita para o canil.

Em viagem a Croyde, Inglaterra. Surfe, curtição e bolso vazio.

Em setembro de 2000, na viagem a Portugal, com o músico Zé do Cabo Verde.

CAPÍTULO 9

Cinzas no Jardim Botânico

"Sua mãe está com câncer e vai morrer."

Não sei o que senti quando meu pai disse essa frase. Não sei se tive raiva por ele ter sido assim, sutil como um elefante, ou se simplesmente não acreditei. Quando ouvi essa notícia ainda estava curtindo os dois minutos de felicidade que tive ao chegar no aeroporto, abraçar a Julia e entregar alguns dos presentes que comprara para ela. Mas, como sempre, fiz o que eu sabia fazer, que era me fingir de foda, de quem agüenta tudo sem perder o rebolado. "Vamos lá ver a minha mãe."

Ainda não havia me refeito nem da morte da minha avó. Eu já estava em Londres quando a minha mãe ligou: "Minha filha, sua avó descansou." Com a minha mãe eu não me fingia de foda, e comecei a chorar e dizer que eu ia até lá ficar com ela. Quando me despedi da minha avó no Brasil ela já estava doente, e acho que sabíamos que aquele era o nosso último abraço. "Você não se atreva a ir a lugar nenhum antes de eu voltar", eu disse. Ela, que havia me criado e me ensinado a respeitar os mais velhos, se recusou a cumprir minha ordem. Quando vovó morreu era outra pessoa, em todos os sentidos. Já não andava nem falava, o que era um contra-senso para uma pessoa que sempre fora tão ativa, mas também deixara que a doença levasse embora seus preconceitos. Da sua família nobre de brasões ela largou o racismo, por exemplo. Aceitou a sua neta negra, descobriu o espiritismo e o coração enorme que estava por trás daquela mulher durona. Mais do que isso, ela encontrara a paz. Quando não conseguia mais falar, cabeça lúcida como nunca, passava horas olhando para o nada. Quando a minha mãe perguntou o que ela estava vendo, escreveu que era uma luz, uma luz que lhe dava uma paz enorme, uma sensação muito boa.

Queria ter conseguido me despedir de verdade, pedir desculpas e agradecer por tudo que ela fez por mim, queria que ela soubesse o que eu sentia, mas a gente dá pouca importância ao que está sentindo justamente nos momentos mais importantes da vida. Cinco meses depois, contava o meu pai, era a minha mãe que ameaçava descumprir nosso combinado, de que ela estaria pronta para me receber de volta se eu não agüentasse ficar em Londres.

A mãe que eu deixara no Brasil também já não era a mesma. Um tumor no cérebro capaz de romper a caixa craniana muda qualquer mãe. No maldito apartamento do Rio Comprido, ela estava sendo amparada pela Vera, uma amiga que morara naquele apartamento de graça quando mamãe ainda estava em Copacabana. Podiam falar o que quisessem da minha mãe, mas nunca conheci pessoa mais generosa. Mesmo quando já estava sem dinheiro, foi capaz de abrir mão de um aluguel para ajudar uma amiga.

O que me contaram foi que tudo começou com uma dor na coluna e o que parecia ser, na cabeça, uma espinha. Com o tempo a espinha virou um galo, mas ninguém cria um galo na cabeça sem ter batido com ela em algum lugar. Nunca vou saber até onde a minha mãe mentiu ou deixou de mentir. O que sei é que ela impressionou os médicos, admirados com o fato de ela ainda estar conseguindo andar mesmo com a metástase cobrindo seus ossos.

Numa espécie de insubordinação ao inexorável da minha mente perturbada, nunca pensei na hipótese de a minha mãe morrer. Sempre pensei que o meu pai morreria antes, e que eu não sobreviveria ao mundo sem ele. Já a morte da minha mãe estava simplesmente fora de cogitação. A minha mãe era sinônimo de uma louca segurança, um ponto de referência, um porto seguro. Perdê-la seria a pior coisa que poderia acontecer na minha vida.

Fora do meu fuso horário, sofrendo com o calor do verão e sem roupas suficientes para ficar mais do que uma semana, me hospedei na casa da Tataia e corri para o NA. As pessoas que eu conhecia estavam sempre lá e eu precisava falar com alguém, além de segurar a onda. De um conto de fadas londrino parti para um pesadelo brasileiro que não me deixava dormir.

Meu pai, solícito como nunca, estava tentando ajudar ao máximo a minha mãe, e foi ele quem nos levou do Rio Comprido para Ipanema, onde a minha mãe deveria fazer um exame. Ela sentia tantas dores que viajou deitada no banco de trás e, quando chegou à clínica, não conseguiu sair. Tiveram de anestesiá-la no carro, mesmo.

A cada médico que consultávamos, eu achava que tudo seria diferente. Às vezes saía dos consultórios certa de que eles não sabiam do que estavam falando. Quando me disseram que não valia a pena operar o tumor do seio, por exemplo, achei muito estranho. Lembro da minha mãe na cadeira de rodas, apertando as mãos num tique nervoso contínuo, dizendo ao médico que ela não se importava de tirar um seio desde que depois pudesse voltar a trabalhar. Acho que ninguém quer morrer, mas a minha mãe, naquele momento, queria mais do que ninguém continuar tocando a vida.

O médico me deu um número de telefone e me pediu para ligar para ele depois de deixar a minha mãe em casa, onde uma enfermeira já a esperava. Liguei da casa do meu pai e perguntei se a minha mãe ia ficar boa. Não, ela não ia ficar boa, fazer qualquer cirurgia seria um sacrifício inútil, não tinha jeito, ela ia morrer, e nessa hora eu já largara o telefone e correra para o meu quarto, a vontade de chorar era uma dor funda, não podia ser verdade aquilo, nada daquilo podia estar acontecendo, não era justo que tudo não fosse uma grande mentira, ou um pesadelo suado no meio da madrugada, um drama daqueles bem vagabundos, qualquer coisa que não fosse aquele atestado de óbito provisório, aquela realidade que dói quando a gente respira.

Depois desse prognóstico sombrio, mamãe se internou no Inca para fazer radioterapia. Antes, quando avaliaram a possibilidade de fazer quimioterapia, o médico perguntou se ela usara drogas. "Só na adolescência." A mentira era mesmo a liga da nossa família. Quando falei depois com o médico que a fase das drogas se estendeu bem além da puberdade, ele me perguntou quando fora a última vez que ela usara. "Não sei, porque estava fora do Brasil, mas vou saber."

"Vera, eu preciso saber há quanto tempo a minha mãe não usa droga". "Ah, não sei". "Eu não estou brincando e também não estou aqui para julgar ninguém, mas preciso dar essa informação para o médico." "Ah, ela ainda usa". Foi como levar uma facada no peito. A segunda estocada foi saber que, enquanto a minha avó estava doente, ela também usara, e que fazia apenas três meses que havia parado. Deve ter cheirado por um bom tempo já doente, sem saber que estava com câncer. Eu não podia mais dizer que não via o elefante cor de rosa no meio da sala. Na verdade, o que via era que a minha família alimentara uma manada.

Eu, que voltara de Londres acima do peso, emagreci com uma rapidez que faria inveja a qualquer lipoescultura. Tentando jantar num restaurante com o meu pai e a Mirian, não me sentia no direito de sequer pensar em comida. Como eu podia comer se a minha mãe estava morrendo? "O que você quer para ficar feliz, o que você quer para ficar melhor?", perguntou o meu pai. "Eu quero a minha mãe viva, não quero ficar sem ela". Isso o meu pai não podia me dar. Talvez, naquela hora, ele tenha entendido que o dinheiro não compra tudo.

"Você é tão bonita, tão linda, que se eu não soubesse que saiu de dentro de mim diria que você parece mais ser filha da Mirian", disse a minha mãe, no hospital.

Nas entrelinhas ela tentava dizer para a Mirian, sua visita do dia: "Cuida da minha filha."

"Eu vou morrer?", me perguntou a mamãe. Certas situações da vida são tão cruéis que parecem mentira. "Mãe, pára de falar isso, que bobagem." "Eu tenho direito de saber. Eu vou morrer?". O que se faz numa hora dessas? Achei que ela merecia a minha honestidade. "Vai". "Quanto tempo eu tenho?". Eu queria morrer junto com ela para não precisar responder. "Um ano?". Eu passaria por tudo de novo na vida, três vezes, para não sentir aquela dor. "Menos".

Foi a única vez em que chorei na frente da minha mãe durante todo o período em que ela esteve no hospital do Inca, desenganada. No resto do tempo fiz questão de estar com uma cara boa, sempre de salto, unha feita, cabelo bonito e um sorriso, que era o que achava que ela esperava de mim. Queria mostrar que eu estava melhor do que realmente estava, que era mais forte do que realmente sou. Eu tive a quem puxar: ela, que acabara de saber que iria embora em breve, que não parava de sentir dor apesar das doses cada vez maiores de morfina, que estava praticamente desfigurada naquela cama, ainda teve a generosidade de me consolar. Disse que havia tido uma vida muito feliz, que havia viajado, amado, comido coisas muito gostosas e tido filhos. "Filha, que foi você", corrigiu. "Só quero te pedir que você seja uma pessoa boa, se você não puder ajudar, que não faça nada, que é para você só fazer o bem". "Desculpa, fui uma péssima filha, te fiz sofrer muito". "Eu também não fui uma boa mãe, mas a gente não tem de se desculpar de nada, ninguém é só bom ou ruim, a gente fez o melhor que pôde".

Essa foi a última conversa lúcida que tive com a minha mãe. Lembro de cada vírgula, de cada entonação, de cada pausa. E ela tinha razão. A gente fez mesmo o melhor que pôde. Acho que ninguém gostaria de ter errado na minha família, nem o meu pai, nem a minha mãe, nem meus avós, meus tios, eu, ninguém. Cada um fez o que sabia fazer, e assim a vida foi passando. Ao menos eu tivera oportunidade de pedir perdão, dizer à minha mãe que a amava e escutar que também era amada. É o que guardo da minha mãe, até hoje, nas horas felizes e nas horas difíceis, quando tenho o impulso de ligar para ela para perguntar como era mesmo aquela receita de que eu gostava tanto.

Eu funciono muito bem no caos. Quando ficava irritada com a demora dos enfermeiros, por exemplo, ajudava a trocar o lençol da cama dos pacientes e a montar macas. Não me interessava quem eram aquelas pessoas desconhecidas, só o fato de que elas estavam morrendo de uma doença que ninguém escolhe ter e que dá poucas chances de defesa, que é uma sombra que passa e deixa a silhueta de um monstro enorme. Aquelas pessoas simplesmente tinham o direito de ter o melhor que fosse possível naquele momento. Eu conversava com os acompanhantes, levava revistas e exercitava a minha humanidade. No fundo, já estava tentando seguir os conselhos da minha mãe.

Terminados os tratamentos de rádio e químio, mandaram a minha mãe de volta para casa. Não havia mais nada a fazer. No fundo eu sabia disso, mas quando a via se alimentando bem e pedindo para comer pato com tucupi, tinha certeza de que ela ia ficar boa. Mas essa é mais uma piada de mau gosto do câncer. Quando as pessoas parecem estar melhorando, é porque estão chegando perto do fim da linha. É como se Deus dançasse na sua frente e dissesse que enganou mais um bobo. Durante a semana em que a minha mãe ficou em casa, ao menos, recebeu visitas carinhosas como a da Cris, que disse que fora com ela e minha avó que aprendera a sentar à mesa, comer de boca fechada e usar os talheres. Foi bonito a Cris ter dito isso, e tenho certeza de que a minha mãe gostou de vê-la. Ela só não gostou de voltar para o hospital, e enquanto ela dizia que não queria ir eu chorava no corredor.

Havia uma paz estranha naquele hospital de doentes terminais do Inca. Talvez porque fosse um lugar dedicado unicamente a tirar a dor das pessoas. Era um ambiente delicado, sem torturas por uma sobrevida cheia de sofrimento. Minha mãe estava completamente sedada. Lembro que eu e a minha tia Carla, que viera da França para ficar com a minha mãe, ficávamos em silêncio no quarto durante horas. A única coisa que poderíamos fazer era esperar. Deus enganara duas bobas que já pediam, no fundo, que ele a levasse de vez.

Enquanto Deus não atendia ao nosso pedido, eu sonhava com a minha mãe me dizendo que tinha uma coisa muito importante para me contar. Também sonhei que tatuara uma vela nas costas, que depois fiz de verdade. "Mãe, está me ouvindo?", eu às vezes perguntava no hospital, e certo dia, fazendo um grande esforço, ela segurou a minha mão e a beijou. Foi o seu último gesto de carinho. Ela já não estava respirando direito.

"A gente sabe disso", respondeu o médico quando comentei sobre a sua respiração. Ainda tive a coragem de perguntar se a minha mãe ia sair daquele hospital, mesmo sabendo a resposta. "Quanto tempo você acha que ela tem?", perguntei depois de ouvir o que não queria ouvir. "No máximo até sexta-feira", disse o médico, numa manhã de terça.

Nunca vou me esquecer do cheiro do câncer. Quando a cor da pele e até do dente muda por causa da doença, ela tem um cheiro que não se parece com nenhum outro no mundo. Às vezes sinto esse cheiro em mim, o que dá início a uma longa gincana hipocondríaca de consultas e exames.

Um dia antes de a minha mãe morrer, a senhora que ficava no quarto vizinho começou a passar mal. "Ela está morrendo, ela está morrendo!", gritou a sua filha, com quem eu já conversara algumas vezes. Corri para acudi-la, a segurei com força e disse para ela ter calma. No rosto da mãe dela desceu uma lágrima e, depois de um suspiro, todo o sofrimento sumiu da sua face, deixando apenas um semblante descansado, de quem realmente conseguiu paz. Por isso a levei para a porta do quarto da minha mãe, onde, pelo vidro, ela poderia ver como a minha mãe ainda estava sofrendo. "A sua mãe está descansando agora, não está mais sofrendo nem sentindo dor", eu dizia. Eu acreditava profundamente no que estava falando. Só não sabia como era difícil estar no lugar dela.

Era dezembro, o Natal chegara e não tinha graça nenhuma. Tudo o que eu queria era passar a noite de Natal com a minha mãe, mas o meu pai fez o favor de exigir que eu levasse a Julia para a casa da tia Auri, onde aconteciam todos os Natais da família que, durante o ano, não fazia a menor questão de se reunir. Era preciso que eu a levasse e o deixasse livre para ir a um jantar na casa do cunhado da Mirian, com quem eles confraternizavam todos os anos. Meu pai sabia que aquele ano era bem diferente, mas preferiu atender aos caprichos da mulher a entender que aquele era o meu último Natal com a minha mãe. Tive muita raiva de mim mesma quando, nesse dia, ao ligar para o hospital depois de tanta celeuma por causa de um simples jantar, soube que não poderia mais passar a noite lá. O horário de entrada era só até dez da noite. Não sei como tive estômago de ir naquele maldito Natal da família que se odeia. Quando me perguntaram por que eu estava com "aquela cara", respondi que devia ser porque a minha mãe estava morrendo.

Os médicos podem não saber a cura do câncer, mas sabem exatamente quando seus pacientes vão morrer. Na meia-noite de sexta-feira minha mãe começou a passar mal e às cinco da manhã parou de respirar. Eu havia pedido para a enfermeira me ligar imediatamente quando ela começasse a passar mal, mas o meu telefone só tocou às quinze para as sete da manhã. Era a Carla, dizendo que a mamãe descansara.

Podia ter ligado para o meu pai, mas a primeira pessoa para quem telefonei foi a Claudinha, justo ela, que vivia chegando atrasada a todos os nossos encontros. Dessa vez, no entanto, ela chegou à casa da Tataia em menos de cinco minutos e ainda com um suco na mão, porque eu precisava me alimentar de alguma maneira. Eu já voltara a ser um fiapo. Liguei para o meu pai e nos encontramos num posto de gasolina. Ele disse que o corpo ainda não estava liberado e, imediatamente, comecei a vomitar na calçada. Ele me deu um Plasil e avisou que teria de ir embora para uma reunião. No momento mais difícil da minha vida ele tinha uma reunião. Devia ser muito importante, aquela reunião. Ainda teve a delicadeza de, mais tarde, me ligar para falar de dinheiro e alertar para o perigo de o meu tio me passar a perna na herança. De fato foi o que ele fez, mas morreu sete meses depois da minha mãe e eu não estava interessada em nada disso, o que eu queria era a minha mãe de volta. "Filho-da-puta, a minha mãe morreu e você está falando de dinheiro, você nunca está do meu lado, será que você não vê o que está acontecendo?", eu gritava no telefone, enquanto o hospital inteiro olhava para mim.

Eu já tinha visto gente morrer de tiro, mas nunca tocara numa pessoa morta. Quando liberaram o corpo, vi o caixão no chão da sala. Me joguei em cima da mamãe e do seu rosto gelado. Não era assim que eu gostaria de ter me despedido. Queria tê-la abraçado mais vezes, falado que a amava, ligado mais, escutado mais o que ela falava, pensado mais nela. Queria não ter brigado por tanta bobagem. Queria ter tido outra chance. Se ela pudesse voltar, o que eu mais queria na vida era lhe dar um abraço, só mais um abraço, daqueles apertados que duram alguns minutos.

Quando guardaram o corpo fiquei a sós com a Carla, e foi a primeira vez que desmoronamos juntas, abraçadas, chorando mais do que sabíamos ser capazes. "Jura pra mim que você nunca vai deixar a peteca cair, podem falar o que for, mas você vai estar sempre linda, do jeito que ela gostava de te ver", ela dizia, já com os olhos inchados de tanto choro. A minha mãe fora uma mulher interessante, mas, nos seus últimos anos, beleza não era o seu maior atrativo. Talvez por isso ela curtisse tanto exibir sua filha e sua irmã, para ela símbolos de beleza e fonte de orgulho. Era por isso que a gente fazia questão de se bronzear e passar no cabeleireiro antes de ir ao hospital. Era uma lógica maluca, mas a vida é maluca até o último segundo.

No dia seguinte a minha mãe foi cremada e o Tito, meu ex-terapeuta, me convenceu a ligar para o meu pai e pedir desculpas. Algo como "Pai, me desculpa, eu fiquei nervosa porque a minha mãe tinha acabado de morrer." Num ato de suprema bondade, ele teve a grandeza de me perdoar. Acho até que ele podia estar sofrendo por não conseguir me ajudar, afinal ele também não sabia lidar com dor, mas não sou Gandhi para ter tanta compaixão pelas pessoas e conseguir perdoar tudo. Algumas mágoas, infelizmente, não se desfazem.

A praia não era a mesma sem a minha mãe no mundo, o calçadão não era o mesmo, as ruas não eram as mesmas. Sentada num quiosque, olhando o mar de fim de semana em Ipanema, eu sabia que nada mais seria igual daquele dia em diante, mesmo que as pessoas continuassem sorrindo, dando mergulhos e jogando frescobol como se nada fosse.

Abri a caixa e o pó era branco e duro, como flocos de aveia, e deixava uma poeira grudada na mão. Antes de jogar todo o pó nas montanhas, acordei. Eu sonhara com as cinzas da minha mãe. Eu nunca vira cinzas de cremação antes, e sempre imaginei que elas fossem como cinzas de cigarro. Não eram. Quando abri a urna da minha mãe, era exatamente como no meu sonho, branca, dura e deixando sempre uma poeira na mão. Foram essas cinzas que Carla, eu e Heloisa, então empregada da família há mais de quarenta anos, que nunca deixou que falassem mal da mamãe, jogamos no Jardim Botânico.

Quando chegamos lá, num fim de tarde de verão, os portões já estavam se fechando. Para não perdermos a viagem, disse para a Heloisa explicar para o guarda que nós éramos gringas e, *excuse*, não sabíamos o horário de funcionamento do espaço. "Me deixa entrar com essas duas gringas, meu patrão mandou trazê-las e elas estão enchendo o meu saco porque vão voltar hoje mesmo para a França", falou a Heloisa. Carla e eu, de short de Bali, camiseta e chinelos, cabelos louros e peles queimadas de sol, éramos mesmo as perfeitas gringas, principalmente pelas caras que fazíamos de quem não estava entendendo uma vírgula do que acontecia. Entramos.

É proibido jogar cinzas no Jardim Botânico, mas era o que a minha mãe queria. Já fizera tanta coisa proibida na vida que como poderia, naquele momento, deixar de atender a um pedido da mamãe? Quando acabamos de jogar as cinzas num lago perto de uma queda d'água, começou a cair uma chuva forte de verão. Voltamos correndo para o carro antes que algum guarda visse o que acabáramos de fazer e, já abrigadas, rimos de toda a situação. Minha mãe e minha avó deviam estar rindo junto, porque as duas também sabiam ser palhaças. Certa vez, num trem da França, vimos que a cabine a que o nosso bilhete de *couchette* dava direito era péssima e, sem pensar duas vezes, minha avó deu um jeito de migrarmos para a primeira classe imediatamente. Disse que estava passando muito mal e tanto fez que, não sei bem como, seguimos viagem muito bem acomodadas, rindo das suas caras e bocas.

Voltei ao Jardim Botânico apenas duas vezes. Na primeira, num dia das mães, levei para ela uma carta. Na segunda fui com a Julia, porque queria mostrar a ela onde estava a sua avó.

Para piorar os meus dias de luto me mudei para o apartamento de Copacabana, seguindo os conselhos do meu pai. Ele devia querer que eu ficasse com o imóvel que, vendido pelo tio Kiko antes da liberação da justiça, foi dividido entre ele, Carla e eu. Até a entrega do apartamento fiquei por lá, imersa naquele museu de recordações tristes. Não fiquei com nada da minha mãe além de uma cama, um Gameboy e um sutiã. E daria tudo para vê-la de novo numa fita qualquer de vídeo, mas nunca consegui que me dessem alguma.

Enquanto arrumava as suas coisas em caixas e brigava com o meu estômago para conseguir tocar nas suas roupas, sentir o seu cheiro e ver os milhares de cartões-postais que ela e minha avó colecionavam, recebi um telefonema da Vera, aquela amiga que a minha mãe deixara morar no apartamento do Rio Comprido. "Como ficou aquela história do filho dela?". "Como é que é, Vera?". "Foi numa festa junina que ela me contou, ela tinha bebido um pouco e, olhando para algumas crianças, começou a chorar e disse que o filho dela teria a idade daquelas crianças se não tivesse morrido num acidente de trem na França". Achei que a Vera estava completamente maluca, surtada, abalada com a morte da amiga, e desliguei o telefone. Quando ele tocou de novo e era a Carla, aproveitei para perguntar que história era aquela. Diante do silêncio no outro lado da linha, disse que era bom que ela me contasse tudo logo de uma vez. "Sua mãe não queria que você soubesse", ouvi.

Ouvi outras coisas, ainda. Ouvi que engravidamos na mesma época, e finalmente entendi por que ela não estava do meu lado quando a Mariah nasceu. Ela também estava tendo um filho, na França, criança que foi dada para adoção. Tenho certeza de que muitos porres foram tomados em nome dessa criança que ela nunca mais poderia ver. A lei francesa de adoção é rígida e, uma vez assinados os papéis, a mãe biológica nunca mais recebe notícias do filho. É, de fato, como se ele tivesse morrido.

Fiquei pensando quantas noites de pó não existiram por remorso, preocupação ou arrependimento. Hoje, revendo a foto enviada da França na época, consigo ver que ela estava grávida mesmo com aquele casacão de neve cobrindo o seu corpo. Acho que foi por isso que a minha mãe ficou doente. De tudo o que deve ter sofrido sem conseguir colocar para fora, de tristeza de não ter podido criar mais um filho porque não tinha mais idade nem condições e só não teve coragem de fazer mais um aborto, de mágoa do pai da criança, talvez, de dor por não poder estar do meu lado no momento em que nascia a sua neta, do exílio involuntário ao lado da sua mãe que, ao contrário dela mesma, pudera ajudar a filha durante uma gravidez difícil.

Mas a minha mãe pode ficar tranqüila. Eu nunca senti raiva dela nem nunca vou sentir. E, do jeito que a minha vida é, qualquer dia acabo encontrando o meu irmão por aí, de férias no Brasil.

CAPÍTULO 10

No olho do furacão

Mara, namorada do meu irmão, sofria de distúrbio bipolar. Seus cheques sempre sustados também. Não estávamos numa boa fase. Grávida mais uma vez e mais uma vez sem um tostão, fiz com ela algumas compras pouco pensadas, como uma coleção de cosméticos importados que nunca usaríamos, tampouco pagaríamos. Como esquecêramos o que eram as prioridades da vida, resolvemos fazer a última extravagância. Munidas de Rivotril suficiente para apagarmos de vez, fomos para um motel de luxo e pedimos a melhor suíte. Poderíamos pedir tudo do bom e do melhor, porque não precisaríamos mesmo pagar no dia seguinte. Ao menos não com dinheiro. Entramos no quarto, tomei um belo banho e, quando terminei, estava na hora de O clone. Eu não costumava perder um capítulo daquela novela. Sentamos para assisti-la, acabamos conversando e deixando de lado a razão de estarmos ali. Sem falarmos nada, tomamos Rivotril suficiente para dormir não mais do que uma noite. No dia seguinte, a convenci a tentar mais uma vez consertar a vida, a descobrir outras alternativas para o suicídio. "Tá bom, vamos tentar", ela disse. Antes de passar um dos seus cheques sem fundo, tratamos de encher a mochila com todos os itens do frigobar. Poderíamos ter passado direto pelo segurança, não fosse o secador de cabelo que a Mara também colocou na mochila. Já no táxi, enquanto eu falava no celular com a Flavia, "Vocês são malucas, vai sujar", ouvi o gerente do motel pedindo para que nós o acompanhássemos, por favor. "Achei que era brinde", disse a Mara, quando ele pediu para que ela abrisse a mochila e viu o secador. "Sujou, Flavia." O que o meu pai diria se me visse de manhã num motel, tentando passar um cheque sem fundos ao lado de uma mulher? Mara pediu ajuda a um amigo que, duas horas depois, quando finalmente chegou, perguntou por que nós havíamos feito aquilo. "Porque somos duas irresponsáveis e inconseqüentes." Depois de se despencar de Niterói para o Rio de Janeiro às pressas e ouvir essa resposta, deu meia volta e foi embora, não sem antes nos mandar para a puta que pariu. Imagino o que esse amigo deve ter sofrido de remorsos quando, anos depois, sozinha, Mara conseguiu fazer o que não tivemos coragem de fazer juntas, se atirando do 14º andar de um motel da Glória. Ainda havia um papel de cocaína preso no seu sutiã.

De volta à psiquiatria, aos antidepressivos e ao meu manequim pele e osso, parecia que eu voltara no tempo e que Londres fora apenas um sonho bom. De repente, aquele horizonte da fazenda parecia coisa de filme de cinema. Eu não entendia por que Deus estava fazendo aquilo comigo justamente quando conseguira me afastar da cocaína. Deve ter sido por isso que, tirando a paz da minha mãe morta, voltei para o Marcelo, por quem ela nutria verdadeiro ódio. Para ela, fora ele quem me empurrara para o Pinel naquele episódio em que passei uma noite amarrada na cama. De fato, foi depois de uma das nossas brigas que perdi totalmente o controle, mas naquela hora, em que a minha mãe e a minha avó não estavam mais no mundo, em que Londres evaporara e eu, mais uma vez, não sabia o que fazer da vida, voltar para ele me parecia inevitável. Num ato impensado, antes mesmo de conversar com o Ricardo, voltei para os braços errados. Talvez eu quisesse levar aquela história interrompida até o fim, mesmo que fosse para encontrar o ponto final.

Alugamos um apartamento na Urca e, intercalados com os curtos momentos felizes em que íamos passear em Teresópolis, todos os momentos de ciúme doentio voltaram imediatamente à tona. Andar de moto com o meu irmão Ricardo, por exemplo, já era motivo de estresse. O que não ajudava em nada a acabar com a minha anorexia nervosa, que já fazia com que o Marcelo, antes de sair para trabalhar, deixasse pronta para mim uma mamadeira de Sustagem.

Como se não bastassem as mortes da mamãe e da vovó, alguns meses depois o meu tio Kiko, para quem eu costumava dar presente no dia dos pais quando era criança, morreu de um jeito no mínimo estranho. Não houve autópsia e, pela versão oficial, ele morrera por causa de uma veia estourada no estômago. Não duvidaria nem por um segundo se me dissessem que ele morreu de overdose. A minha família, assim de repente, sem aviso prévio, *out of the blue*, estava sendo dizimada.

Tio Kiko morreu brigado comigo. Quando ele embolsou a minha parte da venda do apartamento da mamãe, falei, aos gritos no celular, que ia matá-lo. Eu falo a mesma coisa para os meus amigos, às vezes, quando eles me aprontam alguma. Não era uma ameaça real de morte, mas ele preferiu levar a sério e fazer uma queixa na delegacia. Afinal, segundo ele, Ana Karina não respondia por seus atos. Foi o que ouvi ainda no apartamento de Copacabana, quando ele insinuou que eu deveria ser interditada, perdendo o direito à herança por ser, vamos dizer, instável mentalmente. Logo ele, que cheirava tanto quanto eu e muitas vezes na minha companhia. Foi o que fiz questão de lembrá-lo na ocasião, perguntando se ele também não gostaria de ter um tutor.

Mas eram brigas de família. Desagradabilíssimas, é verdade, mas eu acreditava que todo aquele desentendimento ia passar. Não precisava ter sido do jeito que foi. Apesar de tudo, tio Kiko era mesmo como um pai pra mim, com quem passei bons momentos na infância e na adolescência. Perdê-lo assim, logo depois de perder a minha avó e a minha mãe, foi um baque duro demais.

Minha tia Carla não acreditou na minha versão, preferindo ficar do lado do irmão. Também não me espantaria se descobrisse que, em algum momento, ela tenha me culpado pela sua morte. Com a nossa relação de cúmplices de hospital sendo corroída pela desconfiança, eu perdia mais um vínculo. A Julia também já não estava muito por perto, já que o meu pai proibira o convívio dela com o Marcelo. O circo estava montado. Aquela vida simples, livre e colorida da fazenda só podia ter sido uma alucinação.

Achei que Deus não estava sendo justo, e ficamos de mal. Estávamos brigados como todo mundo na minha família, e tão brigados que eu deixaria até mesmo de cumprir a promessa que fizera à minha mãe. Eu não seria uma boa menina e ela não gostaria muito do que veria nos anos que se seguiram.

Vocês também não gostariam e por isso mesmo vou poupá-los dos detalhes. Eu poderia contar que, certa noite, no curto percurso necessário para atravessar o túnel Rebouças, entornei um litro inteiro de conhaque, num recorde sem precedentes para o meu fígado; que recaí ora com a Joana, ora com o Marcelo, ora com meu irmão, este capaz de vomitar e ficar praticamente desacordado no banheiro de uma boate por quatro horas; que não consegui nem cuidar dos cachorros que eu continuava comprando ou ganhando e que um deles, o dogue alemão Beque, fez tanto xixi na sala que acabou com o sinteco daquele apartamento tão nojento que me fazia tomar banho de chinelos e onde a porta vivia aberta, porque perdêramos a chave numa noitada; que, drogada em Itaipava, fui montar a cavalo e não senti o estribo furando o meu tornozelo até ser possível ver o osso, ferida que ficou aberta por seis meses, se recusando a fechar com tanta cocaína circulando no organismo; que fiz de tudo para que a Urca inteira me odiasse, inclusive ir até a igreja batista, às oito da manhã de um domingo, virada de uma festa rave, descalça, de calcinha, camiseta e cabelo desgrenhado, para falar que Deus não era surdo, que o pastor não precisava berrar tanto e que eu não estava conseguindo dormir com aquela gritaria. Eu também poderia contar que a cada Natal e Ano-Novo que se aproximavam eu me desesperava com a ausência da minha mãe e cheguei a ter um surto que me fez ir até o seu prédio para visitá-la como se ela ainda fosse viva; que fui mais uma vez ao Pinel pedir socorro porque os remédios não tiravam a dor da alma e que, na maior parte do tempo, estive brigada com o meu pai – no pior dos barracos, ele me perguntou por que eu não fazia o favor de morrer logo de uma vez e deixar todo mundo em paz. Isso foi antes de ele me dizer que nunca mais me devolveria a Maria Julia. Poderia ainda relembrar que, desesperada para conseguir parar de cheirar, até em Convenção do NA fui, e, quando isso também não deu certo, fui morar num veleiro que ficava ancorado em plena baía de Guanabara. Lá, ilhada, consegui ficar um mês sem pó, felicíssima, pescando e vendo estrelas antes de dormir. O que era uma ironia da vida, se eu parasse para pensar que aquele barco era de um amigo recaído do NA.

Eu poderia contar muito mais ou muito menos, porque, como já disse, graças a Deus bloqueei muita coisa da minha memória. Certas coisas eu gostaria de não lembrar, como quando fui sozinha à Santa Casa da Misericórdia tentar me curar da anorexia e a médica não me deixou voltar para casa. A minha pressão arterial estava um fio, disse ela, e pediu o telefone do meu pai. Depois de alguma discussão, ela praticamente o obrigou a me internar num hospital psiquiátrico, onde fiquei uma semana antes de ir com ele para Angra e seguir a orientação dos médicos, que era descansar. Pela primeira vez me senti cuidada por ele, que controlava meus remédios e minha alimentação e me dizia para prestar atenção nas coisas boas que a vida ainda tinha para me dar. Era um pai diferente daquele que, muitos anos antes, costumava trazer meus remédios e dizer que sua filhinha, dopadinha, ficava muito boazinha.

Minha mãe tentara, nos seus últimos dias, me dizer que os paradoxos fazem parte da vida, mas é muito difícil conviver com eles. Talvez ainda sejamos muito exatos num mundo tão caótico, mas o fato é que eu desconfiava, cada vez mais, que estava ficando maluca. Certas coisas, como comprar pó de um traficante disfarçado de mendigo, por exemplo, eram demais para a minha cabeça. Outras coisas, como ser dedurada por um colega do NA que fez o favor de contar para o meu pai que me vira escondida debaixo de uma banca de jornais em plena Visconde de Pirajá, em Ipanema, era demais para a minha paciência. O que eu revidava com os meus desaforos, dizendo nas reuniões, por exemplo, que as recaídas vinham sempre de calcinha e sutiã e que quem ainda não me comera não comeria mais. A verdade é que aquelas reuniões, dependendo dos humores do dia, podiam ser grandes baixarias. Principalmente comigo presente, que, irritada por estar de volta àquele ambiente que mais me parecia um castigo, tratava de irritar os outros.

Por um bom tempo, parecia que o tempo parara. Mais deprimida do que nunca, comecei a tomar Valium como quem chupa balinhas de hortelã. Cheguei a tomar 80 miligramas numa tarde, o que faria qualquer ser humano razoável entrar em coma ou ao menos precisar de uma lavagem estomacal. Por algum motivo eu resistia a tudo, menos à dor.

Não demorou para que o Marcelo, recaído, fosse expulso do apartamento pelo meu pai, que mandava e desmandava em todo mundo naquela casa e viria a me expulsar também quando ficasse sabendo que eu estava grávida mais uma vez – e não do Marcelo.

Antes disso, é claro, muita coisa aconteceu, ou um pouco mais do mesmo. Era mais uma vez um tanto previsível, mas o fato é que só consegui me manter limpa quando mudei as minhas companhias. Enquanto eu ficasse naquele apartamento com o meu irmão – que se mudara para lá depois da expulsão do Marcelo –, onde, mesmo estando em quartos vizinhos, um falava com o outro pelo telefone por pura falta de coragem de levantar da cama para tentar curar a ressaca ou ao menos buscar as roupas que ficavam eternamente largadas no varal comum do prédio, nada de bom poderia acontecer na minha vida. Eu poderia até estar me divertindo muito nas inúmeras festas e boates que freqüentávamos, mas perdera todo o resto. Não tinha mais casa decente, nem filha, muito menos vida própria. Diga-me com quem andas e te direis quem és. Essa deveria ser mais uma máxima do NA, se é que já não é. Eu nunca saberia dizer, porque jamais decorei nem mesmo os primeiros cinco passos e até hoje não tenho idéia do que significa qualquer uma das várias siglas da organização.

Quando reencontrei os amigos Tales e Lucia, presidente e primeira-dama de um Moto Clube, comecei a ter mais forças ou ao menos mais motivos para pensar em outras coisas além de cocaína e a morte da minha mãe, a morte dela e a cocaína. Cheguei a morar com eles um tempo, e fizemos uma bela viagem ao sul do país. Os dois, gentilíssimos, me ajudaram a ver que eu podia, sim, ser bem tratada, e colocavam os motoqueiros sempre à minha disposição. Quando fiquei plantada e catatônica na portaria do prédio da minha mãe, por exemplo, foi um deles que tratou de ir me buscar.

Mas continuava sem casa para morar e tão perdida que quando o Arnaldo, aquele amigo de infância com quem a minha mãe não deixava eu conversar ao telefone, me convidou para morar com ele, aceitei sem mais delongas. "Arnaldo, mas eu não amo você", ainda disse. "Não tem problema." Fora uma decisão tão bem pensada quanto a idéia dele de começar a clonar cartões. Eu já sabia que o Arnaldo, filho de juiz, era cleptomaníaco, mas quando ele se juntou com uma turma estranha e começou a falar como um bandido, pulei fora de vez. Já tentara terminar aquele relacionamento antes, quando saí de casa escondida e enchi o carro do meu pai e o da Flavia com malas de roupas, mas esqueci o armário lotado de sapatos. Foi o suficiente para que ele ficasse, literalmente, uivando na porta de casa, numa rua movimentada de Ipanema. A nossa vida, para os vizinhos, era melhor do que a novela *O clone*. Para dar um tempo e sumir da sua vista, fui para a casa do Ricardo, em São Paulo. Quando ele me disse que voltaria ao Brasil para ficar comigo porque sabia que eu não estava bem, não tive a decência de falar, na época, que havia voltado para o Marcelo. Tive de dar a notícia cara a cara e ouvir uma daquelas declarações de amor e ódio para as quais você só pode dizer "Sinto muito". Eu sentia muito, de verdade. Ricardo foi uma das pessoas mais especiais da minha vida, mas eu precisava reviver aquela história com o Marcelo, interrompida quando fui, praticamente, deportada do país. Para o meu alívio, conseguimos manter a nossa amizade, que será eterna.

Quinze dias depois de eu ter sumido de vez da sua vida, Arnaldo levou dois tiros na porta dessa mesma casa em Ipanema, provavelmente de alguém que descobrira o seu hobby preferido. Ele se feriu no braço, mas sobreviveu. Doido de pedra como sempre, mas vivo. Uma pena que fosse tão perturbado, porque Arnaldo era muito divertido. Foi com ele que passei, na Disney, o primeiro Ano-Novo depois da morte da minha mãe. É claro que ele roubou a Disney inteira. Até então a Julia nunca ganhara, na vida, tantos bichinhos de pelúcia.

Eu começava a achar que não existia mesmo ninguém normal na face da Terra quando reencontrei a Constança. Depois de topar até emprego num templo Hare Krishna, onde ganhava um belo dinheiro para dar banho em estátuas, revi uma pessoa que me parecia, inacreditavelmente, sensata de verdade. Era bom estar com alguém assim depois de mais um relacionamento falido e um aborto feito com dinheiro emprestado. Gagoo, o pai da criança, como todos os meus namorados, também quis casar. Disse que assumiria a criança, que ficaríamos bem e tudo mais que vocês já sabem de cor.

Nós tínhamos uma conexão forte, Gagoo e eu. Nos conhecemos no NA e fiquei impressionada com aquele cara espiritualizado, vegetariano e praticante de ioga, que não falava mal de ninguém e sempre levantava o meu astral. É claro que não parecia ter muito sentido tomar um suco clorofilado antes de cheirar uma carreira, mas a vida, lembrem-se, é feita de paradoxos. Gagoo é uma das melhores pessoas que conheço – e olha que conheço muitas. Além da sintonia que tínhamos, uma coincidência nos unia: seu tio, que tinha o mesmo nome, Galdino, fora o homem que a minha tia Carla mais amara na vida. Eles namoraram, mas nunca chegaram a ficar juntos de verdade, para o desespero da minha tia, completamente apaixonada por ele. Mergulhador como o Silveira, paixão da vida da minha mãe, acabou morrendo afogado.

Talvez por isso eu me sentisse íntima do Gagoo. Sentia que tínhamos uma ligação qualquer, uma energia que vibrava na mesma freqüência. Infelizmente, essa energia às vezes era a da cocaína. Certo dia, cheirados da noite anterior, acordamos para mais um teco antes de ir para o Centro da cidade resolver um problema da moto dele. Eu nunca tinha feito isso na vida, ir para o Centro drogada. Aquele frenesi e aquela multidão que parecia não parar de olhar para os nossos olhos esbugalhados e nossos narizes escorrendo eram simplesmente de enlouquecer. Era como se a nossa vida fosse um filme acelerado, onde os personagens falam frases ininteligíveis e as paisagens mudam a cada fração de segundo. Acabáramos de entrar num caldeirão e era impossível sair dele. A cada botequim em que entrávamos para dar mais um teco, ficava mais difícil conseguir sair daquele redemoinho. Já era noite quando encontramos um cara do NA que, viciado em pico, estava recaído. Fomos com ele até a praça Mauá ou algum lugar parecido comprar mais. Sentados num beco, não conseguíamos sair do lugar, porque Gagoo não tinha condições de sequer ligar a sua moto e eu não tinha condições de sequer pedir um táxi. Ficamos lá por um bom tempo, imobilizados no nosso mundo acelerado, presos no olho do furacão. Não foi à toa que, quando finalmente conseguimos voltar para casa, meu cachorro, já acostumado com o Gagoo, avançou para mordê-lo. Até um cachorro é capaz de perceber quando a energia de uma pessoa não é a mesma de alguns tecos atrás.

Numa das vezes que me internei no Solar, conheci a terapia das almofadas. Éramos orientados a segurar uma almofada para cada coisa boa da vida: uma almofada para a família, outra para a saúde, mais uma para o trabalho, para o marido, para filhos. Quando os braços já estavam tão ocupados que mal podiam se mexer, era a vez de pegar a cocaína. Bastava esticar um braço para que as almofadas começassem a cair no chão. Foi uma das metáforas mais perfeitas que conheci.

Depois de passar um mês na casa da Flavia, que, de tão disposta a me ajudar, fazia um bolo de chocolate por dia para segurar a barra da minha abstinência, fui para a casa do meu amigo Fê, onde fiquei três meses antes de me mudar para a casa da Constança. Durante esse tempo, mereci cada ficha do NA. É difícil ficar limpa quando seu anfitrião tem outros interesses. Estava passando aperto desde que fora expulsa de casa mais uma vez e voltara à minha rotina nômade. Tudo o que eu queria, apesar de toda a mágoa, era voltar a falar com o meu pai. Já com o meu irmão, que continuava na ativa, eu não fazia muita questão de retomar contato. Em mais uma das contradições do meu pai, Duda ganhara o direito de ficar com o apartamento, mesmo levando uma vida tão perdida quanto a minha. A diferença, acredito, é que ele não podia ficar grávido.

Na casa da Constança, em Ipanema, finalmente me senti confortável como há tempos não acontecia. De repente eu tinha um armário onde podia arrumar as minhas roupas, luxo que nem lembrava que existia. Quando ela me convidou para morar com ela, depois de saber da minha situação, não imaginei o alívio que sentiria. Finalmente, depois de muito tempo, ancorei mais uma vez num porto seguro.

É claro que a perfeição não existe e, energia cortada por falta de pagamento, estávamos vivendo à luz de velas, das velas que eu comprava obsessivamente quando morava com o Arnaldo. Eu parecia saber que um dia precisaria muito delas, pensava enquanto recarregava a bateria do meu celular na portaria, diariamente. Passando também por uma fase difícil, Constança estava tomando muitos remédios e precisava, urgentemente, fazer algum outro exercício além de apertar os botões do controle remoto. A convenci a andar na praia todos os dias e começamos a nossa rotina de pessoas sensatas. Ou nem tão sensatas assim, porque, histérica com a falta de televisão, som e geladeira, tratei de arrumar uma pessoa para fazer um "gato", que era para a gente ter a sensação de que a vida progredia. Essa pessoa era o Rogério, conhecido do grupo com quem eu estava saindo e que me deu um cachorro tão filhote que, na minha mão, mais parecia um hamster. Fiquei tão apaixonada que troquei o homem pelo cachorro, terminando o caso. Ele, o cachorro, tão frágil quanto eu naquele momento, era capaz de preencher o meu coração sozinho. O nome dele era Sweet, mas, não sei por que, acabou virando Chuchu. Chuchu andava dentro da minha bolsa, me acompanhando para todos os lugares. Ele também estava vendo de perto o milagre que acontecia naquele dois-quartos em Ipanema. Enquanto conseguia me manter limpa freqüentando todas as reuniões possíveis e imagináveis do NA e do AA, Constança também recuperava sua forma e sua alegria de viver. De tão duras ainda precisávamos dividir um chá gelado na livraria Letras & Expressões, mas havia uma paz no ar, uma leveza, um astral que, se eu fosse tão religiosa quanto a Constança, diria que era milagroso. Estávamos recebendo apoio de amigos antigos e novos como a Márcia, do NA, que usava o salário da mãe falecida para nos ajudar a fazer compras de supermercado e às vezes pagava até o cabeleireiro. Íamos juntas quase todas as noites à Pizzaria Guanabara, onde ficávamos vigiando os garçons para que eles não pusessem vodca no suco de tomate da Márcia, acréscimo que ela, portadora do vírus da hepatite C e portanto mais proibida do que nunca de beber, já aprendera a pedir escondido. Quando vi uma foto da Márcia adolescente, não pude acreditar que era a mesma pessoa. Aquela gata de cabelos longos, biquíni e cara feliz de quem estava passando férias na Grécia não podia ser a mesma mulher obesa, de cabelo curtíssimo e rosto maltratado pelas noitadas, lutando para conseguir ir a uma pizzaria sem recair. Pode parecer uma bobagem, ir a uma pizzaria sem recair, mas só os viciados sabem como pode ser difícil e, ao mesmo tempo, delicioso quando o programa consegue, de fato, se resumir a dividir uma pizza.

 Com o tempo, Chuchu foi crescendo e fui me convencendo de que Deus devia, mesmo, estar em algum lugar perto de mim. De madrugada, assistindo a um programa da Igreja Universal, comecei a ligar para o Disque Oração. Que o meu pai voltasse a falar comigo, era o meu único pedido. Até então não falara com ele nem no aniversário da Julia, quando a deixaram no McDonald's para que ela ficasse comigo uma ou duas horas. Já no meu aniversário ele só me deu parabéns porque a Constança ligou para ele e praticamente o obrigou a falar comigo. Três dias depois do meu pedido, recebi um telefonema da Mirian. "O seu pai quer tomar um café com você", ela disse. "Na mesma mesa?", brinquei.

"Toma benção", falou o meu pai, numa das suas brincadeiras preferidas. Eu nunca pedira benção a ele, mas, depois das nossas pazes, era bem capaz de eu começar a pedir. Seria coerente para uma pessoa que já cantava e sabia todas as coreografias da Igreja Universal. De óculos escuros, tentando disfarçar ao máximo nossa presença, Claudia e eu acompanhávamos as danças e as músicas, animadas como nunca. "A minha vitória quem garante é Jesus", e eu batia palmas no lugar que, acabara de descobrir, era mais seguro do que o NA. Nesse dia em que nos reencontramos, meu pai e eu, Constança estava presente e fez questão de dizer que eu estava "uma princesa". Nem tão de repente assim, em mais uma das minhas reviravoltas, eu era uma princesa felizinha, que começava, timidamente, a fazer as pazes com Deus.

CAPÍTULO 11

Vidas normais também têm seus problemas

Foi paixão à primeira vista. Dele, não minha, porque eu andava esquecida de como era isso de se apaixonar de verdade. Eu parecia, disse ele, a Brigitte Bardot. Meu bronzeado, de fato, estava digno de Búzios, e os meus cabelos, mais louros do que nunca e presos no alto da cabeça, acompanhavam com alguma categoria o figurino calça jeans e camiseta branca decotada. Para completar o personagem, carregava a tiracolo um cachorro branco, o meu querido Chu. Enquanto era capaz de virar um lixo grudada na cocaína, podia me sentir bem bonita quando conseguia ficar limpa. Enquanto ele me olhava, obcecado, nem dei bola. Continuei conversando com a Constança, que me chamara para aquele Bistrô do Livro, novidade na nossa Ipanema.

"Estou de novo no Bistrô, vem pra cá", me falou ao telefone dias depois a Constança, que, acompanhada de uma amiga nossa, a Ana Luiza, pedira um prato de comida tão bem servido que daria para três. Eu não precisava de muito para sair das reuniões do NA, e aceitei imediatamente o convite. Dessa vez, prestei um pouco mais de atenção no homem que estava lá de novo e não parava de olhar para mim. Eu já estava ficando sem graça, mas não pude deixar de notar seus olhos, intensos e meigos ao mesmo tempo. "Vocês estão sendo bem servidas?", ele perguntou. Gustavo era o dono daquele lugar e parecia tão animado com o nosso papo que, quando dissemos que tínhamos de ir embora, ofereceu uma carona. Constança ficou em Ipanema e eu pedi para me deixar no Baixo Gávea, onde encontraria com dois amigos. Quando parou o carro, perguntei se ele não queria ficar.

Foi a primeira vez na minha vida que fiz uma escolha decente. Nessa época, limpa, freqüentando o NA, a Igreja e o que mais me dissessem ser útil para me manter longe das drogas, estava entre a cruz e a espada saindo com dois caras nem um pouco interessantes para a minha recuperação. Um deles, que estava no Baixo, sentado ao meu lado numa mesa de bar, era o Ligo Ligo, que, como vocês podem imaginar por esse nome, estava completamente drogado. Seu negócio era ecstasy. Já o outro cara, o Dado, estava àquela altura pancadíssimo no Jobi com a Márcia, que, para piorar a sua vida, andava namorando um "príncipe": cheirando todas, ele queria mais era levá-la para o buraco – mas não era o que ela via. De repente, todos eles ficaram muito distantes do Gustavo, homem de carne e osso que estava, ali, deliberadamente interessado só em mim, mais nada. Nem ecstasy nem pó, só Ana Karina. Faz uma grande diferença. Nessa hora, intuí que deveria aproveitar a corrente e me despedi do Ligo Ligo antes de pedir para o Gustavo me levar até o Jobi, onde me despedi dos outros problemas disfarçados de gente. A partir dali, a noite era só minha e do Gustavo. Passamos a noite inteira conversando, e eu nem sabia mais que isso existia na vida, conversar uma noite inteira. Quando amanheceu, o deixei pegar na minha mão. Se ele achara que transaríamos na primeira noite, estava enganado. Eu sentia que aquele era mesmo um momento especial.

"Desmarca todos os compromissos de hoje porque estou apaixonado", ele disse para a secretária. Só não desmarcou o dentista, o que fez com que ele me convidasse a ir junto até o consultório às oito da manhã, o que fez com que eu aceitasse prontamente. Pedir companhia para ir ao dentista era, no mínimo, uma prova de que ele simplesmente não queria se desgrudar tão cedo. Ter a idéia de um café-da-manhã no Copacabana Palace era uma mostra de que ele estava disposto, loucamente, a me agradar ao máximo. Pensar num passeio em Vargem Grande, convidar para um banho de piscina no final da tarde, isso tudo para quem não havia pregado o olho a noite inteira era a evidência de que não é só a cocaína que pode nos deixar ligados. Algo de muito forte e especial estava acontecendo ali, o que significava, para mim, a hora H, aquela em que eu teria de mostrar quem eu realmente era. "O negócio é o seguinte: sou dependente química, já tive 17 internações, sou viciada em cocaína e estou limpa há seis meses. Se você quiser desistir a hora é agora, porque sou uma roubada."

"Não estou nem um pouco assustado", disse o Gustavo, e parecia estar sendo sincero. Aquilo era novidade. Difícil de acreditar, mas ao menos eu fizera a minha parte. Depois não digam que não avisei. No fim do dia, quando eu já levara para a casa dele a perdida da Márcia e o meu cachorro, demos o primeiro beijo. Ao me deixar em casa, Gustavo fez questão de me dar o celular dele, que era para ter certeza de que conseguiria falar comigo. Cinco dias depois, quando chegou o Natal, pedi para levarmos a Márcia e seu namorado-roubada para a ceia do Ceasar Park. Eu estava tentando, de todas as formas, tirá-la do buraco e fazê-la enxergar, como eu mesma estava enxergando, que a vida podia ser diferente.

Na noite do dia 24, ganhei um anel de brilhantes. E flores, flores, bilhetes, cartões com poesias e mais flores. Não poderia imaginar aquele idílio amoroso quando, numa tarde, olhando pela janela da casa da Constança, pedi a Deus para encontrar uma pessoa legal. Como eu queria ter uma vida normal, com um companheiro que não me fizesse pensar em cocaína, a minha filha e a minha casa, meu Deus, como eu queria.

Tinha a impressão de que Deus finalmente ouvira as minhas preces mas, mesmo assim, quando acabaram as suas férias no Rio, relutei em ir com o Gustavo para São Paulo, onde ele trabalhava. "Namorado não tem de se ver todo dia", eu dizia. Na verdade, eu ainda estava levando uma vida adolescente sem droga, tudo muito leve, e o Gustavo já era pura intensidade. Na balança, o lado dele pesou mais. Em pouco tempo, quando parei com o jogo duro, estávamos casados e, no avião para São Paulo, levava o Chuchu a tiracolo. Quando implicavam com o meu acompanhante, Gustavo já dizia: "Não vou admitir que tratem mal o meu cachorro!"

Eu bem que tentei, mas não levava jeito para passar as semanas em São Paulo, num apartamento impessoal, fazendo ginástica e esperando o Gustavo chegar para jantar. Quando quis voltar para o Rio, ele me disse para ir logo para o apartamento dele. A essa altura me dei conta de que ele era tão generoso quanto a minha mãe. Mais rápido do que eu poderia sonhar, Gustavo estava abrindo mais do que as portas da sua casa. Estava, na verdade, abrindo o coração e me convidando a ter outra vida. Pela primeira vez, alguém acreditava que eu era uma pessoa viável, capaz de cuidar de uma casa e, principalmente, da minha filha. Foi o primeiro homem que me olhou sem preconceitos e deixou de lado os rótulos de ex-viciada e dependente química. Não à toa levei um susto quando, levada pela lei natural das coisas quando se está apaixonado, me vi morando com ele e com a Julia. Ter a minha filha de novo comigo parecia um sonho, o mesmo sonho bom que era passear de lancha com ele em Angra, pensando em quantas coisas boas da vida deixara de fazer por causa da cocaína. Ir a Angra, nos meus tempos da ativa, significaria no máximo uma festa à noite da qual não lembraria de nada no dia seguinte, e não teria feito diferença se estivesse sol, se chovera ou surgira um tsunami. Gustavo era mais do que um porto seguro. Era um salvador gentil, capaz de abrir a casa para as pessoas do NA, que, para ele, era o mesmo que uma instituição secreta da NASA. Alheio a qualquer teoria de dependência química, no entanto, Gustavo sabia o que era mais importante: dar apoio, segurança e estímulo de verdade.

"Karina?". "É". "Oi, tudo bem? É Mariah". Com a cabeça na cuba do cabeleireiro, quase me afoguei de susto. Fazia 12 anos que não falava com essa menina. "Eu queria conversar com você, será que dá para a gente marcar?". "Claro, quando você quiser", falei para a voz que, vim a saber depois, era a de uma amiga da Mariah. A Mariah de verdade estava nervosa demais para conseguir, naquela hora, falar comigo. Foi uma tática inteligente porque, de fato, eu não conhecia mesmo a sua voz. Marcamos de nos encontrar no shopping New York City Center, na Barra, onde ela fazia ginástica. A primeira coisa que fiz foi comprar um ursinho de pelúcia que mais tarde o meu cachorro Afonso trataria de roer, para o ódio da Mariah.

Eu queria parecer bonita, legal, bem vestida. Quem me visse me arrumando para encontrar com a Mariah podia pensar que eu estava tendo um caso, tamanha era a minha insegurança para escolher a roupa. Na hora do cara a cara, a saia justa foi inevitável. Passado o desconforto dos primeiros minutos, sentamos num restaurante ao lado da academia.

"Eu queria saber o que aconteceu", ela disse, na lata. Admirei tanto a sua atitude que agi com toda a franqueza do mundo. "O seu pai se drogava muito e eu também. Estava internada quando me pediram para assinar um documento que transferia a sua guarda para a sua avó, e achei que era melhor para você ficar com ela do que comigo". Não foi de espantar perceber que ela não sabia de nada. Eu era, afinal, um dos elefantes rosas da família. "Foi por causa disso, porque eu usava drogas. Mas agora não uso mais, estou no NA", disse. Contei tudo pra ela, e disse que estava muito feliz por ela ter me procurado. Conversamos até meia-noite e combinamos que eu teria de contar para o Gustavo o que acontecera antes de tomarmos qualquer decisão. Não era estranho o Gustavo não saber da Mariah, porque esse era um assunto que eu não falava nem comigo mesma. Eu nunca me sentira no direito de procurá-la, mas agora era diferente. O problema era contar tudo isso. O que ele ia achar de mim? Que mulher é essa, que volta e meia tira mais uma filha da cartola?

Eram essas perguntas que eu fazia na reunião de sentimentos do NA, no grupo que acompanhava a novela da minha vida com ansiedade. Eu achava mais importante falar dos meus sentimentos e das minhas dificuldades do que de droga. A ladainha da cocaína e do quem cheirou com quem eu já sabia de cor.

Quando o Gustavo ligou depois da meia-noite e perguntou onde eu estava, a primeira coisa que me veio à cabeça foi dizer que estava no cinema – simplesmente porque eu estava, de fato, passando em frente à bilheteria dos cinemas do shopping. "Cinema? Mas você não vai ao cinema! Você foi ao cinema sozinha, a esta hora?" Esquecera esse detalhe. Uma das seqüelas da minha vida de viciada, vamos dizer assim, é a total incapacidade de ficar trancada em qualquer lugar fechado por duas horas. O filme precisa ser muito bom para eu ter coragem de encarar essa tortura. "Aconteceu uma coisa e eu preciso falar com você, quando você chegar ao Rio a gente conversa", falei. Gustavo chegou ao Rio correndo, certo de que eu havia encontrado algum namorado antigo e estava pensando em me separar.

Em casa, comecei a falar que o gato havia subido no telhado. Contei que tinha outra filha, e que nunca havia falado nada sobre ela porque aquele era um assunto encerrado e proibido na minha família e, enquanto as lágrimas desciam, contei que ela havia me procurado. Por livre e espontânea vontade, ela me procurara. Enquanto falava e olhava para o Gustavo, imóvel, mudo e tão atento que seus olhos pareciam grudados em mim, eu mesma não conseguia ainda acreditar no que acontecera. Eu nunca teria, por conta própria, coragem de procurá-la. Não me achava no direito de interferir na sua vida, depois de tantos anos ausente. Por isso era uma felicidade enorme saber que ela se interessara por mim e tivera a força de me procurar. Para o meu alívio, esta também era a opinião do Gustavo. "Essa criança é a pessoa mais corajosa de toda a sua família e ela é muito bem-vinda", disse, depois de falar que só não entendia por que eu não havia contado antes. Era porque eu não falava isso com ninguém, nunca, e toda a minha vida se passara, até então, sem referências a ela, e quando eu dizia que tinha uma filha, a Julia, era porque só me sentia no direito de ter uma filha, já que a outra era até então uma ferida antiga, daquelas que deixam uma marca que passamos a vida inteira tentando esconder.

Eu não conseguia acreditar no Gustavo, aquele homem pronto a receber minha outra filha de braços abertos e horrorizado com a covardia da minha família, cuja história, dizia, parecia mais um filme de terror. Gustavo, ao contrário de mim, aprendera a confiar nas pessoas. Eu estava aprendendo a confiar nele. As pessoas da reunião de sentimentos do NA também.

Nosso primeiro encontro, Mariah, Maria Julia, Gustavo e eu, na nossa casa, foi inesquecível. Descobri que a Mariah tinha o meu senso de humor, era rápida de raciocínio, cativante e, principalmente, estava com sede de mãe. Quando comecei a buscá-la no colégio de vez em quando, senti que ela gostava de exibir a mãe que acabara de ganhar. Quando ela me chamou de mãe pela primeira vez, a alegria que senti não cabia no peito. Quando chegou o Natal e pudemos ficar todos juntos, pela primeira vez não sofri tanto com as lembranças da morte da minha mãe. De certa forma, era como se ela estivesse com a gente.

Foi uma delícia ver as minhas duas filhas juntas, se estranhando no começo, mas ganhando, aos poucos, intimidade. Quando uma começou a chamar a outra de pirralha e a pirralha impediu a mais velha de entrar no seu quarto, respirei aliviada. Elas já eram irmãs de verdade. Tempos depois, Mariah tatuaria na nuca a inicial do nome da irmã mais nova, a pirralha que ela tanto adora. Enquanto ficávamos até de madrugada conversando sobre a vida, eu olhava para o Gustavo e para as meninas e tinha a certeza de que a minha vida era plena. Deus, obrigada por mais essa.

Estaria tudo um mar de rosas, se mares de rosas existissem. Gustavo parecia de mentira, e talvez eu não conseguisse mesmo acreditar naquela pessoa que, quando parecia ter feito tudo de melhor que um ser humano poderia fazer, ainda surpreendia com mais um ato de bondade e de bom caráter. Numa bola de neve de insegurança que começou a se formar dentro de mim, me transformei na mulher mais ciumenta de todos os tempos. Nem um detetive controlaria a vida dele com tanta eficiência, o que me fez perceber que, além de tudo, ele também era muito paciente. Para vocês terem uma idéia, a minha primeira e única recaída foi detonada por ciúmes da Wanessa Camargo, que, segundo os meus neurônios obcecados, estava desviando a atenção do Gustavo no restaurante dele, certa noite. Tive um ataque de ciúmes, levantei da mesa e anunciei: "Vou cheirar." Saí correndo para a casa do meu amigo Fê, que havia acabado de comprar cocaína. Entrei no quarto dele, dei um teco e guardei um pouco no bolso. Quando voltei para a sala dei de cara com o Gustavo, aos berros, antes de rolar no chão com o Fê. Gustavo queria bater em quem estivesse pela frente e nem o porteiro escapou de um tabefe, devidamente revidado com um soco. Quando chegamos em casa, ele disse que não queria mais me ver nem falar comigo. Sozinha no quarto, fiquei tão desesperada que não consegui dormir nem com Dormonide, um pré-anestésico poderoso. Quando acordei e lembrei que a cocaína ainda estava no meu bolso, joguei tudo no vaso e dei descarga.

A ressaca moral é a pior de todas. Gustavo já havia ido para São Paulo. Ele também já havia deixado claro que a única coisa que não aturaria era cocaína, por isso tinha certeza de que ele terminaria comigo assim que voltasse para o Rio.

"Xu, me desculpa, eu te amo, nunca mais vou fazer isso", eu dizia, aos prantos, ao telefone, em plena reunião de sentimentos do NA. A novela estava ficando cada vez mais interessante. Para a minha surpresa, ele também estava chorando do outro lado e disse que tudo bem, poderíamos tentar de novo. O alívio foi tão grande que decidi que não ia mais nem beber, o que estava fazendo de vez em quando só com o Gustavo, contando com a sua cumplicidade. "A culpa é sua, que deixou ela beber", ele ainda teve de ouvir da Constança, que, sem ser boba nem nada, já havia percebido o que estava acontecendo. Mas o fato é que eu questionava, mais do que nunca, este lema insistente do NA. Eu estava vendo que poderia, sim, tomar um chope se quisesse, e que não seria isso que me levaria a cheirar de novo. Era mais fácil eu recair por causa da pobre da Wanessa Camargo, por exemplo.

O que acontecia era que, pela primeira vez, eu estava levando uma vida normal, sem cocaína. Só que as vidas normais também têm os seus problemas, e eu não aprendera a lidar com problemas. Quando eles surgiam, eu cheirava até esquecê-los e pronto, logo eles deixavam de ser problemas – ou, ao menos, se tornavam problemas menores. Com o Gustavo, eu vivia um momento inédito, que era encarar tudo de frente, sem barreiras, disfarces e anestésicos. E era dificílimo isso de lidar com os problemas, de tocar uma casa, dar ordens para empregadas, cuidar de filhas. Para quem vivera de uma clínica para outra, imersa em grupos do NA, morando em casas sempre temporárias, isso tudo não era nada simples. Para piorar, eu morria de vergonha dos amigos do Gustavo, empresário bem-sucedido e bem relacionado. Quando me perguntavam o que eu fazia da vida, a minha vontade era responder: "Cara, não deu para fazer nada, porque me droguei a vida inteira e acabei largando a faculdade, não deu", mas em vez disso dizia apenas que não trabalhava, e que era feliz. "Eu também sou feliz, mas trabalho", me respondeu uma dessas pessoas bem resolvidas. Na noite em que ouvi isso, estava vestida de um jeito que jamais me vestiria só para esconder todas as minhas tatuagens e, dentro daquele disfarce que fazia com que me sentisse um peixe fora d'água, tive vontade de desaparecer. Nem se eu recebesse santos poderia conviver com aquele meio. Aquela, simplesmente, não era a minha praia, a minha praia era aquela do NA que estava querendo sumir do mapa, o que era bom e era ruim ao mesmo tempo, porque ainda não sabia qual praia ficaria no lugar dela. Eu disse que era complicado.

Longe da cocaína, eu podia ter momentos felicíssimos, quando organizava festa de aniversário para meu cachorro com direito a convidados da mesma espécie, refrigerante sabor carne e brindes de ossinhos, mas também podia ter humores sombrios e, para o azar do Gustavo, compulsivos. Quando fizemos uma viagem a Chicago, onde ele trabalharia por alguns dias, comprei a coleção inteira da Victoria's Secret, e até hoje tenho camisolas das quais não tirei nem a etiqueta. Nessa mesma viagem fomos a Nova York, Las Vegas, Napa Valley, Caribe e Miami. Podia ter sido uma delícia, mas foi de longe a pior viagem da minha vida. Da vida do Gustavo idem. Estávamos brigando muito e, em pleno navio rumo ao Caribe, depois de mais um dos meus escândalos de ciúme doentio, Gustavo me perguntava, horrorizado, o que estava acontecendo com a gente. O que estava acontecendo era que ele era muito para o que eu achava que merecia depois de tudo que tinha feito na vida.

Quando voltamos ao Brasil, decidi que precisava me tratar. Fui a um psiquiatra recomendado pela Constança que, certo de que eu era hiperativa, me receitou Ritalina e um antidepressivo. Foi aí que enlouqueci completamente. A Ritalina me deixava alucinada e aquela medicação me fazia sofrer muito fisicamente. No fundo eu sabia que aquilo não estava dando certo, mas, rendida ao médico e ao Gustavo, desesperado para que eu melhorasse, continuei insistindo. Mais uma vez não podia nem sentir cheiro de comida e comecei a emagrecer a olhos vistos. Enquanto isso, o namorado da Constança se recuperava de uma depressão e os dois foram buscar a ajuda do dr. Eduardo Kalina, em Buenos Aires. "Vem pra cá, o Kalina é o máximo", me disse a Constança.

Famoso por ter tratado do Maradona, Kalina realmente era ótimo, o melhor psiquiatra do mundo. Pra começar, não me receitou um só remédio antes de me fazer passar por uma verdadeira via-crúcis de exames. Nossa sensação, minha e do Carlos Alberto, então namorado da Constança, era de que éramos pacientes psiquiátricos instalados num hotel de luxo, para onde o Gustavo ia às sextas-feiras, depois do trabalho. Havia toda uma infra-estrutura montada para a bateria de exames, com direito a enfermeira, motorista e uma coleção de aparelhos cuja serventia eu não poderia nem imaginar. De Buenos Aires, durante os 15 dias em que estive lá, só conheci o laboratório e a clínica. No entanto, a estada foi também divertida. Hospedados em quartos vizinhos, abrimos a porta que os comunicava e ficamos juntos, conversando e rindo quando não estávamos sendo espetados, auscultados, radiografados e passando por outros procedimentos como fazer xixi durante 24 horas num potinho ou permanecer imóveis por várias horas enquanto vasculhavam os nossos cérebros em busca de alguma malformação. A cada exame mais complicado que terminava, daqueles que incluíam furar minhas veias para injetar contraste, por exemplo, o que rendia muito choro e gritaria, sentia que era uma etapa vencida. Depois de sofrer com agulhas e outras torturas inventadas pelos médicos eu podia ficar tal e qual um passarinho magoado, como dizia a Constança, mas também me sentia feliz por ter a oportunidade de lutar para ser uma pessoa no mínimo um pouco equilibrada. Gustavo, sempre ao meu lado e me apoiando, valia todo o esforço.

Na sala gigantesca do consultório, diplomas emoldurados espalhados pelas paredes, eu não parava de me mexer com a cadeira de rodinhas. Quando comecei a usar a mesa dele para empurrar o meu corpo para trás e voltar para repetir o movimento incessante, dr. Kalina tomou a primeira providência. "Vou suspender a Ritalina", disse. Terminada a longa consulta, decidiu suspender logo toda a minha medicação. Em poucos dias me senti melhor e consegui, inclusive, convencer o meu estômago de que eu precisava comer.

Há psiquiatras e psiquiatras. A maioria deles, infelizmente, não precisa de muito para medicar seus pacientes com químicas capazes de mudar a personalidade de um elefante. Eles parecem não se preocupar com o fato de que várias patologias podem estar associadas ou até mesmo se confundir. A triste verdade é que, no Brasil, boa parte deles trabalha para os laboratórios, não para os pacientes.

Depois de cumprir toda a gincana de exames, aprendi com o Kalina que dependência química não é uma doença primária, mas sim um sintoma de alguma outra patologia. No meu caso, distúrbio bipolar. Nada de deficit de atenção ou hiperatividade, apenas distúrbio bipolar, que costuma gerar, na maioria das pessoas, o impulso da automedicação através do álcool ou das drogas.

"Vou te passar uma medicação que vai te deixar nova. Ela causa alergia em uma entre mil pessoas e se isso acontecer o paciente não pode tomá-la nunca mais, mas vamos tentar", disse o Kalina.

Adivinhem. Sim, tive alergia ao remédio. Dois dias depois de tomá-lo, meu braço acordou todo empolado. "Suspende agora", falou o Kalina. O balde de água fria foi tão gelado que, não fosse a blindagem da janela de vidro do hotel, talvez tivesse me jogado lá de cima. "Estou com idéia fixa de suicídio, não agüento mais, estou muito cansada", eu dizia para o Kalina, vendo escorrer pelas mãos todo o investimento emocional e financeiro daquela viagem que deveria ser a minha salvação e a salvação do meu casamento. Gustavo costumava dizer que era casado com duas pessoas, a Ana Karina doce e aquela Ana Karina destemperada que aparecia de tempos em tempos, como uma maldição. Tudo o que eu queria era virar uma só. Aqueles 15 dias em Buenos Aires não eram só 15 dias. Eram anos tentando de tudo para conseguir alguma paz, desde comer banana, quando disseram para o meu pai que essa fruta curava dependentes químicos, até oferecer meu corpo como cobaia para os mais diversos tipos de remédios, passando, é claro, pela fuga pela cocaína. Eu tinha pouco mais de trinta anos, mas já estava, de verdade, muito cansada.

Enquanto eu achava que tudo estava perdido mais uma vez, Kalina continuou estudando o meu caso. Descobriu que os antidepressivos comuns me deixavam muito acelerada e que eu deveria tomar o XR, capaz de liberar aos poucos o remédio no organismo. Também passei a tomar estabilizador de humor e entendi que era, de fato, uma paciente muito difícil de ser medicada. Fizera uma guerra química tão longa no meu organismo com cocaína, álcool, remédios para dormir, maconha e outras coisas que prefiro não lembrar que deixara meus neurotransmissores completamente imprevisíveis.

Ao menos dessa vez conseguira finalmente um diagnóstico e descobrira, para o meu próprio espanto, que não era dependente química. Aquela era uma grande e agradável surpresa. O problema era a gangorra do meu cérebro, que ora pesava para a euforia, ora para a depressão. Meu quadro também podia ser genético. A essa altura, lembrar que a minha mãe se internara por conta própria e chegara a tomar choque quando estava grávida de mim fazia todo sentido. Meu avô materno também é conhecido por ter, com alguma freqüência, alguns rompantes de fúria. Ele deve ser mais uma das milhares de pessoas conhecidas por terem uma "personalidade difícil", quando na verdade o que elas têm é uma doença. Quando olho para trás, também vejo que muitas vezes, quando as pessoas viam em mim uma garota irresponsável, estavam enxergando só a casca da garota deprimida que queria era morrer, mas que, enquanto não conseguia cumprir essa tarefa, tratava de incomodar os outros.

Chegada a hora de voltar ao Brasil, tive muito medo de largar o Kalina, àquela altura minha melhor referência de saúde, alívio e esperança. Depois de terapias diárias com duração de três horas cada e medicação finalmente acertada, tive pavor de, mais uma vez, ver tudo desmoronar.

Eu tinha motivos para ter maus pressentimentos. De volta ao Brasil, corri para o psiquiatra indicado pelo Kalina, mas ele era um daqueles que se acham deuses e nunca, sob nenhuma hipótese, deixam o ego do lado de fora do consultório. É claro que ele teve de mexer na minha medicação, e é claro que enlouqueci de novo. Os mais de 15 comprimidos que eu engolia a muito custo todos os dias não estavam facilitando em nada a minha vida justamente num momento em que ela precisava acertar o prumo porque, agora, a vida incluía cuidar de filhas e de um marido carinhoso.

Voltei a ter meus surtos, quando podia querer ficar 15 dias sozinha num apart-hotel, comprar a coleção inteira de óculos escuros de uma ótica ou um mastim napolitano, cachorro tão grande e tão bravo que é conhecido por enfrentar até leão. Mas o Alfredo, filhotinho, não parecia nem um pouco perigoso. Enquanto isso, o psiquiatra brilhante que me tratava teve a gentileza de dizer que eu era a sua paciente mais grave. Tenho a impressão de que não se deve falar isso para um paciente, mesmo para um paciente que tem colegas de sala de espera bem mais perturbados do que ele.

Meu problema já não estava sendo mais o ciúme do Gustavo nem as dificuldades naturais de um casamento. Meu problema se chamava efeito colateral, daquele capaz de me fazer engolir alguns comprimidos de Frontal e ir em direção à janela pronta para pular e, sorte, ser resgatada pela empregada já com metade do corpo para fora. Na segunda vez que quis encerrar os trabalhos, tomei mais uma coleção de comprimidos e comecei a apagar na cozinha. As empregadas levavam muitos sustos na nossa casa.

Como não via melhora no meu estado, meu brilhante psiquiatra teve outra idéia brilhante. "Tenho uns pacientes em Nova York fazendo eletrochoque e eles estão muito bem. Não dói nada, eles tomam um anestésico antes e depois vão trabalhar", ele me disse. Eu acabara de tentar me matar duas vezes, mas ainda restava um fiapo de lucidez dentro da sopa de remédios que virara o meu cérebro. Nessa hora me deu um clique e, quer saber de uma coisa?, eu ia começar a pesquisar sobre distúrbio bipolar. Não precisei ir além da internet para descobrir que existiam outras alternativas além do eletrochoque, assim como deveria haver outras opções além da droga injetável que o psiquiatra, chamado às pressas por uma causa de uma crise de pânico, quis me aplicar. Nessa hora, na clínica São Vicente, dei um basta. Disse que não tomaria nenhuma droga injetável. Mais: "O que acontece se eu parar toda a medicação?", perguntei. "Se você fizer isso, vai entrar em surto hipomaníaco." Definitivamente, aquele cara não sabia o que estava falando. "Você me desculpe, mas nunca tive surto hipomaníaco em toda a minha vida. Estou tendo agora e eles são efeitos colaterais da sua medicação." Eu não precisava ser nenhum gênio para suspeitar que estava enlouquecendo a olhos vistos com aqueles remédios, mas naquele momento tive certeza de que aquele médico não fazia a menor idéia de onde fora parar o seu diploma.

Surto hipomaníaco, leia-se, é uma euforia tão grande que coloca a vida da pessoa em risco. É o que faz alguém comprar um helicóptero por impulso mesmo sem dinheiro para pagar, correr de carro, pular de pára-quedas ou tomar qualquer outra atitude radical, perigosa e, principalmente, impensada. Era o que fazia com que eu, numa viagem, saísse do Brasil com uma mala de mão e voltasse com quatro malas enormes e abarrotadas de roupas novas, por exemplo. Não satisfeita, nessa ocasião comprei também uma Scooter, para desespero do Gustavo. Some-se a isso um corpo dormente e leve, uma sensação horrível que contrasta com a euforia que parece estar no ar. Eu nunca tivera isso na vida, não antes de ser dopada como uma cobaia de laboratório.

"Vou parar com os remédios", decretei para um Gustavo de olhos arregalados, mas que nunca mais veria um ataque de ciúmes, nem tentativas de suicídio, nem ataques compulsivos. Foi só suspender aquela batelada de comprimidos para que eu começasse a melhorar. Também comecei a fazer análise com o Luis Alberto Py, o que era bem diferente de fazer terapia com terapeutas de dependência química. De repente, a cocaína ou a falta de cocaína deixara de ser o assunto central da conversa, o que abria espaço para falar do que realmente importava. Aos poucos fui descobrindo ainda como manter o meu equilíbrio controlando a alimentação e as minhas horas de sono. Quando começava a me sentir deprimida, por exemplo, procurava dormir menos, e quando me sentia muito agitada me permitia acordar mais tarde.

Na verdade, estava redescobrindo o que já sabia, em algum nível da minha consciência, desde os 15 anos: eu precisava de uma família funcional, não de remédios. Não eram eles que faziam com que eu me divertisse de verdade numa viagem a Miami e Orlando com meu pai, a mulher dele, meus irmãos, minhas cunhadas e a Julia, quando rolamos de rir ao perceber que, perdidos, havíamos ido parar na Pensilvânia, por exemplo. O que fazia com que eu conseguisse ter momentos como esses era a certeza de que a minha vida estava ancorada em águas seguras. Eu podia tomar dezenas de comprimidos, mas nenhum deles era capaz de enviar para o meu cérebro a sensação de segurança. Nenhum deles sabia dizer para os meus neurotransmissores imprevisíveis: "Relaxa, você não vai mais ser abandonada por ninguém."

Quando me dei conta disso, de que não poderia mais ser abandonada porque simplesmente não havia mais motivos para tanto, consegui olhar com mais leveza para tudo à minha volta. Consegui até mesmo ser uma boa filha, ajudando o meu pai em momentos difíceis da sua vida. Fazia muita diferença saber que, dessa vez, ele não poderia me tirar de casa, não da casa que eu mesma escolhera para viver o resto da vida com a minha família, vendo os meus cachorros correndo no jardim, não da casa onde escolhera os móveis, os quadros e a cor das paredes e onde espalhara fotos do Gustavo. Quando nos mudamos do Leblon para a Barra, pela primeira vez tive a certeza de estar escolhendo, de verdade, um lar. Depois de passar uma temporada deliciosa em Itaipava, percebi que queria muito morar numa casa. Gustavo topou na hora e dois meses depois estávamos fechando negócio. Era o meu primeiro lar de verdade, com filhas e marido com quem não fizera um pacto de uso de drogas. A parceria, agora, era de amor, amizade e cumplicidade, o que fez com que tivéssemos momentos felicíssimos e inesquecíveis.

No entanto, com os anos, feliz ou infelizmente, a amizade falou mais alto do que todo o resto. Quando o Gustavo sofreu um infarto,

tive a certeza de que não agüentaria perdê-lo. No momento em que o médico, ar solene, puxou uma cadeira ao meu lado para falar sobre a sua condição, pedi a Deus que por favor não fizesse mais nenhuma brincadeira de mau gosto. Em casa, depois das cirurgias, pela primeira vez vi o Gustavo frágil, bem diferente daquele que mais parecia, para mim, um super-herói.

Ao mesmo tempo, os ponteiros dos nossos relógios pareciam girar em direções opostas. Gustavo é completamente diurno e, muitas vezes, quando estava acordando para correr, às seis da manhã, eu estava indo dormir. Enquanto ele, antes de descobrir um coração doente, queria ir à churrascaria, eu já pensava seriamente em me tornar vegetariana. Apaixonado por cinema, jamais conseguiu me convencer a sair de casa para ver um filme. Aos poucos, são essas idiossincrasias que mofam o relacionamento. Entre outras coisas, o amor também se alimenta de afinidades, e às vezes a melhor prova de amor por uma pessoa é deixá-la seguir seu caminho. Foi o que decidimos juntos, num dos momentos mais tristes e ao mesmo tempo mais bonitos da minha vida. Estávamos nos separando, mas o nosso respeito mútuo jamais saberia o que é um divórcio. Sim, eu seria capaz de me afastar do seu dia-a-dia, mas nunca poderia desrespeitar uma decisão do Gustavo, que, como a maioria das pessoas que sofrem infarto, também repensou a vida.

De minha parte, talvez eu não tivesse nascido para viver em par, talvez não tivesse aprendido a sustentar longos relacionamentos. Quem sabe o casamento não seja mesmo uma instituição falida. Quem sabe o Gustavo tenha me dado a chance de me entender melhor e me dar conta de que eu precisava, em algum momento da minha vida, ficar sozinha em vez de pular de um relacionamento para o outro, sem intervalos. Se eu quisesse ficar casada com alguém a vida toda este alguém seria o Gustavo, mas o fato é que não era isso o que o meu coração pedia. Ele pedia que eu, finalmente, cuidasse das minhas filhas e, por enquanto, era só.

No entanto, não acredito que o nosso casamento tenha fracassado. Pelo contrário, ele foi um sucesso. Tenho a impressão de que conseguimos muito mais do que a maior parte das pessoas consegue durante um casamento de vida inteira. E olha que, enquanto estivemos juntos, muita gente torceu contra. Não foram poucos os telefonemas que o Gustavo recebeu de pessoas que eu devia considerar amigas mas que queriam, na verdade, a minha caveira. Não gosto nem de pensar no que passava pela cabeça do Gustavo durante essas ligações, quando ele ouvia que eu só queria o dinheiro dele e que iria deixar a Julia para ele criar antes de abandoná-lo. Apesar dos meus apelos, Gustavo sempre se recusou a me dizer quem eram esses delatores fajutos. Disse que me daria um aviso caso eu voltasse a me relacionar com eles. Até hoje não sei quem eram essas pessoas, mas tenho lá as minhas suspeitas.

Depois de separados, tivemos a conversa mais longa e difícil das nossas vidas. Gustavo recebera mais um telefonema e, dessa vez, dessa única vez, algumas coisas eram verdade. Hoje, o que me traz mais arrependimento na vida é ter perdido a convivência com boa parte da vida das minhas filhas e ter errado com o Gustavo. Errei, e isso me dói mais do que a lembrança de todas as recaídas. Agora, ao menos, não tenho mais nada a esconder e provei, com os meus próprios atos, palavras do Gustavo, que todos os outros telefonemas anteriores não valiam nada. Nessa conversa deixamos para trás, junto com as mágoas, todos os nossos segredos.

A verdade é que nós construímos uma amizade com tanto carinho e respeito que, quando decidimos nos separar, nos demos uma viagem à Itália, só nós dois. Era, como eu dizia na época para pessoas espantadas, um "presente de descasamento".

Gustavo me deu uma nova vida e ganhou em troca uma amiga, uma mulher um tanto imprevisível, com 14 tatuagens espalhadas pelo corpo e assunto de muitos almoços de trabalho, durante os quais ele costumava contar minhas últimas maluquices. Também ganhou duas filhas. Julia, hoje, é legitimamente sua filha adotiva e Mariah, de vez em quando, pede para "ir de pai" para a escola. A relação dele com as crianças é tão linda que me pergunto, às vezes, se não foi por isso que nos conhecemos. Hoje tomamos todas as decisões em relação à criação delas juntos, com diálogo e responsabilidade. Quando elas passam o final de semana com ele, tenho a certeza de que estão felizes e tendo bons momentos, aqueles que fazem tudo na vida valer a pena. Elas sabem que podem contar com o pai, que ele estará sempre lá para elas, disposto a conversar, ajudar a resolver um problema ou ir à churrascaria. Quando penso nisso, todas as dores da minha infância desaparecem da memória. É como se elas dessem passagem para outros sentimentos mais leves, coloridos e abençoados. É como se eu mesma ganhasse uma segunda vida, uma segunda grande chance. Se a minha mãe as visse conversando e rindo com o Gustavo, certamente o amaria da mesma forma que eu o amo. Talvez eles sentassem juntos na cozinha e conversassem sobre gastronomia. A minha mãe sempre soube enxergar, de longe, pessoas de bom caráter e bom coração. Tenho certeza de que eles teriam sido muito amigos, e é também por isso que ele vai estar sempre presente na minha vida, na qual vou continuar errando, aqui e ali. Mas serão erros diferentes.

Obrigada, Xu.

Em Angra, 2007.

Com Gustavo, em viagem ao Caribe.

Maria Julia, Ana Karina e Mariah. Juntas, enfim.

"O que mais gosto de ver é que elas têm seu próprio caminho e são mais do que duas meninas bonitas. Têm personalidade, inteligência e uma maturidade tão saudável que não consigo ver para elas menos do que um futuro iluminado e feliz."

O sonho de ir a Bali se realizou anos depois da tentativa frustrada após a colheita de morangos em Londres.

Tatuagem dos tempos difíceis: "Te vejo no inferno".

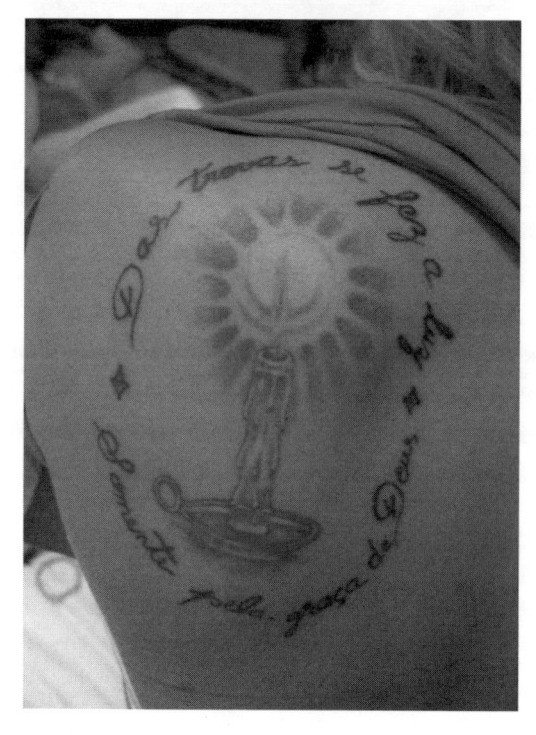

"Das trevas se fez a luz. Somente pela graça de Deus."

Com a filha mais velha, Mariah.

Mesmo após a separação, Gustavo continua presente na formação de Mariah e Maria Julia (na foto).

A eterna companhia dos cães.

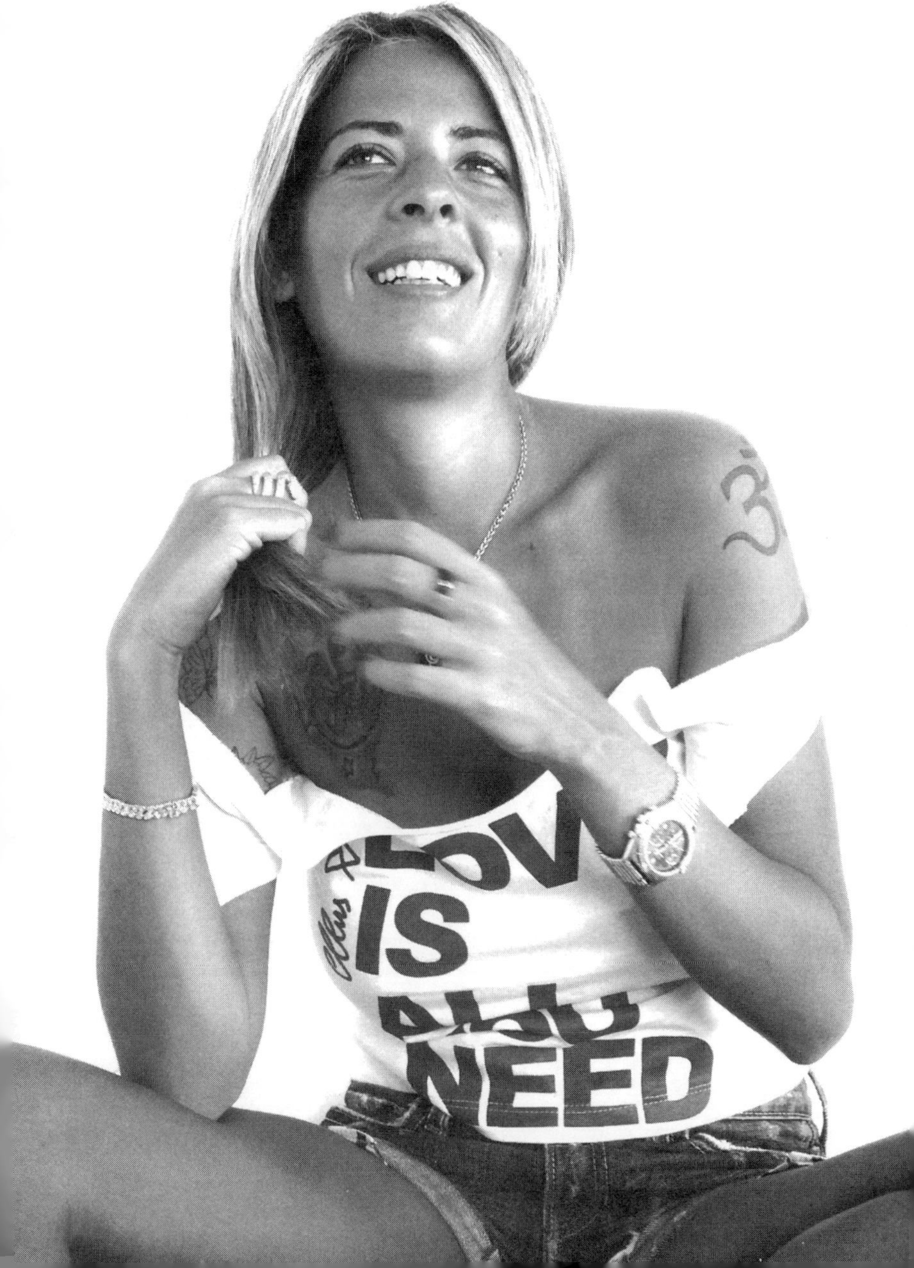
LOV
IS
NEED

EPÍLOGO

Deus existe e é bipolar

Ninguém sai incólume depois de mais de dez anos cheirando cocaína à vontade, como se ela estivesse no ar. Meu organismo desaprendeu, por exemplo, a produzir serotonina, substância que traz bem-estar e bom humor. A quantidade de serotonina no meu cérebro é bem menor do que o mínimo considerado aceitável para uma pessoa saudável. Em outras palavras, era para eu viver deitada na cama escutando música sertaneja, uma coca-cola light numa das mãos e uma gilete cega na outra. Também não produziria endorfina nem se corresse quilômetros, sandice que não faria mesmo nem sob ameaça de morte. O máximo de exercício que consegui iniciar foi ioga, prática que me faz ficar cada vez mais obcecada pela Índia, para onde viajo às vezes mesmo com toda a dificuldade que tenho de me alimentar por lá. Da última vez voltei com anemia depois de viver de maçãs durante 15 dias.

No meu cérebro há uma lesão frontal que surgiu por causa da cocaína, mas, para o meu alívio, é reversível. Dr. Kalina me disse que em cinco anos de abstinência ela regrediria e o tecido da região se recuperaria completamente. Pelos meus cálculos, portanto, ela já deve ter sumido. O meu coração não teve a mesma sorte, e hoje vai a 170 batimentos por minuto mesmo quando estou em repouso. Se me irritar muito, corro o risco de ter um ataque fulminante, e por isso preciso tomar remédios diariamente. É que a minha descarga de adrenalina é três vezes maior do que a de uma pessoa normal, quer dizer, de uma pessoa que não usou quilos de cocaína dos 18 aos 30 anos. Também não consigo mais viver sem remédios para dormir, mas, convenhamos, isso é o de menos, assim como ter dificuldade para lidar com regras, com o convívio social e com lugares fechados. Para manter o meu equilíbrio preciso respeitar o meu relógio interno, aquele que exige que eu vá para casa ficar quietinha mesmo estando numa festa animadíssima. Daí eu vou para o meu canto, fico sozinha e em silêncio, às vezes lendo algum livro ou simplesmente tentando desacelerar. Preciso manter certas rotinas porque, hoje, são elas que me garantem a tranqüilidade. Não posso passar um dia inteiro sem me alimentar, por exemplo, assim como não posso nem pensar em ficar uma noite sem dormir. São medidas simples, na verdade, mas que pedem o que é muitas vezes a tarefa mais difícil: respeitar o próprio corpo e seus limites. Quando fico gripada, por exemplo, tento ao máximo não pensar no meu septo perfurado. Fico na minha, esperando o corpo se recuperar sozinho, tarefa que ele também não estava acostumado a fazer.

 Não sei dizer o que me fez largar o vício da cocaína. Foi simplesmente uma escolha, sem compromisso com nada nem ninguém a não ser comigo mesma. Um dia ela simplesmente parou de me atormentar e foi embora sem despedidas nem dramas. Foi mais ou menos o mesmo quando decidi que ia, sim, voltar a beber quando quisesse. Que não me chamassem de dependente química nem me dissessem que eu ia recair, porque estava farta dessa história. "Graças a Deus", disse o Gustavo quando dei esse aviso. A tolerância dele a tanta proibição também estava no fim. Beber uma taça de champanhe não era mais uma senha para voltar a cheirar. Quando até o meu pai entendeu isso e me deu uma garrafa de licor de presente, relaxei. As coisas estavam realmente mudadas.

Hoje sei que não posso ultrapassar determinadas barreiras, nem gostaria de fazê-lo. Não convivo, por exemplo, com nenhuma pessoa que seja usuária. Primeiro porque não posso mesmo colocar a minha vida em risco, segundo porque não quero mais, depois de tanta violência sofrida por mim, incentivar a violência da minha cidade. A verdade, inconveniente para muitas pessoas, é que qualquer um que compre uma trouxinha de maconha está, sim, patrocinando a guerra civil que já tomou conta do Rio de Janeiro e das principais cidades do país. Aquele dinheiro servirá para a compra de armas, seqüestros, roubos, assassinatos, celulares usados em presídios e outras coisas que não devemos mais ser nem capazes de imaginar. Não dá para ser hipócrita a ponto de achar que um baseadinho só não faz verão. Faz, sim, senhores, e um verão sufocante e tão violento que dá vontade de chorar. Uma das coisas que mais me dá alívio, hoje (além de saber que não vou mais morrer de overdose), é saber que eu, ao menos, não alimento mais nenhum bandido.

Por tudo isso, na única vez que a minha filha mais velha se envolveu com drogas, quis quebrar a casa inteira depois de querer bater nela até vê-la cair no chão. Não fiz nada disso, mas tomei uma decisão: não vou abandoná-la nunca e, se um dia ela estiver no fundo do poço, estarei lá embaixo com ela, ajudando-a a subir de volta. Eu poderia ter me ferrado muito mais a cada expulsão do meu pai, não fosse uma pessoa de tanta sorte. É provável que a minha filha tenha a mesma estrela protegendo-a lá de cima, mas não vou pagar para ver.

Pelo sim pelo não, a peguei pelo braço e levei para uma delegacia. Era a 14ª do Leblon, e o plantão era de um delegado solidário. "O negócio é o seguinte, seu delegado, a minha filha tem 13 anos e essa palhaça fumou maconha. Quem deu para ela foi uma garota de 18 anos, portanto quero fazer uma queixa." "Posso levar um papo aqui com a sua filha?". "À vontade." "Olha aqui, garota", ele dizia enquanto a Mariah encolhia na cadeira, "Você sabe o que acontece com quem fuma maconha? Vai para o presídio. E você sabe o que vai acontecer com você, lourinha, quando chegar lá? Vai ter um monte de mulher te comendo". Devia ter tido um homem para falar assim comigo. "Essa piranha que te deu maconha é uma vagabunda, mas você ainda tem chance de se salvar", ele continuou, enquanto até eu diminuía na cadeira. "Você sabe quantas menininhas da sua idade estou acostumado a ver levando tapa na cara no morro?". Virando-se para mim, ele terminou o aviso: "Se ela fizer de novo, a senhora pode me ligar, porque vou prender com droga ou sem droga". Falamos "sim, senhor" e voltamos para casa, onde a Mariah permaneceu sob cárcere privado por um bom tempo.

Isso tudo é passado. Mariah nunca mais me deu dor de cabeça e a nossa relação de confiança está completamente reconstruída. Não queria que ela seguisse os meus passos, talvez admirada pelo fato de eu ter aprontado tanto e saído linda e loura do outro lado do túnel. Mariah aprendeu a escrever sua própria história, e ela não tem a palavra droga a cada cinco páginas.

Jamais vou manter, com as minhas filhas, uma relação baseada em culpa. As duas sofreram dores diferentes com o meu abandono, mas nós recomeçamos do zero. E isso quer dizer que sou uma mãe exigente, que vive com os olhos bem abertos e se recusa a carregar uma bola de ferro de ex-viciada no pé. Com elas, tenho às vezes a nítida sensação de estar quebrando um ciclo, de estar pondo um fim na maldição da família Montreuil.

A cocaína é uma droga perversa. Ela dá outra personalidade, seduz, cativa e promete a você um monte de coisas, antes de roubar esse monte de coisas e muito mais. Quando você se dá conta, ela já roubou você de você mesmo. Não me admira lembrar que, nas minhas fases mais negras, não conseguia me olhar no espelho. É por isso, por ter passado pelo mesmo calvário, que entendo tanto a minha mãe. Deus também deve ser bipolar para ter me metido naquele seqüestro e, hoje, tantas dores mais tarde, me dar essa consciência. E isso depois de ter colocado o Gustavo no meu caminho, o que poderia ter sido a sua única benevolência.

É claro que isso tudo não resolve o passado. Queria ter crescido em outro lugar que não o NA, onde me decepcionei com muitas pessoas, queria ter estudado, iniciado uma carreira, casado na igreja de véu e grinalda, queria ter tido gestações felizes, queria ao menos ter tentado ser uma pessoa normal, que trabalha e tem dias bons e outros nem tanto. Mas em vez disso fui muito cruel com aquela menina acusada de armar o próprio seqüestro, e me puni por toda uma vida.

Não era à toa que, a cada referência perdida, o meu sofrimento era imenso. Por achar sempre que valia muito pouco, quase nada, precisava me agarrar a qualquer coisa capaz de, na minha vacilante opinião, conferir algum valor à minha vida. Quando decidi de vez largar o NA e, mais do que isso, beber eventualmente sem que isso significasse recaída, senti que perdera um ponto de apoio. Era uma mudança importante e necessária, mas difícil como todas as mudanças importantes e necessárias. Nessa época, me decepcionei com pessoas do grupo que considerava minhas amigas, com empregadas, com psiquiatras. Por isso, quando o Chu, meu cachorro, foi atropelado em Ipanema por pura irresponsabilidade da Melissa, que eu conhecia de Londres e jamais imaginaria saindo com o meu cachorro sem coleira e sem o meu consentimento, parecia que eu perdera o chão. Aquele cachorro era o símbolo da minha verdadeira recuperação. Eu o ganhara quando era frágil como ele e estava aprendendo, aos poucos, a realmente me virar sozinha, enquanto ele aprendia a passear pelo apartamento, cheirando cada cantinho de rodapé e sabendo que ali ele estava seguro. Com o tempo crescemos juntos, conseguindo freqüentar a noite de Ipanema sem que isso significasse voltar para casa drogados, dias depois. Quando me senti forte o suficiente e comprei um mastim napolitano, era porque queria demarcar meus novos territórios, por onde eu andava sóbria e confiante a maior parte do tempo. Por isso, quando me vi obrigada a dar o Alfredo depois que ele quase comeu vivos o meu motorista e o Gustavo, também senti que queria morrer. Do mesmo jeito que senti quando peguei o Chu nos braços, já morto, e quis levá-lo de qualquer jeito para alguma veterinária. Disse a Flavia que não me via chorar daquele jeito desde a morte da minha mãe. Eu já perdera tantas coisas que ver aqueles cachorros irem embora da minha vida era triste demais. Depois de me despedir do Alfredo passei dias deitada, tão deprimida que não conseguia me mexer. Era como se eu também estivesse deixando de ser um cachorro forte o suficiente para matar um leão. Ainda penso nele todas as noites, quando olho para a sua foto na minha mesa-de-cabeceira.

Sempre fiz muito barulho para não ouvir o que estava sentindo, e assim fui me apagando até sentir que existia só quando estava quase morrendo. Afinal, se eu estava prestes a morrer, era porque estava viva. Não faz muito sentido, mas nada do que aconteceu faz sentido. Não faz sentido, por exemplo, ter perdido tantos amigos mortos por overdoses, assassinatos ou suicídios. Quando a Márcia, aquela amiga mais recente do NA que chegou a conhecer o Gustavo, também não resistiu, tive a certeza de que não podia mais conviver com essas pessoas que pareciam morrer por hábito. Não só porque não quero mais correr o risco de ficar cara a cara com a cocaína de novo, mas também porque não agüento mais sofrer tanto junto com elas.

Preciso que a minha vida agora seja mais leve, e só assim vou ter certeza de que Deus, num rompante de bom humor, teve motivos para me deixar viver. Quero não me levar tão a sério e poder comemorar a maior conquista da minha vida, que é viver com as minhas filhas e ter a amizade do Gustavo.

Quando olho para a Mariah e a Maria Julia, vejo que elas se parecem comigo até em alguns gestos. Mas não é isso que me dá orgulho. O que mais gosto de ver é que elas têm seu próprio caminho e são mais do que duas meninas bonitas. Têm personalidade, inteligência e uma maturidade tão saudável que não consigo ver para elas menos do que um futuro iluminado e feliz. Enquanto isso, para não ficar para trás, também vou procurar iluminar o meu caminho, retomando a vida e cuidando da minha primeira casa de verdade, da qual amo até as paredes quando olho para elas e me dou conta de que sempre serão minhas, de que ninguém pode tirá-las de mim, de que também é feita de tijolos a felicidade.

Outro dia descobri na internet o Miro Lopes, aquele jornalista amigo da minha mãe que vivia colocando suas fotos nas colunas sociais. Mandei um e-mail para ele e, dias depois, recebi com surpresa a seguinte resposta:

"Ana Karina,

Bateu uma enorme tristeza com a notícia que você me passou. Tinha encontrado sua mãe e sua avó no shopping Tijuca, provavelmente um ano antes de ela partir. Ambas sorridentes e felizes, me contagiaram com uma imensa alegria. Deixaram a certeza de que tinham ficado contentes com o encontro. E aquela imagem ficará gravada para sempre.

Nossas mentes, minha e sua, estão afinadas. Nesse início de mês lembrei e falei muito dela e de você. Tenho doces lembranças suas. Da criança linda que você era – e que sem dúvida continua sendo. Acredito que o pior defeito do ser humano é ser perfeito. E talvez o melhor seja somente tentar sê-lo, sem a pretensão de algum dia chegar lá. Então escreva sua história sem culpas nem desculpas (porque desculpa é confissão, apenas confissão de culpa, mas não de arrependimento, nem de perdão). Continue sua busca. Você vai encontrar nossa doce e adorável Beth integralmente na sua memória. E não se preocupe com o tempo. Ao escrever sua história você se conciliou – o que é mais importante – consigo, se era essa sua preocupação, e com sua mãe. A dimensão do coração da nossa doce e adorável Beth – mãe e amiga – jamais se permitiria contabilizar seus prováveis erros, se não para perdoá-la, como ela deve ter feito antes de tudo.

Espero que você seja uma mulher feliz, com as pessoas queridas que lhe rodeiam aqui e agora.

Beijos e minha admiração,

Miro"

É por essas e outras que penso: se não der para recuperar o tempo perdido, que o presente seja delicioso. Que a família que escolhi – as meninas, vovô, Marilza e Gabriela, irmã da minha mãe, e meu irmão, Eduardo – continue por perto e sendo compreensiva como sempre. E que os poucos amigos, como a Constança, a Flavia e a Claudia, se tornem cada vez mais da família. Diz o meu pai que criei, ao meu redor, uma redoma de vidro difícil de quebrar. Ele tem razão. Talvez tenha sido isso o que a minha mãe queria dizer quando me pediu que, se não pudesse ajudar o outro, que não atrapalhasse.

As pessoas têm mania de classificarem os outros: aquele é punk, aquele é intelectual, aquela é vagabunda, aquele é drogado. Mas no fundo as pessoas são apenas pessoas. E é por isso que elas falham tanto.

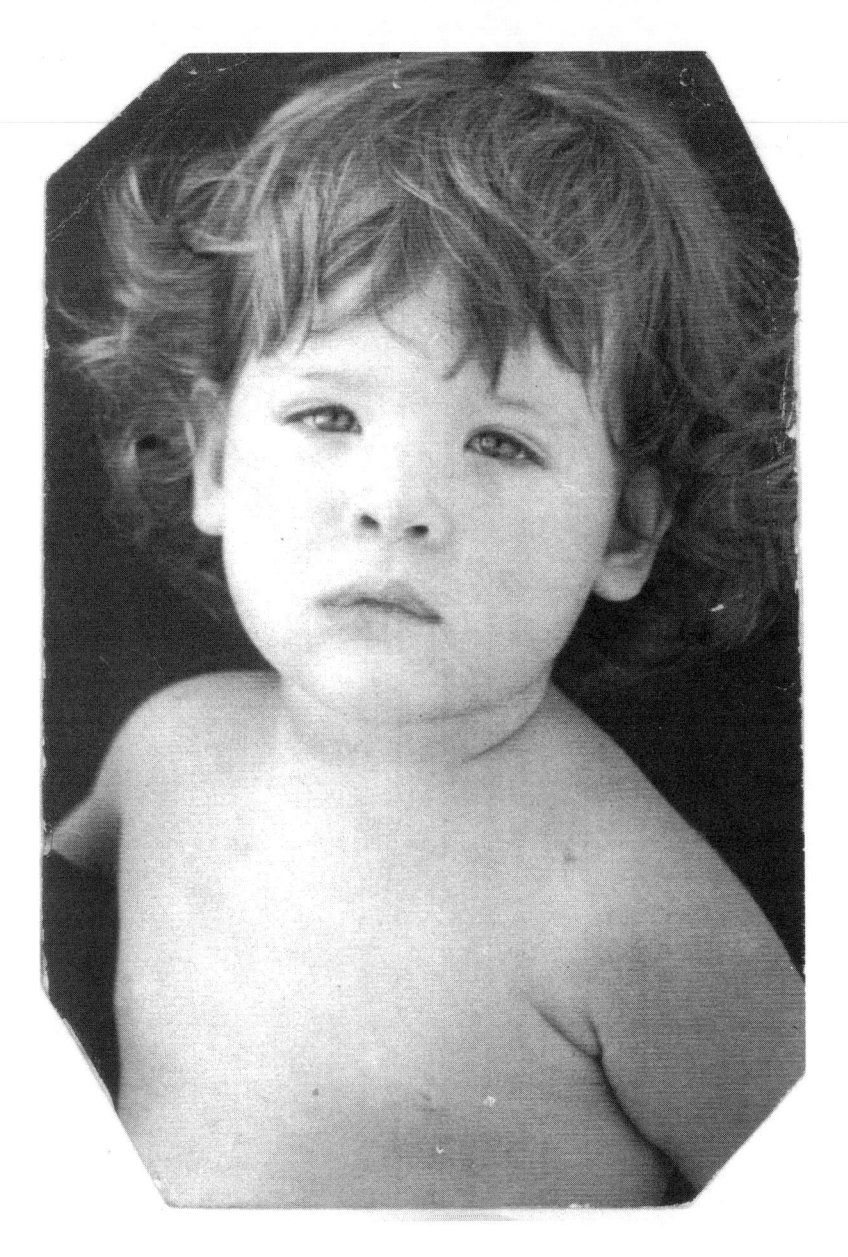

"Ana Karina, você já foi essa criança sem sofrimento, pura e feliz. O tempo que passou não foi bom para todos nós. Esperamos que, daqui para a frente, com humildade, você saiba superar o passado e, vendo esta foto, possa voltar a ser feliz. Ass. Mirian, Rui, Maria Julia. 23 de julho de 2001."

Ana Karina de Montreuil, 2007.

Agradecimentos

À Lucia, por ter me convencido a fazer este livro; a Marilza, vovô, Mirian e papai, por terem cuidado das crianças quando eu não podia cuidar nem de mim mesma; à Constança, que sempre esteve por perto – ou muito perto (rs); à tia Carla, que esteve ao meu lado quando a minha mãe morreu; e especialmente ao Xu (bom, o Xu é o Xu).

Este livro foi composto em Minion Pro
e impresso pela Ediouro Gráfica sobre
papel offset 75g para a Ediouro, em março de 2008.